GAOZHONG YUWEN JIAOXUE ZHILIANG
MUBIAO SHEDING YU BIAOZHUN JIANKONG YANJIU

高中语文教学质量
目标设定与标准监控研究

张先亮 蔡 伟 童志斌 著

语文出版社

·北京·

图书在版编目(CIP)数据

高中语文教学质量目标设定与标准监控研究 / 张先亮等著.
—北京：语文出版社，2012.4
ISBN 978-7-80241-408-2

Ⅰ.①高…　Ⅱ.①张…　Ⅲ.①中学语文课–教育质量–教育
评估–高中　Ⅳ.①G634.302

中国版本图书馆CIP数据核字（2012）第033391号

责任编辑　　张夏放
装帧设计　　刘姗姗
出　　版　　语文出版社
地　　址　　北京市东城区朝阳门内南小街51号　100010
电子信箱　　ywcbsywp@163.com
排　　版　　语文出版社照排室
印刷装订　　北京鑫海达印刷有限公司
发　　行　　语文出版社　新华书店经销
规　　格　　787mm×1092mm
开　　本　　1 / 16
印　　张　　19.5
字　　数　　331千字
版　　次　　2012年6月第1版
印　　次　　2012年6月第1次印刷
印　　数　　1–2,000 册
定　　价　　39.00元
本书如有质量问题请与本社发行部联系　　☎ 010-65251033

目　录

绪论： 质量目标与标准监控， 语文教学质量的关键

一、教学质量——语文教学的指南针

所谓"教学"，从广义上讲，就是指教育者指导学习者所进行的一切有目的的学习活动。从狭义上讲，"教学"特指在学校中教师引导学生进行的一切学习活动，其中教师有目的地进行教，以引导学生学习知识，使技能、态度、能力和身心得到全面发展。

什么是"教学质量"？这个问题似乎很简单，但在教育理论与教育实践中，对这个问题的回答却是歧见纷出。质量管理，是从经济领域引进的一个概念。由于教学过程不同于一般的物质生产过程，其产品也不同于一般的物质产品：学校教育的"产品"是有意识、有思想、有主观能动性和自我改造能力的人。所以，学界普遍的看法是，教学质量的概念要比"产品质量"和"工作质量"的含义复杂得多。学者们从不同角度对"教学质量"进行了不同的界定和说明，其中较有代表性的定义是：第一种是从 ISO 9000 质量管理体系的"质量"定义出发对教学质量进行定义：所谓"质量"，就是指实体满足顾客需要（明确的或隐含的）的能力特性之总和，从而将"教学质量"定义为教育所提供的成果或结果（即学生所获取的知识、技能和价值观）满足教育目标系统所规定标准的程度。第二种是从教学行为同教学目标吻合程度的角度对教学质量进行定义：教学质量是指学生获取的知识面、技能及价值观与人类和环境的条件及需要相关的程度。

综合多种理论与看法，我们对"教学质量"作这样的定义：教学过程中，在一定的时间和条件下，学生在知识、能力和价值观等方面的增量（即学生这种发展变化所达到某一标准的程度），以及不同的公众对这种发展变化的满意度。它

是学校整个教学系统环节综合作用的结果。

从服务层次上讲，"顾客"感知服务质量由结果质量（Outcome Quality）和过程质量（Process Quality）两部分组成。这两个部分分别表明的是"顾客得到什么服务（What）"和"顾客如何得到服务（How）"。可以说，教学也是一项服务，那么教学质量理应也包括结果质量和过程质量这两个部分。

"教学结果质量"可以用学生在教学过程中获得的各种增量来加以衡量，"教学过程质量"则是指教师采用教学方法、教材、媒体设备等各种方式对学生传授知识的有效程度。当然，服务质量可能存在其他构成要素，比如，服务环境组合质量，它包括在何处接受服务，以及接受服务时的环境条件如何。所以，也有学者指出，教学质量应该包含条件质量（Conditional Quality）。教学过程得以展开及其质量高低，取决于教师的教育观念和行为、教师的知识水平和能力水平以及相应的物质条件。所以，条件质量又是整体教学质量的重要基础。

总之，学校的教学质量包含以下三个构成要素：过程质量、结果质量、条件质量。相比较而言，目前多数人将注意力集中在结果质量上，而对过程质量和条件质量较为忽视。

事实上，教学质量赖以产生的基础是教学过程的展开。教学过程是以教学条件为基础的，进而产生教学质量的主体内容，教学结果质量只是教学过程质量和教学条件质量的最终体现。只有教师课堂教学过程充分重视知识的传授，才有可能提高教学的结果质量。

教学质量意识，这是任何一门课程的教学实施者都应该具备的。相比较而言，语文课程教学的质量意识，对于课程教学过程及其最终质量高下的影响尤为明显。

教学实施要想获得成功，也即求得质量效益的最优化、最大化，教学内容（即"教什么"）问题的解决至关重要。有人以为，有了《教学大纲》或《课程标准》，明确了课程总目标和阶段目标，语文课程与教学内容建设工作也就一并大功告成了。然而，事实并非如此，我们必须清楚，语文课程目标与其他课程目标之间存在一个重大的差异。语文课程教学目标，从总体上看，属于"能力目标"或者叫"素养目标"，这与地理、历史、物理、化学等课程的"内容目标"有很大的不同。一般来说，"内容目标"往往较为具体，较为直接地涵盖着乃至规范着课程与教学内容。而"能力目标"或"素养目标"，往往并不直接、具体地规限课程与教学内容，对期望学生达到结果的描述（即目标"是什么"）与为达成目标而选择的课程与教学内容（即"教什么"）之间，存在着种种较为复杂的关系。语文课程与数学、地理等课程最大的区别之一是教学内容的变异性和游移度都比较大。如果语文教材不通过助读与练习设计具体"展示"或"生产"适当的课程内容，或者所"展示"所"生产"的课程内容的确定性不够高，教师就会依照自己的见识择取或填补"自以为是"的内容，学生也会依照自己的经验去发现或捕捉"自以为是"的内容。①

2003 年正式颁行的《普通高中语文课程标准》，以及 2004 年秋季开始的全国基础教育新课程改革（2004 年秋，广东、山东、海南、宁夏四省区作为基础教育高中新课程改革实验省区，首批进入高中新课改实验；经过几年的分批推进，目前全国所有省份均已进入课程改革），共同推动着高中语文课程与语文教学步入全新的时期。《语文课程标准》的重要理念之一是对"语文素养"的强调。所谓"语文素养"，"是指学生在语文方面表现出的'比较稳定、最基本的、适应时代发展要求的学识、能力、技艺和情感态度价值观'"，它是义务教育与普通高中《语文课程标准》的一个"核心概念"。语文素养包含哪些内容？它既包含语文的积累、语感、语文学习方法和习惯、识字写字能力、阅读能力、写作能力和口语交际能力，也包含思维品质、文化品位、审美情趣、知识视野、情感态度和思想观念。②

此外，《语文课程标准》强调语文课程的"人文性"特征，以及对于新课程改革对"人文性"的强调，对于"建设开放、多样、有序的语文课程体系"与教师自主"开发课程资源"的倡导，使得不少中学一线教师产生了认识上的模糊甚至于混乱。在不少教师的眼里，语文课程与教学，其教学内容上的包容性与宽泛性，相应地体现在教学方法与教学资源上也是无所不包，使得新课程改革背景下的语文教学走向"随意"甚至于"任意"，而这种认识与实践，往往以"新课程""新理念"自诩。殊不知，这种所谓的"新"，完全背离了语文课程的根本，在认识上是错误的，在实践时也是贻害无穷。在这样的"理念"下所进行的教学实践，毫无疑问，也肯定会对语文教学质量的保障与提高产生威胁。

---

① 王荣生. 新课标与"语文教学内容"［M］. 南宁：广西教育出版社，2004.104.
② 巢宗祺、雷实、陆志韦. 普通高中语文课程标准（实验）解读［M］. 武汉：湖北教育出版社，2004.65.

因此，在新课程改革时期，特别要求语文教师在"渐欲迷人眼"的"乱花"之中，保持清醒的头脑，要"咬定青山"，在准确把握《语文课程标准》与基础教育课程改革精神的前提下，强化教学质量意识，以对教学质量以及教学质量目标的自觉追求，依靠教学质量标准的有效监控制度来确保语文教学质量，确保语文课程改革向着健康的方向稳步迈进。

二、质量目标——语文教学的风向标

美国著名管理大师斯蒂芬·P. 罗宾斯在其《管理学》（第四版）中明确指出：目标，为所有的管理决策指明了方向，并且作为标准可用来衡量实际的绩效。同时，目标的含义是指"期望的成果"。[①] 这些成果可能是个人的、小组的或整个组织努力的结果。所谓"质量目标（Quality Objective）"，是指"在质量方面所追求的目的"。质量目标是组织"关于质量所追求的目的"。[②] 企业质量目标是企业在质量方面追求的目的。企业质量目标的建立，为企业全体员工提供了其在质量方面关注的焦点；质量目标可以帮助企业有目的地、合理地分配和利用资源，以达到所预期的结果。同时，质量目标可以挖掘员工的潜能，引导员工自我控制，自发地为实现企业的总目标作贡献。质量目标在产品质量改进、满足顾客要求方面，也发挥了不可替代的作用。

管理者在质量方面指挥和控制组织的，建立质量方针和质量目标并实现这些质量目标的相互关联或相互作用的一组要素就构成了所谓的"质量管理体系"。据此可以看出，组织质量管理体系的出发点和终结点均为"质量目标"；质量目标是评价质量管理体系绩效的基本依据，所以"质量目标"是整个质量管理体系的根本基础。没有"目标"的质量管理不能称之为"管理"，没有"绩效"的质量管理不能称之为"有效"的质量管理。

同样道理，教学，作为人类社会中重要的有目的的实践活动，人们在实施过程中，事前制定相应的合理的"目标"是必需的。布卢姆认为，教学的质量，首先表现为对教学任务目标的认识与表述是否清晰，每一个学习者是否都清楚自己

---

① 斯蒂芬·P. 罗宾斯. 管理学（第四版）［M］. 北京：中国人民大学出版社，1996. 157.
② 喻金平、阚师鹏. ISO 9000 质量管理体系基础［M］. 广州：中山大学出版社，2002. 136.

将要学什么。①

    为确保教学的顺利开展，为保证教学质量，每个学校都应该制定自己的教学质量方针和目标。教学质量方针是学校总方针的重要组成部分，是学校在教学质量方面的宗旨和方向，是学校全体教职工必须遵守的准则和行动纲领。质量方针主要包括两个方面的内容：一是质量宗旨，包括对质量和质量管理的态度，对家长、学生和社会的质量承诺，实现质量承诺和目标的主要措施与方法；二是质量方向，包括质量目标和实现质量目标及质量改进应遵循的原则和途径。教学质量方针的确定既要概括明了，又要力戒空洞死板。教学质量目标可以从以下几个方面来确定：（1）教学质量特性，主要是学生的质量特性，包括升学率、合格率、优秀率、学生满意率、家长满意率，上级检查达到的水平等；（2）比较特性，如达到同类学校的中上水平、达到本地区前三名等方面的指标；（3）质量改进特性，这是反映学校教学进步的指标；（4）主要过程的绩效，如招生、升学、教学实验、特色等方面的状况。教学质量目标既要先进创新，又要切实可行，一般应提出定量化的指标或具体目标。

    对于课程与教学而言，"课程目标"的重要性不言而喻。课程目标，是在课程设计与开发过程中，课程本身所要实现的具体要求，它期望一定阶段的学生在发展品德、智力、体质、素养等方面所达到的程度。课程目标是体现在课程开发中的教育价值以及课程哲学基础上的一种课程层面的教育期待，是教育目标的下位概念。从级别上划分，可以有国家课程目标、地方课程目标、学校课程目标等。课程目标为课程内容的选择、课程的设置、课程的实施以及课程的评价等方面提供了依据。课程目标具有一定的价值取向，一般课程目标的基本价值取向主要表现在普遍性目标取向、行为性目标取向、生成性目标取向、表现性目标取向等四个方面。

    课程目标、教学目标与教学质量目标是密切相关的，它们构成一个系统，共同对教育教学行为产生引导与制约作用。

    教学目标，是教师在教学实践中根据实际情况制定的教师教的目标和学生学的目标的统称。尽管课程目标是教学目标的上位概念，课程目标引领教学目标，教学目标服从于课程目标；但课程目标是专家制定的课程本身要实现的学生的学习结果，而教学目标则是教师根据课程目标和学生具体实际所制定的教师教的目

---

① 转引自王源主编. 现代教育技术教程［M］. 呼和浩特：内蒙古教育出版社，2006. 21.

标和学生学的目标。

课程目标主要由专家来制定完成，教学目标主要由教师来制定。教学目标依据课程目标但又不拘泥于课程目标，课程目标往往是最低限度要求，教学目标则可以根据学生需要超越课程目标或者进行灵活调整。同时，课程目标是宏观层次的目标，带有共通性、比较稳定性；教学目标是微观层次的目标，灵活性相对较强。课程目标是制度化的产物，是静态的；而教学目标是实践化的产物，具有动态性特征。

课程教学质量目标是指课堂教学过程中，某学科课程在一定阶段内学生所能达到的程度，简单地讲就是课程的教学目标。我们可以根据时段来划分为学年教学目标、学期教学目标、单元教学目标、课时教学目标等方面。它是在教学过程中对课程目标加以直接落实的过程，是课程目标的具体化。

首先，课程目标、教学目标是教学质量目标制定的依据之一。课程目标、教学目标是课程实施的总体方向，没有课程目标而去制定、实施教学质量目标，就像无源之水，是没有方向的。教学质量目标是为课程目标的实施服务的，是课程目标的具体化、细化。课程目标是课程规划的整体要求，教学质量目标相当于是落实到一个学段、一个学期、一节课的课程目标。

其次，影响课程目标、教学目标与教学质量目标关系的中介是教学主体，即教师与学生。它们的关系是这样的：课程目标（教学目标）→教学主体→教学质量目标。教师、学生同是教学的主体，学生还是教学的价值主体，他们的需要与水平直接影响着课程目标的规划，影响着教学质量目标的确立与实施。在目前的课程形态中，教师的专业发展水平对教学质量目标的确立与实施尤其重要。因为，学生在教学过程中体现了弱势主体的形象，表现出对教师的依赖性。

总体来说，课程目标是课程编制、课程实施和课程评价的准则与指南，而语文课程目标则是从语文课程的角度规定人才培养的具体规格和质量要求。对于语文课程目标，《普通高中语文课程标准》中有相当明确的说明：通过高中语文必修课程和选修课程的学习，学生在"积累·整合"、"感受·鉴赏"、"思考·领悟"、"应用·拓展"、"发现·创新"这五个方面获得发展，这是高中语文课程的总目标。而对于必修课程与选修课程，在课程目标上的要求是有区别的。必修课程是从"阅读与鉴赏""表达与交流"两个方面分别提出目标，而高中语文选修课程设计五个系列：诗歌与散文、小说与戏剧、新闻与传记、语言文字应用、文化论著研读，也就相应地设置不同的课程目标。

有了课程目标，所有的语文教学活动自然都应该以此为依据而展开。不过，课程目标，仅仅是宏观层面的，而且往往是"取法乎上"的高标准高要求，要将课程目标真正落实到教学过程当中，还须制定微观具体的操作性目标，这就是教材编写者、语文教学的具体实施者，根据国家课程的总要求，针对具体的教学内容，针对具体的教学对象所确立的教学目标、教学质量目标。有了教学质量目标的指引，具体的课堂阅读教学、写作教学、口语交际教学，具体的某一学段、某一范围、某一篇课文或某一堂课的教学，才真正有了明确的行动指针，方可避免教学陷入盲目、混乱、随意的怪圈，从而使语文教学的实效得到保证。

三、标准监控——语文教学的试金石

所谓"教学质量监控"，是指监控组织通过对教学质量的持续监督，定期收集有关教学工作质量、教学成果质量和办学条件质量等方面的信息，在分析整理的基础上发现可能存在的质量问题，对教学行为及时调控，以稳定与提高教学质量的行为、过程。

在教学活动中，应当对构成教学质量的输入、过程、输出三个基本要素进行全过程、全方位、全员性的监控与评估，其基本内容主要体现在教学条件的监控与评估、教学管理水平的监控与评估、教师素质的监控与评估、学生质量的监控与评估等。评判学校教学质量的高低，是与社会对教育的要求密切联系的。在我国教育发展史上，曾经有相当长的时期是以学生获取的知识多少作为评价教学质量的标准。到了 20 世纪 80 年代中期以后，教育界开始大力提倡加强学生能力的培养，教学质量倾向于以能力高低去评价。

现如今，在进行质量评判时，我们所看重的，是通过学校的培养教育，学生个体所具备的整体素养与综合素质。"新课程的培养目标应体现时代要求。要使学生具有爱国主义、集体主义精神，热爱社会主义，继承和发扬中华民族的优秀传统和革命传统；具有社会主义民主法制意识，遵守国家法律和社会公德；逐步形成正确的世界观、人生观、价值观；具有社会责任感，努力为人民服务；具有初步的创新精神、实践能力、科学和人文素养以及环境意识；具有适应终身学习的基础知识、基本技能和方法；具有健壮的体魄和良好的心理素质，养成健康的审美情趣和生活方式，成为有理想、有道德、有文化、有纪律的一代新人。"（教

育部《基础教育课程改革纲要（试行)》)① 这就对我们的教育教学工作提出了更高的要求。

在教学质量监控方面，我们主张以标准化工作来确保质量监控的实施。"标准化工作"就是为了所有有关方面的利益、促进学校各项工作有效运行，在各个方面制定并实施规则的过程。标准化工作是一项综合性的基础工作，它为教育教学及其相关活动建立了一定的秩序，使各部门按照一定的规则行事，使教育、教学各环节的动作协调一致，使学校的各种活动遵循共同的准则，使复杂管理系统化、规范化、简单化，保证教育教学能够高效运行。

教学质量标准化工作的范围十分广泛，一般包括四个方面：服务质量标准、管理质量标准、工作质量标准和学生质量标准。服务质量标准是后勤服务及其他服务的标准和规范；管理质量标准是涉及学校整个管理体制和制度的标准，即对机构、管理程序、岗位职责、部门间协调办法、信息沟通途径等作出的统一规定的要求；管理质量标准是学校教学质量管理的依据；工作质量标准是对学校各方面工作的规定和要求，包括教学工作标准、教务工作标准、学籍管理标准、实验室使用规程等，工作标准是保证教学质量的基础；学生质量标准是对学生发展水平的规定，包括德、智、体、美等方面，学生质量标准是学校教学质量管理的归宿。

为了使标准发挥应有的作用，各项标准的制定和执行应符合以下一些具体要求。

（1）权威性。质量标准是学校的法规，各部门、每个人必须自觉遵守、坚决执行，不能随心所欲。为此，应有专门的机构来监督和检查标准的执行情况与效果。

（2）群众性。标准工作涉及面广、工作量大，要在总结经验的基础上，有组织地依靠全体师生。

（3）科学性。要充分利用现代化管理技术，力求使制定的标准客观、实用。

（4）明确性。标准要成文，内容要明确，要求要具体，叙述要简明，要避免过分抽象和模棱两可。

在监控实施过程中，我们遵循以下监控原则。

① 教育部政策研究与法制建设司．现行教育法规与政策选编［Z］．北京：教育科学出版社，2002. 165.

（1）方向性原则。教学质量监控要体现面向全体学生，全面贯彻教育方针和促进学生生动活泼、主动发展的方向。监控的内容和方式，要具有导向性作用，使教学质量监控成为促进教学质量稳步提高的措施。

（2）主体性原则。在教学质量监控过程中要重视监控对象的主体地位，要充分发挥监控对象的主观能动作用，使他们自觉积极地参与，使监控成为开展和推动教学工作的动力源泉。

（3）科学性原则。教学监控的内容和方法必须符合教育规律，严格遵照各科课程标准的有关规定。要把学科基本能力的训练状况和形成程度作为监控重点。要重视对学生思维能力、操作能力和自我学习能力的监测。

在教学质量标准与教学质量监控方面，基础教育的不同课程，尤其是高中阶段的各门课程之间，肯定有着相当多的共性，应该互通有无。不过，我们还是应该充分注意语文课程与语文教学的特殊性。

语文学科虽具有知识的明确性，同时亦带有许多模糊性：人文性的素质如何测评？如何监控？监控什么？监控组织应如何组成？监控者应具备什么样的素质？……都是亟待解决的问题。这些问题的存在，都将使我们对教学质量的追求、对教学目标与质量标准的制定，以及教学质量监控的实施面临诸多困难。就目标制定而言，《语文课程标准》中明确要求，要根据新时期高中语文教育的任务和学生的需求，从"知识和能力"、"过程和方法"、"情感态度和价值观"三个方面出发设计课程目标。那么，教学目标、质量标准的制定也应该同时考虑这些因素。相对而言，"知识和能力"目标，其达成状况及教学成效的评价要容易一些。而"过程和方法"目标，特别是"情感态度和价值观"的目标，因其内隐性特征，要作出明确的评判，其难度是不言而喻的。但"难"绝不是"不能"，重要的是，我们如何想方设法，在尽力把握语文课程与语文教学个性的基础上，制定出行之有效的质量标准来，并进而设计有效的监控指标、监控制度，真正实现语文教学质量的有效监控。

四、语文教学质量标准与目标监控现状

关于"教学质量"内涵的认识，当前有以下几种不同的看法。

（1）教学质量同时体现于投入、过程和产出三个方面。持这种观点的研究者认为，教学质量应包括三个方面的内容：为教学所提供的人与物的资源质量（投

入），教学实践的质量（过程），成果的质量（产出或结果）。

（2）教学质量包括教师教的质量和学生学的质量。根据侧重点的不同，这种观点又可细分为两种：一种观点强调学生维度，认为教学质量包括工作质量和学生质量两个方面。而学生质量处于教学质量的核心地位，工作质量是保证提高学生质量的关键。另一种是强调教师维度，认为教学质量是一个综合指标，它由教师的教授质量、学生的学习质量和教学管理者的管理质量组成。形成教学质量的各个因素中又有主次分别，其中教授质量和学习质量在教学质量的形成中起关键作用。同时，两者在教学质量的形成中也并非等值，其中教授质量起主导作用，是教学质量的主要体现。

（3）教学质量即教学结果质量。持这种观点的学者认为，教学质量主要是指学生的质量。因为，教学质量是就教育的产品而言，而不是指生产出这些产品的资源和过程。

上述三种观点对教学质量的认识存在差异，但有一点是相同的，即都认可学生质量在教学质量中的突出地位。而且，这些观点或多或少都表达了这样的观念：把教学质量的核心定位在"结果质量"上，而把结果以外的质量形式降低到次要的地位，使其他质量形式都为结果质量服务。这样一来，人们在谈论教学质量时都自觉不自觉地把它归结为"教学结果质量"，也就是学生质量。

将教学质量等同于教学结果质量——学生质量，其主要原因在于教学过程所具有的动态变化性和不确定性。由于这一因素的存在，准确把握教学过程质量就存在着相当的难度。故而，在认识和研究教学质量时，就常常把"结果质量"作为"过程质量"的表征来加以认识。

但由于教学行为与过程具有相当的复杂性，教学过程与结果并不是简单的一一对应关系，而很可能存在一因多果、多因一果或多因多果的复杂关系。单纯地从结果质量着眼，难以对教学过程的运行情况进行完整准确的考察，这就容易造成对教学质量认识上的偏差。

另外，从教学结果质量来看，它本身也包含着许多因素。既有认知方面的内容，也有情感、意志、个性等方面的内容。由于研究条件的限制，目前我们对教学结果质量的认识也基本局限在认知层面，往往忽视学生情感和个性方面的发展。所以，要真正认清教学结果质量，也是相当困难的。同时，在具体实践过程中，我们又常常把学生的认知结果质量作为结果质量的表现形式，这样就很容易形成教学质量认识上的怪圈：教学质量＝教学结果质量＝学生认知质量＝智育质量。最终就把提高学生的"学习成绩"与提高"教学质量"完全等同起来，加大了人们对教育教学质量认识的片面性。

我们认为，若将学生的学业成绩作为衡量学校教育质量的唯一指标，显然过于简单化了。在具体教学实践中尤其要注意的是，人们期望学校给学生带来的变化，不是局限在认知领域；人们期望的是，学校有助于学生形成某些行为和态度，使学生能恰当地欣赏民族优秀文化，其行为方面能够受正确的道德和审美的价值观引导，从而成为负责的、合作的、参与的和独立的公民。所以，教育的产品质量"主要"着眼于学生，而且不仅是指学生的学业水平状况，还包括学生情感和个性方面的发展。

应当说，目前语文教学界对于质量标准与目标监控的研究还是比较重视的，除了我们课题团队在 2003 年完成的《中学生语文水平标准研究》外，各地还出版了一些相关著作，教育专业杂志也发表了一些相关论文。但总的看来，研究教学质量标准的多，研究语文学科教学质量标准的少，而研究语文教学（质量）目标监控的尤少。例如在中国期刊网（"知网"）上，我们以"语文质量目标"作为主题词进行搜索，共找到 219 篇论文；以"语文质量监控"或"语文目标监控"搜索结果为 0 篇。而与"语文教学质量监控"相关的也只有两篇，两篇都与考试阅卷相关，即《中考语文作文阅卷质量监控》和《语文主观卷评卷质量监控系统的设计与实施》。检索"超星数字图书馆"，关于"语文教学质量"或"目标监控"的著作也是 0 本。这足以说明语文教学界在这方面的不足。此外，更重要的是关于语文教学质量标准，也较少有从整体上去把握的，存在着自说自话、主观偏狭等问题。

在教学质量评价方面，存在的突出问题是原有的应试教育质量观对教育的消极影响。"应试教育质量观"其实是计划经济下的一种"一元质量观"。其特点是：以固定的和绝对的标准来"剪裁"和"扼杀"差异，使学生个性服从于固定的教学体系，甚至以绝对的和一元的固定标准"剥夺"许多人的受教育权。因此，它只盯着"升学率"，只盯着少数学生，造成"小面积丰产，大面积歉收"。其主要表现形式就是：以分数为唯一的标准，片面追求升学率。由于将手段异化为目的，所以它在办学实践中存在着"三重三轻"的现象，即"重智育，轻他育；重知识，轻能力；重少数，轻多数"。很显然，这与我们当前推行的素质教育的根本宗旨是相背离的。因为实施素质教育就是要"全面贯彻党的教育方针，以提高全民素质为根本宗旨，以培养学生创新精神和实践能力为重点，造就有理想、有道德、有文化、有纪律的德、智、体、美全面发展的社会主义建设者和接班人"。

在课堂教学质量评价方面，传统课堂教学质量评价工作存在的不足。

（1）评价功能的价值取向上，过分强调评价的"甄别、遴选"功能，忽视评价的"导向、诊断"。

（2）指标体系不完善，缺乏科学的论证。

（3）评价标准缺乏弹性和发展性指标，过于程式化。

（4）评价过程多依靠原始的人工操作，工作繁杂，容易出错。

（5）评价开展不系统，评价结果不全面。

（6）评价的主体单一，缺少广泛的参与。

（7）教学质量信息反馈制度滞后，反馈不及时，缺乏时效性，反馈的资料单一。

（8）多为随机性和总结性评价，对教学过程的动态监督和适时调控力度较弱。

（9）缺少激励措施，教学质量与教师切身利益之间关系不大，无法调动教师提高教学质量的积极性。

（10）缺乏功能齐全、运用方便的教学质量信息数据库，不利于资料的累计、查询和使用。

所以，要全面、正确地认识和理解教学质量，首先就应该树立教学质量的"整体"观念。因为，实际的"教学活动"是作为一个整体而出现的，在教学质量的生成过程中，是无法把其构成因素截然分开的。教学质量的提高，应该是一个综合、整体的提高。我们应该继承教学质量以往的研究成果，从而对"教学质量"作一个全新的界定，对课堂教学质量进行全面系统的分析。

语文教学质量高低是语文教学活动成效性的外在表现形式，而良好的教学评价对教学质量有导向、促进、激励及调控功能。在教学活动中需注意教师为主导，学生为主体的双方协调作用。单方面忽视教育的主体或客体，都不利于教学质量的提高。而单纯评价学生的"学"或单纯评价教师的"教"，也有失偏颇。全方位、多层面、科学合理地为改善师生教学活动、提高教学质量的评价分析是教学评价的本质目的。

我们还认为，语文教学质量标准的制定应当包括语文教学的方方面面，不仅仅是停留在课堂教学中，其中还包括语文课程，尤其是语文教材。在语文考试方面，我们的目光也不应只盯住校内考试，还要关注中、高考的命题与批改，这不是因为社会家庭对这方面特别关注，也不是因为这是校际竞争的关键，更重要的是中、高考的命题与批改的质量，直接影响到语文教学质量与语文教学改革。

　　总之，对于语文课程而言，由于语文素养本身的内涵丰富性与外延复杂性，造成语文教学质量评价的客观困难，研究与实践的落后是可以理解的，但我们应当迎难而上，既要充分认识到当前语文课程教学评估方面存在的客观困难，以及我们在观念上、实践上存在的问题，更要努力尝试构建一种新的科学合理的教学质量监控体系，寻找语文教学"低耗高效"之途，如此，才是我们应有的积极态度。

第一章　影响高中语文教学质量的因素

教学活动是一个多因素的复杂运动过程。教学的内部与外部条件，教学过程的任何一个环节和阶段，都对教学质量产生重要的影响，都与教学结果质量息息相关。我们分析影响教学质量的因素，应从教学系统的构成和运行过程出发，分析、确定影响教学质量的基本因素，在此基础上，针对教学质量工作的实际，加强教学质量管理和控制。从我国语文教学的实际情况来看，影响高中语文教学质量的因素大致有教学、管理和保障等几个方面。在此，我们主要探讨教学因素与管理因素。

第一节　教学因素

影响甚至决定教学质量状况的首先是学校内部因素，即中学内部对教学质量产生影响的各种条件和工作过程因素。严格意义上讲，学校内部的一切条件和所有工作都对教学质量具有不同程度的影响；当然，其中核心的因素是教的因素、学的因素。

一、教的因素

（一）教师教学行为

教师作为教学的主体之一，在教学过程中起主导作用，是知识、能力的直接传授者，是教学过程的组织者。正因如此，教师本身的特殊地位和特殊形象对学生的影响是相当重要的、无可替代的。不仅教学的方向、内容、方式方法、进程、结果由教师的教学所决定，学生的学习动机、学习方法、学习效果及能力培养，也都直接受到教师教学的影响。要提高教学质量，就要从教师自身做起。

我们经常在实际工作中看到，同一教学内容由不同的教师去讲解、传授，所得到的教学效果往往大相径庭。一个品德高尚、业务精湛、阅历丰富的教师容易获得学生的尊重，学生对他的教育乐于接受，其优秀思想品质也潜移默化地影响学生的个性的形成。相反，一个教育素质欠佳的教师，就很难得到学生的尊重和爱戴，他的要求和指导即使正确无误也往往被学生所轻视甚至排斥，他的教育也就苍白无力，达不到教育的目的。教师的思想观念、治学态度、业务水平、教学方法和创新能力，在很大程度上影响着所培养人才的质量和效果。

没有高水平的教师队伍，就不可能培养出高质量的人才，师资力量是影响教学质量的首要因素。要提高教师队伍的素质，主要从教师的职业素质抓起。教师的职业素质包括身体素质、思想素质、心理素质、外在素质、文化专业素质等方面。教师的职业素质的优劣，关系到教师能否胜任各种复杂的教学工作。

优秀的高中语文教师，首先要成为一个教学中出色的"匠"。他要了解本学科的系统知识体系，他有一套自己的解决问题的方法。比如，教学对象明确，教学思路清晰，教学方法（形式）得当。另外还要讲究教学艺术，使自己的课堂"魅力四射"。① 教师具有良好的职业心理素质，比如乐于与人打交道、热爱学生、擅长表达自我的资质，有广博的学识和彻底的理性，唯有如此，才能提高业务水平和品德修养，才能赋予人一种大气，才能真诚地鼓励学生放飞想象的翅膀，去拓展已经变得十分逼仄的心灵空间和精神世界，从而保证教师的身心健康和教育任务的顺利完成。

语文教师的能力修养包括语文能力、教学能力等不同方面。语文教师的语文能力，同学生一样，也体现在听、说、读、写等方面。教学能力包括独立备课能力、驾驭课堂能力、教学反思与评价能力（如批改作业、评阅试卷、检查教学效果、指导开展课外活动等）等方面。

一个语文老师的教学艺术集中体现在备课与教学上。一个好的语文老师，首先要过讲课关，用自己的魅力感染学生。这里的"讲"至少要注意以下要素：（1）语言要准确、流畅、清楚、有节奏感；（2）要有针对性，充分注意学生的可

---

① 王荣生．新课标与"语文教学内容"［M］．南宁：广西教育出版社，2004．

接受度。其次要过教材关，教学要"用"教材，而不是"教"教材。既要熟悉教材，又要对课文的理解要准确，学会使用多种教学参考资料，提出自己的理解意见，而不是人云亦云。再次要过教法关，把系统的讲解变成答疑和讨论，课堂首先是学堂，应该通过教师的教学使学生明确自己应该怎样学习语文，教师应该调动学生学习的积极性，让学生在课堂上享受到学习的乐趣。①

此外，优秀的语文教师还要具备自学能力、教科研能力。不过，相比较而言，语文能力与教学能力对语文教学质量的影响更为直接也更为巨大。

时代赋予了我们语文教师更高更多的重任：一般来说，教师有多"高"，学生就有多"高"。于漪老师强调今天当好教师的基本素质——善于学习，学会观察，努力研究。首先，老师不能仅仅依赖自己习惯性的教学行为和经验，应该在高度重视本学科知识积累和体验的同时，随时注意收集不同学科和领域的有效信息，扩大自己的知识领域，提高自己的综合素养。"语文是工具课，是最重要的文化载体，是人类文化的重要组成部分。"作为一个优秀的语文教师，应该汲取各种与语文教学相关的文化养分，在业余时间充实自己，先使自己成为一个"杂家"。

同时，一个高中语文老师应该善于反思自省，要让自己做一个"有心人"。作为一个优秀的语文教师，在教学实践之后不断总结反思，并把它坚持下去，就一定能够在教学上取得大的突破。上海市教科所的顾泠沅说过："每天深度思考两个小时，就会'无中生有'。"可见反思能力的重要性。宋代朱熹认为"温故"是"知新"的基础。他说："须是温故方能知新，若不温故便要求知新，则新不可得而知，亦不可得而求也。"②

教的因素对教学质量的影响，突出反映在教师的教学工作中。教师的教学工作主要通过授课来进行。授课是学校教学的一个主要方式，包括课堂讲授、讨论教学、实践性教学、考核等教学形式。优秀的高中语文教师的主要特点应把自己的教学体会传授给学生，教会学生怎样读书作文。教师通过授课引导学生获得知识，形成技能、技巧，发展智力、能力，培养学生科学的世界观和高尚的道德品质。在

---

① 郭铁良. 优秀高中语文教师一定要知道的 11 件事［M］. 北京：中国青年出版社，2007. 164 ~ 165.

② 郭铁良. 优秀高中语文教师一定要知道的 11 件事［M］. 北京：中国青年出版社，2007. 138 ~ 139.

教学过程中，教师通过授课，能否引发学生的学习动机，激发学生积极思维，学生是否学会了教师想要传授的知识，是否推动了学生对其他知识的学习，等等，这一切的教学效果都取决于教师整体授课水平的高低。

教师授课包括备课、课堂讲授、课后辅导、批改作业、指导实验和实践等环节，课堂讲授又包括教学内容、讲授方法、教学手段、教学态度等各个方面。通过每个环节、各个方面的质量积累，形成整体的教学质量。所以，要提高教学质量，就必须在教师授课这个重要环节上下工夫，通过各种有效的措施，不断提高教师的整体授课水平。

教师要有育人的真本领，"教学"的工作每个教师都在做，不过，"教过"不等于"教会"。每个教师都能做到"教过"，而要"教会"学生学会学习，使学生真正受益，教师就须好学不倦，苦练基本功；研究学生，因材施教，独立思考，善于发现。知识和技术的发展更新，要求教师重新审视自己的学生观、教学观、教材观，对所从事的教育教学工作有自己的看法与见解。教师应该养成思考、探索、研究的习惯，看问题能深入底里，有创见卓识。[①]

作为一个优秀的语文教师，尤其要反对盲从，去除从众心理，张扬自己的教学个性。没有个性，就没有人才；没有教学个性，就没有课堂教学。让课堂焕发出生命活力的根本就在于张扬教学个性。为了使自己的教学思想成为"一家之言"，语文教师应该有独立的见解，有独特的教学思想，在教学中别具一格、独树一帜。教师要靠自己的学识站立，要具有怀疑正确与批判真理的胆略，靠自己的独特思想而闪光。这样才可能在教学中挥洒自如、新颖别致、渐入佳境，才可能围绕教学目标组织多姿多彩、千变万化的创新活动，才能创设出让学生耳目一新且具有自己教学风格的好课，才能让学生对听你所上的课有一种欲罢不能的感觉。[②] 人本主义心理学家库姆斯（Comes W.）认为，好的教师的教学绝不是千篇一律地遵循着什么既定规则的，他们都有各自的"个性"，并在教学中体现出来，好教师在教学中会重视"具体"、"特定"的情境，不可以"既定的方法"行动，教师应当是艺术家。

（二）教师职业素养

具体来说，教师的职业素养包括政治素养、道德素养、学识素养、教学素养

---

① 郭铁良. 优秀高中语文教师一定要知道的 11 件事 ［M］. 北京：中国青年出版社，2007. 22.
② 郭铁良. 优秀高中语文教师一定要知道的 11 件事 ［M］. 北京：中国青年出版社，2007. 164～165.

以及教研素养等方面的内容。

没有正确的政治观点，就等于没有灵魂，语文教师作为人类灵魂的工程师，首先要有坚定正确的政治方向；语文学科的思想教育性特点和语文教育的目的、内容，决定了语文教师更要具有高尚的师德。良好的政治素养与道德素养，这是任何学科、任何类型的教师都应具备的基本素养，在此不作详述。作为语文教师，特别应该从语文学识素养与语文教研素养这些方面对自己提出严格的要求。

就教师的"学识素养"而言，语文教师应该拥有系统的语文专业知识（包括语言学、文字学、文章学、文学、美学等）；要学好语言学概论，具备现代汉语和古汉语的系统知识；要了解汉字史有关知识，学会常用汉字，熟悉汉字简化方案和标点符号的使用规则，懂得一定的音韵学和训诂学知识；要精通文章学基本理论，具有构思写作、阅读欣赏、批评修改、训练考核等基本技能；要有比较丰富的文学史、文学理论、文学创作、文学批评知识，熟悉古今中外主要作家和作品，懂得儿童文学、民间文学常识和影视、音乐、美术等艺术知识；要掌握基本的文学理论知识和美学史知识，通晓语文学科的美育内容和美育方法。

同时，语文教师应该具备扎实的教育学知识，包括教育学、心理学和学科教育学等方面的知识素养。语文教师要了解一般教育的方针、目的、过程、内容、方式方法；要学好教学论，熟悉教学的一般规律，了解新的教学思想、教学观念；要学好教育心理学和语文教育心理学，能够运用学生心理、品格形成发展的特点、规律，在语文教育中培养学生学习动机、激发学习兴趣、提高学习效率、发展学生智力、陶冶学生情操；要学好语文教育学，熟悉语文教育的对象，掌握语文教育中德育渗透的内容和方法。而且，语文教师应该尽可能地拥有渊博的科学文化知识，包括思维科学、社会科学、自然科学等；要通晓抽象思维、形象思维、创造思维等基础理论，懂得信息论、控制论、系统论等科学方法论，广泛涉猎经济学、文化学、社会学等社会科学常识，具有丰富的社会实践经验；要有针对性地掌握教材所涉及的自然科学知识，杜绝科学性、常识性错误。[①]

所谓"教学素养"，是同教学活动有关的能力。教师只有具备了系统、扎实、渊博的学业知识，再加上较强的教学能力，才能将语文教学工作做好。具体来说，语文教学素养包括以下内容。

---

① 张垂明. 语文教师职业素养浅谈 [J]. 教育与职业, 2007, (14).

1. 语文备课能力。指的是驾驭教材、了解学生、设计教学和编写教案等能力。具体而言，教师要把握好"课标"，钻研好教材，利用好教学资料；要充分了解学生学习的内容，掌握了解的方法；要明确教学目标，安排好教学程序，选择好教学方法，设计好课后作业；要明确教案的内容，熟悉教案的形式，掌握板书设计的技能。

2. 语文施教能力。指的是组织教学、讲话、听话、书写、教具运用、教学应变等能力。教师要控制好教学目标，发挥目标的"导教""导学"功能。要有过硬的口头表达能力，教学语言要具有示范性、启发性、感染性、自控性，恰当选用合适的教学语言类型。要具备集中的注意力、深刻的理解力、牢固的记忆力、机智的组合力和精湛的品评力。"听话"要辨音、解义、记句、合意，"评话"要体情、识趣、察非、审美。要有过硬的文字书写能力，写得一手好硬笔字，特别是粉笔字，板书要因文制宜、因人制宜、因时制宜，充分发挥积极效用。语文老师还要具备过硬的笔头功夫，要写好"下水"文章，改好学生作文。要善于选用教具，熟练使用教具，学会独立操作。遇到突发事件，要沉着冷静、机智果断、灵活变通，采取恰当措施，快速反应，排除"险情"。还要适时、适度变通教学思路，调控教学情绪，以确保课堂教学的顺利推进、教学任务的有效达成。

3. 语文考评能力。指的是对学生成绩进行考核和对教师教学效果进行评价的能力。命题要做到依"纲"据"本"，以能力为主，知识能力兼顾；试题要难易适度、题量适宜、覆盖面全、题型灵活。评卷做到准确恰当、客观公正；考核结果分析科学，充分发挥分数的教学杠杆作用。还要注重多元评价，既重结果性评价、定量评价，更要重视过程性评价、定性评价。充分发挥教学评价的诊断功能，促进教学的开展。在对教师教学效果进行评价时，要看语文教学过程的组织是否优化，教学过程当中相互作用的多种因素是否有机统一，是否体现了语文教学原则，从而对整个教学作出全面分析评价。分析一堂语文课，要注重考察教学目标明确与否、教学内容正确与否、教学思路清晰与否、教学方法灵活与否、语文训练扎实与否、教学常规规范与否、教学效果突出与否。要注意科学全面的评价，切忌"抓住一点、不及其余"的片面评价。

语文教师的"教研素养"，指的是用科学的方法研究语文教学实践，探讨和掌握语文教学规律，并用来指导语文教学工作的革新创造能力。语文教研素养是语文教师知识水平、教学能力和创新意识的集中体现。近年来对于"教育行动研究"的强调，为一线教师开展教学研究工作提供了全新的理念与思路。教师的教研素养，具体来说，包括以下内容。

1. 调查研究能力。要懂得教与学的环境、过程、内容、方法、效果等调查内容，学会用现象观察、综合考察、表格统计、抽查测验等调查方法，能够根据不同的研究需要，针对调查材料采取"定性、定量、对比、归纳"等不同的分析研究方法，充分利用语文教学现状的第一手材料，深刻体认语文教学中已有经验和存在问题，并结合自身的教学实践展开思考研究。

2. 选题定向能力。要根据语文教学实践的需要和实际可能，选取既有研究价值又具备研究条件的课题。要掌握语文教研的学术动态和教学观念、教材教法等方面的新信息，或独辟蹊径，填补空白；或变换视角，推陈出新。要对图书资料等客观研究条件和教师知识结构、能力优势等主观研究条件开展研究，做到量力而行，因人而异。

3. 搜集材料能力。要重视材料的搜集工作，包括古今中外有关文献、最新教改信息、经验材料等等。要学会学习，学会吸收利用前人、他人的科研成果，具备检索文献、制作卡片、归类编码等能力，学会利用书目、索引、报刊、录像、网络等资源，灵活采用摘录、写读书札记等收集材料的方法，做到充分利用材料，充分发挥材料的效用。

4. 教改实验能力。教师教学研究的价值最终体现在对当下实践的指导与促进作用上，故而开展大胆而谨慎的教学改革相关实验就显得尤为重要。在实验时，要有明确的指导思想和周密的实验方案，实验前定出可以测量的实验指标，选好实验教材、教法，以及实验班（组）和对照班（组）；实验过程中要做好记录，进行动态的分析研究；实验结束后进行严格验收，认真总结。

5. 撰写教研论著能力。教学论文既是研究者本人对于研究工作的深入思考，也为同行的实践和研究提供了有价值的材料。首先要能够撰写论文，如教材分析、教法研究、经验总结等；其次是编写教材，如试用教材、校本教材、通用教材；有可能的话，还要尝试著书立说，从编书到著书，立一家之言，真正成为学有专长、教有特色、研有成果的学者型教师、专家型教师。

二、学的因素

（一）学生是语文学习的主体

教育作为一种促进人的发展的活动，其基本的或理想的状态和目标是，作为教育者的教师能够充分地预见并促进学生的发展，这一方面体现教师能够在认识到学生发展的规律的基础上，基于学生的现有发展水平设计课堂教学行为；另一方面体现为教师能够充分认识和理解学生的个别差异，设计出适合所有学生的教学活动，以使每一个学生都能获得完满的发展。

语文教学的理想状态是学生带着自己对教学内容的理解和感受与老师进行平等的对话，而不应该是教师把自己的感受、理解讲解传递给学生，也不应该是教师把自己感受、理解拆成若干个问题来步步紧逼地向学生追问，最终让学生被动地认同教师的感受、理解。教学中，让学生与教学内容直接对话是必不可少的一个重要过程，要让学生从"被动接受"和"被追问"的状态中解放出来，多学生自主探究，少教师牵引灌输。①

不少语文教师在"传道授业解惑"上很下工夫，课堂上不仅设计一个又一个环环相扣的"巧妙"问题，而且学生有什么质疑也不厌其烦地予以解答，但很少有人注意置留适当的"空白"，留下一点时间，引导学生去感悟、去体验，让学生借助已有的知识经验和基本技能，去探索和追寻生成解决问题的途径和方法，以获得成功的喜悦，在传授知识的同时把培养学生的思维方法和思维品质结合起来。美国芝加哥大学教授 J. W. 盖泽尔曾颇为遗憾地指出："学校本应该是赏识和培养创造性才能的场所，然而事实并不是如此"，"教育机构不仅忽视了潜在的创造才能，而且压制了创造才能的发挥"。目前的语文教学普遍存在课堂教学看热闹的现象，而不是真正的观察思考，其产生的原因，一是没有形成阅读习惯，二是不知如何从阅读中得到结论。②

在学校教育中，不同的学习层次和不同学习个性的学生，对不同的学科和课程，学习方法上也有所不同。在教学中要注意突出学习方法、学习习惯的培养，通过改进学习，提高学习效果，使教学质量的提高落到实处。

相对而言，小学、初中阶段更适于激情教学，以便激发孩子学语文的兴趣，调动他们的积极性，以期他们主动、大量地读书，为今后分析、探究、评价、推断、解决问题能力的提高奠定语言、历史文化、社会生活等知识的基础。作为高中生，应该面对的、必须理性思考的是关于人生、社会、未来的问题，即世界观、人生观、价值观。联想、想象是创新的翅膀，应该予以大力保护。语文教学尤其是高中语文教学，绝不仅仅是这种形象思维意识的培养，随着学龄、年龄的增

<hr>

① 郭铁良. 优秀高中语文教师—定要知道的11件事［M］. 北京：中国青年出版社，2007，引言.

② 姚蒙. 高中语文课堂教学缺失些什么［J］. 教研天地，2008，2：55.

长，适当地引导他们进行理性思考，使形象思维、创新思维的发展与提升不悖自然规律、不悖生活事理、不悖思维规律。

比如在教学中，恰当运用多媒体，可丰富教学内容、增强直观效果、增强时效、激发兴趣，但不能为追求时尚而滥用。语文课毕竟不是美术课、音乐课，是培养实实在在的从方块字里挖出深层含义的能力。电脑再先进，也代替不了从"歪歪斜斜满纸仁义道德的字里行间挖出吃人本质"的"狂人"的脑；高中语文教学要慎用多媒体，不能用音、画干扰学生理性思考，更不能用课件显示的"标准答案"取代学生的思考。①

学生是学习的主体，任何教学方法效果的验证都是要通过学生才能反映出来。德国教育学家第斯多惠说过："教学必须符合人的天性及其发展的规律，这是任何教学的首要的最高的规律。"这里的人的天性及其发展和规律，即指学生的实际情况。② 因此，学生的原有基础、智力水平、学习态度、学习方法和学习品格，影响着教学质量。学生素质条件是影响教学质量的内在因素。所以，我们无论采取什么方法都必须以学生为主要对象，以学生对教材的理解能力为主要目的。而要真正做到这些，教师就必须先对学生实际情况进行了解和掌握。

学生是学习的主人，在新课程改革的环境下，自主、自愿的学习占据着很重要的位置，学生学习的主体性也得到了很好的体现。因此，怎样培养学生的自主学习能力，培养其学习主体意识，成了需要关注的重要问题。语文学科与其他学科有着很大的不同，工具性和人文性的统一，也在很大的程度上开阔了学生的视野和思维。

我们认为，提高语文教学质量的决定性因素不在于教师的深讲细导，而在于学生主体性真正的充分发挥。当然，必须明确，并不是所有处于学习活动中的学生都自然地就具有"主体性"，只有当处于学习过程中的学生具备了参与意识、参与能力，并且能够进行冷静客观的自我评价的时候，学生的主体性才能得以充分发挥。要让学生真正成为语文学习的主人，应当做好以下几方面的工作。

1. 激发主动参与意识

（1）语文学习目的的再教育。心理学研究表明：动机是直接推动一个人进行

---

① 潘志伟．高中语文教学中的理性思考［J］．语文教学研究，2005，2：78.
② 转引自郭铁良．优秀高中语文教师一定要知道的 11 件事［M］．北京：中国青年出版社，2007. 162.

活动的内部原因，动机产生于需要。目前语文学习中学生主体性不能充分发挥，其主要原因乃是对语文学习的重要性认识不足。为此，应当使学生认识到，在校学习语文的目的在于日后能够独立地解决社会生活中所遇到的各种问题；在于能够灵活而有创造性地运用所学知识、技能、策略和道德规范，成为一个能适应社会需要和为社会作贡献的人。教学过程中，我们要有意识地创设语文实际运用的各种情境，使学生认识到"语文应用无处不在"、"语文素养是终身发展和全面发展的基础"，从而激发学生主动参与学习语文的意识，逐步培养学生远大而持久的学习动机。

（2）改进语文学习组织和评价方式。孔子云："知之者不如好之者，好之者不如乐之者。"兴趣是最好的老师，学生主体性的双翼只有在兴趣的广阔天空中才能得以充分舒展。在语文学习过程中，教师应想方设法地改进教学组织形式，创设为学生所喜闻乐见的语文实践活动，促进他们的语文学习实现由知识到能力的迁移，在不断成功的喜悦中逐步形成积极的语文学习态度。让学生走出一味听讲的狭窄模式，在灵活机动的学习方式中兴致勃勃地探求知识。从作为社会一员的生活需要出发，激发他们活学活用语文的强烈愿望，使他们觉得非说不可、非写不可、放胆想、放心说，使语文学习的课堂变成学生放飞思维的蓝天。

课程评价的目的是为了促进学生的发展。但长期以来，应试教育的倾向和学业评价标准的误用，致使师生教与学陷入死气沉沉的境地，严重地扼制了学生学习的主动性、积极性。正如《语文课程标准》所言："要从知识与能力、过程与方法、情感态度与价值观几方面进行评价，以全面考察学生的语文素养。"在教学实践中，要坚决摒弃"以分数论优劣"的片面做法，过程和结果并重，从课堂活动表现、作业完成情况、典型试卷分析、兴趣潜能剖析和自评互评情况等多角度评价学生的进步与不足，想方设法地保护学生学习的主体性，以期待和正面激励的测评方式促使学生健康发展。

2. 培养能动的参与能力

光有"我要学"的参与热情，还不足以保证学习主体性的充分发挥，还得使学生逐渐培养能动的参与能力，否则学生只能成为语文学习的旁观者、局外人。学生参与语文学习的能力不同于行为习惯和操作技能，而是一种合乎法则的心智技能，必须通过系统的学习和训练才能逐渐获得。我国心理学家冯忠良教授将心智技能的形成分为三个阶段：（1）原型定向；（2）原型操作；（3）原型内化。

这里讲的"原型"即语文学习中各种技能的一般规律和方法。在语文学习中，我们可以依次将学生语文学习的心智技能水平划分为四个阶段，或称为四个等级：（1）全依赖阶段；（2）半依赖阶段；（3）基本自主阶段；（4）完全自主阶段。教师应针对不同学生的实际发展水平，客观存在的差异性，在正确估量的基础上，采取与学生发展水平相适应的教法，因材施教，引导学生向高一级水平发展，并在良性循环中逐步形成学生参与语文学习的能力。

3. 建立良好的评价反馈机制

（1）自我评价。教育实验研究告诉我们：渴望成功、尝试成功进而品尝到成功的喜悦，这一循序渐进的过程必将形成一个良性循环。自我评价的反馈信息，会促使学生以更大的热情投入到新一轮的学习活动之中。比如，作文之后来一段"习作得失自我分析"，阅读之后说一番"自我评估"，书写之后作一个"自评等级"，登台表演之后谈一些"改进体会"……诸如此类的自我评价，不仅极大地增加教学活力，改善学习进程，还能使学生始终处于主角的地位，在课堂这个特殊舞台上尽情施展才华。

（2）教师与同学的评价。心理学研究表明：渴望得到周围人的肯定是人的天性，青少年学生尤其如此。教师、同伴鼓励性的评价，对学生主体性的发挥起着举足轻重的积极作用。为此，教师一方面要在尊重学生主动精神的基础上，创造良好的教学氛围，让学生的智力潜能得到自由而充分的释放；另一方面要注意在引导中"难而有度"，使学生不断看到自己努力的结果，并不断受到成功的反馈信息的激励。

在教师公平、宽容而客观的评价方式的熏陶下，同学之间的互相评价也十分重要。同学间相互欣赏，会促进共同进步；如果互相贬低，很可能造成自我评价标准的迷失，导致前进动力的丧失。因而教师在引导同学之间互评时，必须强调着眼于帮助同学完善自己，既客观地指出不足，又热情地期待进步，注意语言的分寸和礼貌。

综上所述，学生语文学习的主体性还是很容易体现出来的，教师如果给学生学习留下自由的空间和时间，学生就获得了发展的主动权，就会成为有独立思维的个体，从而会主动地去学习。学习也就不再是负担，而会成为一种快乐。无论用什么方法，只要学生学习的兴趣被激发出来，那学生就会很主动地去思考。一旦学生渴望参与语文学习，逐渐形成了较强的参与能力，并且具备了一定的自评互评技能，语文教学效果势必极大提升。

（二）学生是语文教学活动的主体

语文课堂教学，不能仅以教师的一厢情愿，而是要从学生的接受需要与可能来组织教学。学生是教学活动的主体。教学过程以引导学生认识客体、促进学生全面发展为基本任务。教师根据课标要求，引导学生认识客观世界，帮助学生将一定的外在的教育内容向自己主体作转化、吸收、创新，形成自己的知识、智慧和能力，获得身心的全面发展。外因是变化的条件，内因是变化的依据，外因通过内因而起作用。学校的一切培养工作，均需通过学生自身的努力，转化为学生的知识、素质和能力。学的因素对教学质量的影响，充分体现在学生的学习活动和教学过程中。教学效果最终要通过学生的学习来实现。在教学过程中，学生的学习主动性，学生的思维品质，学习内容的选择，学习方法和手段的运用，学习风气等，直接影响着学生对知识的学习和掌握。

对于语文教学而言，学生学的因素作用的发挥可能要超过其他的高中课程。这是由语文课程的基础性与实践性特征所决定的。在新课程改革背景下，学生作用的发挥更是得到了大大的强调与强化。以语文课程中的阅读教学来说，新课标对语文教学提出了新的要求。它突出了语文本身所具有的人文意义，突出了学生在学习过程中的主体地位，强调了尊重学生在学习过程中的独特体验。因此，发挥学生在阅读教学中的主体性，提高学生对作品的感悟能力尤为重要。在阅读课堂教学中，教师应该设计引导学生对作品产生某些感受、理解、体验的"碰撞"，使学生自然而然地得到情操的陶冶和对作品的感悟。由于学生阅读能力、知识结构等方面的差异，他们对作品的理解也就存在差异，再加上作品本身内涵的多元化特征，所以传统的单一的或一成不变的教学思维模式已经不能适用。像传统阅读教学中以讲带读的教学方式，实际上剥夺了学生亲身品味、探究阅读作品的权利和机会，这是我们应该加以避免的。

学生作为课堂学习的主体，他们知识掌握情况如何，每人在心中都有一定的认识。在教学中要鼓励学生敢于正视自己的缺点，学会自己评价自己，使学生能更加清楚地认识到自己的优缺点，促使学生向更完善、更完美的方向迈进。学生在上完一节课后，可以通过对形成性练习结果进行反思、总结学习心得，主动地反思自己的学习态度、学习方法、学习投入等。通过对课堂学习过程的自我监控和反思，学生不仅知道自己的优势，也敢于正视自己的不足，促使自己有意识地改进不足。强调学生的自主或自我管理或自我控制，并不意味着教师在课堂上就可以放任学生的行为，所有的事情都由学生自主决定，而是强调教师在课堂中成为学生学习的指导者和合作者。[①] 教师可以指导学生针对阅读课堂的特点来进行自我评价，通过课堂过程中的自我监控和反思，培养自我反思的能力。

学习是知识时代对人才的基本要求。当代著名的教育家、教学论专家巴班斯基提出教学过程最优化的理论，其主旨是高效能、低消耗，发挥课堂教学的巨大可能性。实施教学过程最优化原则，既有利于减轻学生负担，保证学生个体全面和谐的发展；又有利于促进教师自身素质的提高。作为新时代的教师，应努力使教学过程实现最优化。

激发课堂教学活力，提高课堂教学效率，优化教学过程的方法应该是多种多样的。要提高课堂效率，优化教学过程，关键在于根据不同的教学内容以及学生自身特长，科学地选择和运用激发课堂教学活力的方法，优化教学过程，并在实践中不断创新。[②]

课标倡导以人为本，学生是课堂的主人，教师是课堂的参与者、组织者、引领者。因此，在教学中要重视学生的参与，也就是要在教师的指导下充分调动学生的积极性、主动性和创造性，使全体学生积极主动地参与到教学的全过程中去，动脑、动口、动手，充分体现学生在学习活动中的主体作用，让学生在参与中亲自探索、发现知识，在自主学习中获得新知识，这是优化教学过程，提高课堂教学效率的关键，也是深化语文教学改革的必然要求。

在课堂教学中，教师要把学习的主动权还给学生，把人的个性还给学生，把自由还给学生，把时间还给学生，把实践的机会还给学生，充分激发学生学习的主动性，力求学生全员参与、全程参与、全心参与，教师只在学生不懂处点拨、不明处启发、不畅处引导。只有这样，才能培养学生的学习能力，从根本上改变语文教学高投入低收获的现象，切实提高语文课堂教学效率。[③]

同时，我们必须意识到，学生良好的学习习惯，会对语文教学质量产生至关重要的影响。可以说，良好的学习习惯是提高教学质量的有效保证。著名教育家叶圣陶先生说过："教育是什么，往简单方面说，只有一句话，就是养成良好的习惯……"凡是学习成绩优秀而且稳定的孩子，都是从小培养形成的良好的学习

① 刘家访编著. 上课的变革（教师课堂行为变革丛书，郑金洲主编）[M]. 北京：教育科学出版社，2007. 35～36.
② 冯志辉. 论语文教学过程的优化 [J]. 语文教学研究，2008，3：91.
③ 胡小快. 课堂教学贵在学生参与 [J]. 科教文汇，2008，4（上旬刊）.

高中语文教学质量目标设定与标准监控研究

习惯；而成绩忽好忽坏、起伏不定的孩子，往往缺乏良好的学习习惯。习惯是培养出来的，而不是生来就有的，它是在人的学习、生活实践中逐步形成的。无论是家庭教育还是学校教育，都应该重视学习习惯的培养。习惯的力量是巨大而持久的，好的学习成绩正是靠习惯的力量去完成的，而且良好的习惯一旦养成，只需教师稍加提醒就能坚持住，它将使学生终生受益。作为语文教师，理应在培养孩子们良好语文学习习惯方面承担更多的责任，如课前预习的习惯、规范书写的习惯、边阅读边批注的习惯、认真按时完成作业的习惯、仔细审题分析的习惯等等。

第二节　管理因素

一、教学质量管理是教学质量的重要保证

（一）教学质量管理的意义

在教学质量诸多影响因素中，管理因素是其中至为关键的因素。管理出质量，管理出效益，要提高学校的教学质量，必须加强和改进教学质量管理工作。这是很多的实践经验反复证明了的一条基本道理。

学校管理活动把教、学以及物质条件等要素按照教学目标组合成系统，并协调它们按教学规律有序运转。教学质量目标是否合理，教学秩序是否稳定，资源是否得到充分利用都取决于有效的管理；教、学双方积极性的调动，提高教学质量的精神氛围的营造，在很大程度上也取决于管理。即使是教师队伍的水平，生源素质的高低，也在不同程度上取决于管理。这是因为，教师队伍的水平是影响教学质量最重要的条件之一，而教师队伍素质的提高又是与对教师的合理选拔和使用，有效的培养、教育和激励分不开的。生源的素质高低虽然受很多复杂环境因素的影响，但至少也与招生工作的管理把关不无关系。

教学质量的高低并不完全是由管理决定的，不过在一定的教学资源和环境条件下，能否最大限度地提高教学质量，尽可能多地培养出高素质的人才则主要取决于管理。所以，教学质量管理是提高教学质量的重要保证。

早期的教学质量管理在内容和方法上相对比较简单、集中，基本的做法是实

施教学质量检查和控制，这也是较早提出的比较完整的教学质量管理模式。教学质量检查，是通过对现实的教学质量状况进行调查分析，与教学目标和教学计划相对照，据此评定教学工作是否达到预定要求。目的在于把握情况，督促落实，从而改进教学工作。

教学质量检查的主要方法：一是平时各教学环节的经常性检查。通常由任课教师、各级领导，通过学生平时作业、测验、期中考试、召开学生座谈会以及检查性听课等方式，了解和检查教学内容、进度、方法、效果等，及时解决教学中出现的问题。二是定期教学检查。在学期初、期中、期末等时期进行专项检查或全面检查，有重点、有针对性地了解教学情况，解决实际问题。三是组织多种形式的测验。如参加地区性统考或组织全校性统考，并按评分标准评卷，以检查教学质量，或组织抽样测验，有针对性地设计考题，以了解某方面的教学问题。四是毕业生质量调查分析。学校通过对某一届或若干届毕业生的质量进行调查分析，对教学质量进行总体调查、综合考察，发现和解决质量问题。

教学质量控制，是依据教学质量标准，对影响质量的有关因素进行控制，使教学工作处于最佳状态。教学质量控制的主要措施：一是贯彻执行教学计划、课程标准及上级有关教学工作的指示和条例，严格按照教学规程组织教学。二是对教师、学生、教学条件、教学管理等影响教学质量的主要因素给予控制。三是将社会对人才的要求和学校培养出的学生的实际水平进行参照，从质量反馈信息中寻找差距，对形成和影响教学质量的工作过程进行控制。四是通过教学检查，掌握教学动态，分析教学问题，提出改进措施，使教学质量向预定目标发展。

虽然教学质量检查与质量控制是早期的教学质量管理模式，但这种模式把握了教学质量工作的关键因素和关键环节，是既简便又实用的质量管理方法。长期以来，许多学校采取这种方法进行教学质量管理，取得了较好的效果。有的学校目前仍在使用这种方法，并对这种方法进行发展、完善，如一些学校建立了较完整的教学质量监控体系、教学质量信息反馈体系等，在现代教学质量管理中仍然发挥重要的作用。

教学质量管理迅速发展的另外一个重要表现，是广泛开展教学质量评价。教学质量评价是现代教育评价的一个重要内容和组成部分。教育评价，是指对教育活动及其构成因素进行的价值判断。可以说，自从教育评价诞生之日起，就被用作教学质量管理的重要手段，在促进教育教学改革、提高教学质量中发挥重要作用。

教学质量评价，是根据教学质量标准，通过系统地搜集信息，采用科学的方法，对教学质量计划落实情况和教学质量效果等作出价值判断和诊断分析，发挥其影响教学质量工作的积极作用，促进教学质量不断提高。教学质量评价具有多种功能：一是导向功能，能够对评价对象的发展方向和目标起到指导调节的作用。二是评定功能，是对这种质量规格标准作出明确的结论，区分优劣程度，进行等级鉴定。三是诊断功能，能够对评价对象存在的问题及其原因作出判断，从而帮助评价对象改进工作。四是督促激励功能，可以对评价对象起监督和催促的作用，能够激发评价对象的积极性和主动性，鼓励评价对象努力进取、积极向上，不断提升教学质量。五是反馈调节功能，通过评价信息的反馈，指导改进教学质量工作，实现对教学质量的反馈控制。

在学校教学质量管理中，需要综合运用各种类型的教学质量评价。从教学质量评价的目的来看，包括鉴定性评价、评比性评价和检查性评价等类型。其中鉴定性质量评价，如学校开展的课程达标、优质课评审、学业成绩考核等；评比性质量评价，如教师授课评比、学生学习竞赛活动和年终进行的各种评选先进活动等；检查性评价，如对教师课堂教学、第二课堂活动、学生学习质量等进行的检查评价等。从教学质量评价的对象层次来看，包括各教学环节教学质量评价、课程教学质量评价和专业教学质量评价。从教学质量评价的组织方法和形式上看，包括个别质量评价、专题质量评价和全面质量评价。从教学质量评价的时机来看，包括平时教学质量评价与定期教学质量评价等。因此，各种类型的教学质量评价，形成了一个完整的质量评价体系，在教学质量管理中发挥着重要的导向、促进、控制作用，保证教学质量的稳定与提高。

（二）教学质量管理的功能

现代学校教学质量管理中另一个引人注目的事件，是教学全面质量管理的推广应用。尽管该方法在解决教学质量问题上并非十全十美，但确实为学校教学质量管理提供了一种新的理念和方法。为了达成保证和提升教学质量的目的，一般来说，教学质量管理具备导向、激励、调控、诊断、监督等基本功能。

1. 导向功能。首先，学校通过开展教学质量管理，及时了解社会对人才培养质量的需求、期望情况，发现自身在质量保证与满足社会需要方面存在的优点和不足，从而采取措施制定学校的质量改进目标和方法，明确自己的发展方向和前进道路；同时，教学质量管理依靠质量政策、质量文化等对全体人员产生潜移默化的影响，依靠质量目标、质量标准、质量制度等对教职员工的质量工作进行约束和规范，引导他们调整自己的质量行为。

2. 激励功能。结合学校实际，学校管理者制定行之有效的政策措施，把物质奖励和精神激励结合起来，并通过强有力的思想政治工作和质量教育行为，营造良好的质量文化氛围，调动、激发全体人员的积极性、主动性和创造性，为确保教学质量提供内在的动力。

3. 调控功能。学校通过实施教学质量管理，可以获得及时准确的反馈信息，然后，管理者根据这些信息，调整学校的教育教学活动，改进教职员工的工作和学习，对整个教育教学过程进行及时的调控，确保教学质量的稳定和提高。

4. 诊断功能。通过开展教学质量管理活动，学校管理者可以根据既定的目标与标准，对学校教学质量进行评鉴，据此判断学校的各种教学活动是否达到预定的最低质量标准，帮助学校分析教学过程中的得与失，总结经验和教训，并寻找原因，寻求改进的措施。

5. 监督功能。学校实施教学质量管理，使全体教职员工可以通过制度化的渠道来监督学校的日常教育教学活动，确保学校的各项教学工作按预定计划有序进行，从而促进学校教学质量目标的顺利实现。

二、教学质量管理是全面系统的管理

教学质量的形成受到教学过程中多种因素的影响，是整个教学工作的综合反映。在组织教学活动时，必须把影响质量形成的多种因素全面地考虑进来。也就是说，教学质量管理是一个全面性、系统性的管理。强调教学质量管理的系统性，必须注重发挥教学行为主体的主观能动作用和教学系统中各组织的功能，提高教学质量意识，使教学质量观念贯穿于教学活动的全过程。

（一）教学质量管理的特征

1. 教学质量管理是对教学活动组织的过程质量的管理，教学质量是通过教学活动组织过程质量呈现出来的。教学质量管理具有教育系统管理的一般特性，其存在是为实现教学对象充分社会化、个性化和智能化服务的，教学管理的重点在于对教学活动组织过程实施管理。这是因为，学校教育存在的价值主要在于，通过教学活动提高学生个体的能力以及人格水平，从而为社会文明的发展提供服务，教学工作是学校一切工作的中心。当然，教学质量管理在组织实施过程中又是受到多种因素的影响和制约的。解决教学活动组织过程的质量问题，并非孤立地解决教学过程中的某个方面或某一环节（如方法、内容、手段等）问题，而必须同时关注教学过程中各环节的要素组成，优化系统结构，确立各环节的质量目标体系。教学活动组织过程的质量终将表现在学生的学习质量上，教学过程的质量是学生学习内化质量得以提高的可靠保证。

2. 教学质量管理是对教学活动形成的成果质量的管理。教学活动的成果集中体现在学生身上，是通过学生行为反映出来的质量体系。教学活动成果的形成是一个逐步推进的过程，包括教学活动开始前对成果的预期、把预期具体化为目标的设定、学习过程的控制与分析、学习结果的评价与反馈等环节。对教学活动形成成果质量的管理，关键在于学生学习内化质量，通过对学生学习内化的实际状况的分析掌握来实现对教学活动的调节、控制。

3. 教学质量管理是全员参与的管理。在影响教学质量形成的诸多因素中，人力因素是核心因素、关键因素。要提高教学质量，必须调动全体与教学活动相关的人员的积极性，其中包括人员素质的提升、能动性的发挥，管理者的管理水平与团队中人员素质的结构等。因为教学活动形成的成果是教育者个体成果与集体成果的统一体。提高教学质量绝非个人的事情，而是教学集体共同努力的结晶。

总之，教学质量管理是由全体师生共同参与的对教学活动组织过程和形成成果的管理，加强过程调控，保证成果质量是教学质量管理的关键所在。

（二）语文教学质量管理的特征

管理作为人类一项基本的社会活动，具有广泛的社会性和普遍性。它往往伴随、融合、渗透在人类的一切认识和实践活动之中，起着组织、指挥和控制的作用。语文教学活动是一种最基本的受教育者对语言、文字的认识和实践的活动，由于学生掌握语文知识的渐进性，学生语言积累的缓慢性，学生语感养成的模糊性，如何提高语文教学质量，显然有着与一般意义上的教育质量管理相区别的差异。

语文教学管理的内容是很丰富的，就其教学本身而言，有对教师教的管理和对学生学的管理。对教师教的管理有教学目标的管理，教学计划的管理，教案的管理等；对学生学的管理有学习态度的管理，学习行为的管理，学习方法的管理等。就其教学过程而言，有课前准备的管理，课堂施教过程的管理，教学评估的管理，课后复习、拓展延伸的管理等。对于中学语文教学这一特定的认识活动，必须遵循人类积累语言知识、掌握语文技能的规律，研究语文教学的管理艺术。

1. 语文教与学管理的一致性。长期以来，由于人们教学观念的偏差，教育者对教学的管理只注重对自己教的管理，确定的目标是教的目标，制订的计划是教的计划，甚至于教案也只是注重教师如何演绎教材、如何把教材讲深讲透。可以肯定，这样的管理是偏颇的。有对教的管理，必须有对学的管理。实际上，对学的管理大有文章可做。有对学生个性特点的管理，这一管理有助于教师因人而异实施教学；有对学生知识储备差异的管理，这一管理有助于教师因材施教，不至于无的放矢；有对学生学习态度的管理，这一管理有助于教师随时进行思想教育，树立学生学习语文的信心；有对学生学习方法的管理，这一管理有助于对学生学习方法的了解、掌握，以利于培养学生更好的学习方法……此外还有对学生学习时间支配的管理，对学生学习过程的管理，等等。教师只有对学生学的管理做到了合理、科学，才能做到对教的管理的合理、科学。因为只有这样，教师确定的教学目标，制订的教学计划，教师课堂教学的设计，教学过程的安排，教师对教材内容的研究，上课时对教材重点难点的把握，才能更加切合学生的实际，这样的教学才更有实效。因此对语文教与学的管理要追求一致性：只有一致了，才能合理；只有一致了，才能科学；只有一致了，才能有效。

2. 语文课内与课外管理的统一性。语文学科的性质决定了语文学习的方法，学生想学好语文，光靠课堂上的时间、课本上的内容是远远不够的。学生生活经验的积累，生活阅历的丰富，课外阅读的增多，对学生的语文水平都会产生直接的影响，"大语文"观实际上就是基于此而提出来的。因此，对语文教学的管理不能只盯着课堂教学的管理。

当然，课堂教学是语文教学的主阵地，首先要加强管理；而课外的语文学习则是语文教学的广阔天地，教育者也要重视对学生课外语文学习的管理。比如学生观察生活的管理，引导学生写观察笔记，培养提高学生观察能力；比如学生课外阅读的管理，引导学生多读、多看课外书，扩大学生的阅读面，增强学生的阅读能力；比如学生生活语言积累的管理，引导学生从生活中积累语言，特别是来自于平时生活中的成语、谚语、俗语的积累，丰富学生的语汇；比如学生对生活中热点问题思考的管理，指导学生多写日记，记下自己的所思所感，引导学生养成思维的习惯，培养学生对社会热点问题敏锐的洞察力……所有这些都是学生在课堂上难以学到的，而恰恰在这里有着语文知识、技能的丰富的营养，教育者一定要做到语文课内外管理的统一。要以课堂教学管理作为基点，以此向课外管理拓展和延伸。课堂上重视学习方法的指导和研究，课外是学习方法的应用和实践。教育者如果能把课堂内外的语文学习都管理起来，使其相辅相成，相得益彰，如此一来，学生学习习惯的养成，学习能力的提高，语文能力的增强与语文素养的提高均能落到实处。

3. 语文显性与隐性作业管理的兼容性。有教学就有作业，而语文作业又有别于数、理、化其他学科。平时学生所重视的往往是显性的作业，而忽视隐性的作业。因此，教育者迫于无奈，往往也就一味强化布置显性作业了，久而久之，隐性作业也就被忽略了。然而，语文教学恰恰需要重视隐性的作业，学生语感的培养，学生语汇的积累都离不开它。

语文教师在作业管理中要做到显性、隐性作业的兼容，把显性作业和隐性作业结合起来布置，教师可以从显性作业中观察学生隐性作业的完成情况。比如要求学生观察生活，布置观察作业，可以同布置观察日记结合起来，通过对观察日记的批改，检查学生观察作业的完成情况；比如要求学生阅读课外书籍，布置课外阅读作业，可以同布置读书笔记、名言名句摘抄、精彩语段摘录等作业结合起来；比如要求学生关心时事政治，关心生活中热点问题，培养学生思考问题的习惯，培养学生对社会热点问题的敏锐洞察力，可以同布置"每日话题""每日一记"等作业结合起来……总之，把显性作业和隐性作业结合起来，学生就能在完成隐性作业的前提下完成显性作业，教师对作业的管理也就有形可抓。实际上显性作业只是手段，而养成学生完成隐性作业的习惯才是目的。长期坚持，使之成为学生自觉的行为，到时作业管理也就不"管"自"理"了。叶圣陶老先生说得好："教是为了不教。"实际上，语文教学的管理也是同样的道理，"管是为了不管"，只有这样才能达到质量管理的目的。

4. 语文学习个体管理的差异性。每个社会成员的个性是有差异的，语文学习的集体中每一个体的个性也是有差异的。其差异表现为心理特点有差异，知识储备有差异，生活经验有差异，运用语言的能力有差异……面对这样一个有众多差异的群体，采用目标、要求都整齐划一的管理方式进行管理，注定是片面的、要失败的。

语文教育工作者在语文学习个体管理的过程中必须体现差异性。所谓语文学习个体管理的差异性，就是指语文学习的管理，对不同的个体要有不同的目标指向，不同的方法指导，不同深度难度的规定。在管理过程中要遵循以下原则。

（1）层次性原则。也就是说，教师布置的作业，提出的管理措施都要有一个梯度，无论是量的规定，还是难度的设计，深度的安排都必须有梯度，让每一个成员都能找到自己接受管理的位置，找到自己学习的起点与归宿，进而自觉地规范自己的学习行为。

（2）灵活多变原则。由于受教育者各种差异性的存在，教师在管理中，方法不能死板单一，因为不可能有一种万能的管理措施可以适用不同特点的学生，所以教师的方法要灵活多变，以适应不同的学生。

（3）弹性原则。语文学习不同于其他学科的学习，在很大程度上它依赖于平时的积累，积累越多，语文知识越丰富，语文技能越强，语文素养越高。而学生的积累又建立在自己的知识储备和语文技能的基础上，同样的一篇文章，不同的人阅读之后，习得的东西肯定不同。因此教师在管理过程中要注意留出一定的余地，让学生能根据自己的实际充分吸收知识和养成技能。

（三）教学质量管理的内容

教学质量首先表现为学生个体对社会经济、文化传统、风俗习惯、价值意识、伦理道德、法律规范等的内化质量，其次表现为教学工作质量，即对教学工作开始之前所设置的德、智、体、美、劳等各项目标的达成程度。

根据现代教学质量管理的特点，一个完整的教学质量管理体系，一般包括以下五个基本组成部分。

1. 目标系统。要保证和提高教学质量，首先必须确定教学质量的目标。它既是教学工作的出发点，又是教学工作的归宿，在教学质量体系中起着导向作用。具体而言，教学质量目标应包括学校的质量方针、各层次的质量目标、各项质量标准等，形成科学的质量目标体系。

2. 执行系统。教学质量执行系统，是教学质量目标得以实施的基本保证，包括制订教学质量计划、健全教学质量组织机构、完善教学质量制度和进行教学质量过程控制等内容。

3. 动力系统。一个有效的教学质量保证体系，应具有完善的动力激发机制。动力系统的功能，就是充分调动教师、学生、管理者等各方面因素的积极性、主动性和创造性。要达到这一目的，就必须树立正确的质量意识，加强质量政策建设，发挥政策的激励和约束功能；同时，要加强质量文化建设，创造良好的质量氛围。

4. 评价系统。教学质量评价，这是对教学质量进行价值判断的过程，为教学决策、指挥、协调和控制提供准确可靠的依据，是教学质量保证系统的重要组成部分。评价系统包括教学质量评价、教学质量诊断、教学质量审计等要素。

5. 反馈系统。反馈控制系统是教学质量保证体系的重要组成部分。要保证教学质量工作切实按照教学质量计划要求加以实施，保证教学质量效果达到教学质量目标，关键环节是要对教学质量过程进行有效的反馈控制。实践中，必须通过建立和完善教学质量信息管理和反馈调节机制，形成有效的教学质量反馈控制系统。

（四）语文教学质量管理的内容

语文教学质量管理是一项系统工程，在工作过程中，只有多管齐下，方能整体推进语文教学质量的稳步提高。

1. 校本教研建设

课程改革的成败关键在教师，只有教师切实转变教育教学行为，提高自身的业务水平，课程改革才会顺利实施。语文教学管理者必须做到以校本教研工作为关键，提高全体语文教师的素质。

（1）教研活动日常化。学校要确保教研活动制度化、日程化，确保活动正常有序，顺利开展。

（2）教研内容多样化。为了有效地发挥教研活动的作用，管理者应该结合本校实际，因地制宜地开展内定形式丰富多彩的教研活动，比如说课观摩、课堂教学观摩与专题理论学习等。

2. 管理机制建设

（1）组长责任制。教研组长是教研组的领头羊，管理者要充分了解了全校语文教师的个性特长、教学能力，委派心胸宽广、业务精良，有研究组织能力的教师担任教研组长。充分利用组长的先锋模范作用，给他们压担子，实施责任制。

（2）公开教学制。抓住公开课的目的，一方面是促使教师深入备课，努力提高教师的素质；另一方面促使教师间互研互学，强化教研的意识。

（3）教师培育制。语文教学的质量，相当程度取决于教师的质量，所以，教师的培育，尤其是结构合理的教师队伍的形成，在学校管理中居于相当重要的地位。学校与教研组应该建立正常的教师培育机制与制度，才能确保教师队伍的健康发展。

3. 学科文化建设

有没有特色是一门学科、一所学校成功与否的重要标志，语文作为一门交际性强的综合性学科，有着其自身独特的文化气息，因此在校园内创设浓厚的语文学科的文化氛围，是促使语文教师教学质量提升的一个有力的辅助。

（1）在语文主题活动中求创新。语文主题活动是指以尊重人的主体性为前提，以活动为核心，以语言交往为中介，为获取直接经验和最新信息，进而提高语文素质、健全个性品格而设计的一种课程活动。它不同于以往的学科课程和课外活动，相比较而言，它更注重实践性和专题化。

（2）在语文教学科研中求发展。当前的语文课程改革是一场深刻的学科革命，从课程目标到教学任务、从课程资源到教学方式、从知能内容到学习工具、从学习领域到评价目标，在几乎与课堂有关的所有维度，都有新质产生。这些新的诉求一方面既向语文教师的专业素质能力发出了挑战，为语文教师的专业成长（专业转型）提供了契机；另一方面亦向语文教师提出了诸多教学科研命题。在新的课程形态下，语文教师通过对新课程教学科研的实际操作，在激励和促进自我专业成长的同时，适应新课程的职业要求，应可有所作为。

（五）实施教学质量管理的原则

制定和实施教学质量管理制度，是一项十分严肃而细致的工作。尤其教学质量管理制度内容复杂、影响面宽，对开展教学活动具有非常重要的作用。因此，制定和实施教学质量管理制度，应遵循教学质量管理的规律性要求，按科学的方法办事。制定教学质量管理制度，主要应遵循以下几项原则。

1. 政策性原则。质量管理制度对质量活动具有法规的约束力，必须具有很强的政策性。某种意义上说，政策性就是质量管理制度的生命。所以，学校制定教学质量管理制度，要以上级教育方针、政策和质量建设思想为根本指导，以教学质量保证的基本要求为依据，要符合上级有关法规、条例的统一要求，在原则问题上不得背离或违反上级的规定和指示，确保制度的法规权威性。

2. 实践性原则。教学质量管理制度来源于教学质量实践，并要付诸实践运行，因此，教学质量实践需要是制定质量管理制度的基本依据，制定教学质量管理制度必须遵循实践性原则。学校制定教学质量管理制度，要从实际出发，实事求是，制定出切实可行的制度，不能把制度搞成脱离实际的花架子。制度初步制定后，要经过实践不断检验，在实践中完善。

3. 教育性原则。教学质量管理制度不仅有规范的作用，而且还是一种教育激励手段，应具有教育导向作用。因此，制定教学质量管理制度应坚持教育性原则。学校制定教学质量管理制度，要以质量管理学、教育学、心理学等科学理论为依据，通过制度实现对质量活动中人员的心理调控，要把制度与执行者的责、权、利挂钩，使制度充满生机和活力，激励和鞭策执行者不断改进和提高教学质量。

4. 完备性原则。教学质量管理制度有其自身固有的体系结构，构成了教学质量管理的全部内容，从而实现对教学质量的全面保证。因此，制定教学质量管理制度，必须遵循完备性原则。为此，学校在制定教学质量管理制度时，一是要注意制度体系的完整性，对教学质量管理的主要内容都应有具体明确的规定，形成体系，不能出现漏项和缺项；二是要注意各种制度之间的有机联结，要从总体目标出发制定各项制度，保证各项制度相互补充，不得出现矛盾或相悖现象，形成结构优化的制度整体。

第二章 影响高中段语文教学质量评价的因素

第一节 语文教学质量评价的内涵

一、教学质量评价的概念及原则

（一）教学质量评价的内涵

1. 教学质量与语文教学质量

教学质量就是教学结果、学生的素质发展水平与课程、专业、培养目标与规格相符的程度。[①] 从短期看，教学质量是学生某一个阶段的学习为下一阶段学习所做准备的充分程度，是某门课程的学习为下一门或几门相关课程学习所做准备的充分程度；从长期看，教学质量是学生通过一阶段某些课程内容的学习，是否潜移默化地改变自己的思维方式，是否提高对客观事物的解析能力，是否完成个性的陶冶，这一点比知识的记忆和掌握更重要。

同理，语文教学质量，是对语文教学本质的认识和认识形式的总的观念体系；而语文教学的本质，也不同于其他数学、物理、化学等学科，它不仅仅包括对语文基本知识的教学，也包括对诸多为人处世原则的教导。可见，我们要有一个更加宏观、更加广阔的语文教学质量观。

---

① 陈蓓. 高校教学质量评价体系研究综述［J］. 江苏教育学院学报，2008，3：44.

2. 教学质量评价

教学质量评价，就是利用教育评价的理论和技术对教学过程及其结果是否达到一定质量要求作出的价值判断。[①] 它是了解教学质量计划落实情况和教学质量工作实施效果，获取教学质量信息，对教学质量工作实行检查指导和有效控制，确保教学质量不断改进和提高的有效手段。教学质量评价是现代教学质量管理的重要环节，是学校教学质量保证体系的重要组成部分。

教学质量是教学活动的价值属性，自然，教学质量评价是以教学活动为其对象，教学活动是包含着过程及其产品的整体。因而，教学质量评价对象只能是教学活动，教学质量评价是一种活动评价。

教学质量，本身就有质和量两方面的含义，相应地，教学质量评价也有定性评价和定量评价两方面的含义。定性评价主要以系统的教学目标体系为依据，定量评价则以反映教学目标达到程度的具体指标体系为依据。

一般来说，定量评价便于数据处理，有利于提高评价的准确性，也便于区分出等级。但是，教学活动具有极端复杂性，有些内容是无法精确量化的。因此，在评价方法上应全面运用定量、定性评价，力求二者有机结合，以做到相互间的取长补短。在指标体系设计上，除了有一部分能精确的量化指标外，也应有主观定性的内容。将定性与定量评价相结合，使精确量化与模糊量化互补，从而实现对每个评价对象作出尽可能公正全面的评定。

3. 语文教学质量评价

以什么样的标准评价教学质量，这是一个对教学方法、教学方针乃至教学方向有着决定性影响的重大问题。长期以来，语文教学往往以考试分数作为衡量教学质量的唯一标准，在教学中重理论而轻实践，重说教而轻训练，也迫使学生在学习中重死记硬背而忽视对知识的真正理解和掌握，更谈不上素养的提升了。

语文教学质量评价，对教师而言，不能单一地以教师的教育教学效果以及教育科研等成就进行评定，还要根据语文教师的思想政治水平、职业道德、语文专业素质以及工作职责等多方面加以综合评价；对学生而言，也不能单纯地以知识记忆量的多少来衡量，还要根据学生的学习态度、学习能力、创造思维能力的发展水平、思想道德素质等加以全面衡量。这样，才有可能形成一个较为科学的语

---

① 陈玉琨. 教育评价学［M］. 北京：人民教育出版社，1999. 69.

文教学质量评价结果。

当前，语文应试教育正在向素质教育转轨，并已成为语文教育改革的主流。语文素质教育的观念日益深入人心，语文应试教育的弊端也逐渐得到了揭露和批判。但在否定语文应试教育的同时，也产生了把语文应试教育的弊端一概归咎于语文教学质量评价的误区，似乎搞了教学质量评价就是在搞应试教育，其实这是对语文教学质量评价的最大误解。语文教学质量评价本身是一个全面的综合的过程，它不仅仅以学生的考试成绩为依据，如前所述，语文教学质量评价涉及语文素养的方方面面，科学合理的语文教学质量评价应当是对语文素质教育的有力推动。没有科学的语文教学质量评价，就不可能有语文素质教育的真正落实与发展。

（二）教学质量评价的类型

教学质量评价的对象是整个教育过程及其结果。根据教学论的相关理论，"教学"是诸要素的结合体，其主要要素有教师、学生、课程（教学内容）、教学方法、教学环境（包括物质的和精神的）、教学反馈等。这些要素以各自不同的方式决定着教学的质量，因而都是教学评价必须考虑的因素。按照评价侧重点的差异，这些要素可以归纳为三个方面：教师教学质量的评价，学生学习质量的评价与教学环境条件的评价。这三者既相互联系，又具有各自的评价重点和目的。

教师教学质量的评价，以教师及其教学活动为主要评价对象，突出了对教学活动教的方面的评价，评价时以课堂教学质量评价为重心，同时兼顾其他方面。其根本目的在于促进教师树立正确的教学理念，采用严谨的教学态度，实施科学的教学方法，以期取得更好的教学效果。做好评价工作，能帮助任课教师正确认识自己的教学能力和教学水平，以充分发挥自身的优势，不断改进教学内容和教学方法，为进一步提高授课质量提供比较准确的信息。在激发教师教学积极性的同时，对学校形成重视教学、重视教师的风气也会产生推动作用。

学生学习质量的评价，以学生及其学习活动为主要评价对象，突出的是教学活动学的方面的评价。评价的目的，不仅在于证明学生学习成绩的提高与否，更重要的是对学生的学习过程进行评价，从而促进学生对自我发展有较为客观清醒的认识，以便在日常学习中，根据自己的不足采取相应的对策，进而促进学生自我健康全面地发展。当然，也可以同时将全面评价的结果，作为等级评定、升留级、毕业证书颁发等教育决策的依据。

教学环境条件的评价，以学生的学习和教师的教授所依托的诸多客观环境为主要评价对象，突出的是教学活动影响因素方面的评价。它反映了现代测量评价理论中的生态测评观念，即把评价对象置于其存在环境中予以考察，并对直接影响评价对象的环境因素予以测量和评价。教学活动，离不开具体的环境因素，对环境条件进行评价，有利于环境的不断完善，使之更适合教学活动的开展，从而促进教学效益与教学质量的提高。

（三）教学质量评价原则

我们应该坚持何种教学质量评价原则，才能不断完善素质教育的理论，不断推进素质教育的实践呢？

1. 全面性原则

现代教育评价的一个基本原则，是对评价对象进行整体、动态、全方位的评价（即教和学相统一的全部活动过程及所产生的各方面的结果的全面评价），而非仅指对结果的评价。在评价过程中，要体现全面监控思想，坚持评价人员构成的全面性、评价指标的全面性、评价过程的全面性，使评价结果全面、系统并具有可信度。

2. 标准化原则

建立标准的课程评价体系，以实现对教师教学的标准化评价。对教师教学质量评价的前提是课程建设实现标准化，标准化课程建设为科学评价教师教学质量提供衡量的标尺。根据标准化评价原则，注意不同客体、不同学科之间评价结果的区分与平衡，使测量评价具有公信力；最大限度地体现公平、公正、公开原则，使评价的结果具有可接受性。

3. 定性与定量评价相结合原则

影响教学质量的因素很多，而且有些是很难用数据和量化指标来衡量的。在制定监控与评价具体指标时我们将定性与定量评价相结合，使精确量化与模糊量化得以互补，以定性评价与定量评价相结合的方式完成对每位教师相对公正的评价。

4. 教学过程最优化原则

用尽可能少的时间获得尽可能大的教学效益，就是人们所说的最优化教学。巴班斯基认为，教学最优化有两重标准：效果质量标准，时间、精力支出标准，这实质上是一个教学效率标准。一般地说，提高教学效率的途径有一条，就是在提高教学效益的同时，控制时间、精力和其他投入。单用投入标准或效益标准，都无法对教学过程质量进行全面评价。花费时间、精力少，但教学不能达到预期目标，不能算做好的教学。另外，依靠加重学生学习负担，无视教学卫生要求，即使稍稍逾越了教学目标，也不是好的教学。

5. 可行性原则

评价指标是衡量事物的角度或维度。"当我们要衡量某个事物的价值时，要从该事物找到表征它的属性、特征的那些维度，这些维度称为评价指标。"[①] 评价的指标体系要有可行性，用便于操作的语言加以定义，使指标体系的内容可以获得明确结论。对于教学中的某些不可直接评价的因素，可以转化为若干具体、可以评价的指标，也就是说把抽象的评价目标具体化。

6. 简易性原则

评价的简易性即评价体系主干清晰，程序简化，易于操作，易于实施。在运行过程中，整个评价流程清晰、操作简便，将有效保证评价工作的顺利运行。

7. 细致沟通与服务原则

注重过程评价中与评价对象的细致沟通，及时发现问题、解决问题、服务对象、为对象提供各种有利条件。为了做到"未雨绸缪"，在日常教学工作中，教学部门应加强教学的常规检查，日常教学的细致管理与沟通可搭建与对象进行细致沟通并服务对象的平台，为评价工作的顺利开展奠定良好的基础。

8. 尊重学科特点的原则

语文学科究竟有哪些特点，说法不尽一致。但是，诸如语文文字训练与思想教育的辩证统一、发展语言与发展思维的辩证统一，以及教学要求可深可浅，具有一定程度的不确定性等特点，似乎已获得公认。语文学科的这些特点，给教学质量评价带来了一定的难度，但是，教学质量评价却不能绕过它，而必须尊重它、突出它。要充分注意两个"辩证统一"，并力求把不确定性带来的主观随意性降到最低限度。

二、语文教学质量评价的功能

（一）教学质量评价的功能

教学离不开质量评价，教学内容与评价内容、教学方法与评价方法，总是互为因果、紧密联系的。因此，教学质量评价在整个中学语文教学中具有十分重要的功能，具体表现在以下几个方面。

---

① 丁朝蓬. 教材评价的本质、标准及过程［J］. 课程·教材·教法，2000，9：36.

1. 检测功能

对教学效果进行测量、评定，是教学评价的基本职能之一，检测功能是其他功能的基础。任何教学评价都是依据测定的结果进行综合、分析得出来的，只有采用观察、测量、考试、考查、作品分析、调查等多种方法进行多方面的测评，才能确保测评的可靠，从而为制订教学计划、选择教学内容、确定教学方法、检查鉴定学生的学习成果、评定教师教学效果及评价学校的办学质量提供可靠的依据。同时，教学评价的检测功能还要求针对于教师和学生的教学态度、能力、个性及其适应性、创造性等较难量化的内容，进行全面的、科学的检测，以便了解教学状况。

2. 导向功能

教学评价以一定的教学目标为依据，通过教学评价中强化教学目标的导向功能，使评价对象的思想和行为不断地向评价标准靠拢。教学评价的基本依据，首先在于国家的教育方针，课程计划规定的学校培养目标，各科课程标准规定的教学目的、任务、内容，这些是通过教师的教和学生的学得以实现的。根据这些标准，评定教师和学生的活动是否偏离了正确的教学轨道，是否偏离了现行的教育方针和教学目标，有无全面完成各科教学大纲规定的相关要求和任务，以此促进教学活动朝着正确的方向发展。

3. 激励功能

评价对教学过程有监督和控制作用，对教师和学生则是一种促进和强化，通过评价反映出教师的教学效果和学生的学习成绩。一般而言，肯定的评价可以进一步激发和提高师生的学习兴趣、工作热情，增强其积极性和主动性；否定的评价则可以使师生看到自己的不足，与别人的差距以及原因之所在，以便对症下药，及时矫正。不过需要注意的是，否定的评价常引起师生的焦虑和紧张，适度的焦虑和紧张可以成为推动学员学习的内在动因，而过度的焦虑和紧张则会降低或打消师生学习工作的兴趣和学习积极性，最终影响学习工作的实际成效。所以，在实施评价时必须把握好分寸。

4. 管理功能

教学评价可以为教育组织管理者提供改进工作的信息，也是教学工作实施目标管理、质量管理的重要环节。现代社会强调"向管理要质量"，教学工作自然也不例外。教学工作目标的实现与教学质量水平的测量，都必须借助教学评价这把"尺子"。这是因为，教学评价有助于找出教学过程中的薄弱环节，有助于检查教学目标、课程标准的现实情况，有助于掌握教师的教学态度、教学能力、教学改革与创新的情况等多方面的信息，可以为提高教学质量的决策、改进教学的管理和有效采取提高教学质量的措施提供有说服力的依据。

5. 反馈、调节功能

根据信息论的主张，教学过程是一个信息输入、转换、输出、反馈和调节的过程。① 其中反馈和调节实际上也就是教学评价的一部分。教学评价的结果不仅为教师了解教学状况提供了有用的反馈信息，使教师据此对原教学设计作出必要、适当、及时的调节，以取得最佳的教学效果；而且为学生了解自己的情况、自己和别人的差距等提供了直接的反馈信息，据此可以自觉地、有意识地进行反思，对自己的学习态度、学习方法等进行调节、完善，以达到预定目标。

6. 研究功能

教学评价由于使用了科学的测量方法，对收集资料进行系统的分析，其评价结果常常写成正式的书面报告，因而教学评价本身就是一种严肃的科学探讨。此外，教学评价是教育教学研究的一个组成部分，在课程与教材的改革研究和教学方法的改革实验中，教学评价都是检验改革是否成功的必要环节和手段。因此，教学评价促进了教学改革和教育科学研究的开展。

（二）语文教学质量评价功能

语文教学质量评价除了上述各学科所共有的功能外，还有着其独特的学科特点。

1. 促进听说读写全面发展

我们都知道，传统的语文教学偏向于对读写的检测，学生的语文成绩往往取决于学生的读写成绩，这种片面的质量评价直接带来的后果就是语文应试教育的盛行，学生语文综合能力的发展受到严重的抑制。建立科学合理的语文教学质量评价体系，开展全面的语文教学质量评价，会促进师生对于语文听说能力等方面的学习与培养予以应有的重视，使学生的语文能力平衡发展，从而全面提高语文素质。

2. 发展学生的多元解读能力

传统语文教学往往要求学生能够按照教师的要求去思考，寻找阅读的唯一的或者说是教师预设的解答，从而大大束缚了学生的语文素质的提升。重视语文教

① 王凤、刘勇．论现代教学评价的功能与特点［J］．西南农业大学学报，2005，6：100.

学质量评价，修正传统落后的评价指标与方式，从而最大限度地鼓励学生在语文学习中充分发挥潜能，发展个性。其中，突破唯一的阅读指向，实现多元解读成为新的评价要求。只要学生能读出自己的感受，能够获得独特的体验，能够正确表明自己的观点，都有可能获得较高的评价。

3. 发挥学生的想象能力

传统的语文教学要求是不需要学生自己的思想，也不需要学生的想象，机械阅读、解题成为主要特征，学生通过语文学习除了掌握一大堆不太实用的语文知识，其他就一无所有，甚至原有的想象能力也被严重束缚住了。新的评价体系的建立，不但让学生自主地阅读、自由地思考，更让学生充分发挥自己的想象能力。无论阅读还是写作，学生都可做到天马行空，尽情发挥想象力。

总之，我们希望通过开展合理科学的语文教学评价，促使语文教师提高自身素质，把语文素质教育作为自觉行动；同时，促进教师语文整体修养的提高和教学水平的提升，并以科研的思维去认识课堂，认识语文，认识学生，认识自我。在课堂教学中对自我评价有正确的定位，对学生的学习评价到位，从而使语文教学走出高耗低效的泥潭。

第二节　教师评价素养对语文教学质量评价的影响

一、教师评价素养概念

教师评价素养是指教师个体或群体在现代教育评价理论的指导下，以评价的知识与技能为基础，在教育、教学实践中不断增强教师设计与实施评价活动的技能，提升在评价意识、评价思考、评价交流、评价应用以及评价人文精神等方面的认识水平，理解教育评价活动的价值的内在修养或品质。[①]

上述表述包含着三层含义。首先，教师既需要有关外部评价的专业素养（尤其是对外部评价结果的理解、解释和运用），更需要课堂教学层面评价的专业素

---

① 刘志耀、徐立波. 教师专业评价素养：内涵、构成要素及培养策略［J］. 内蒙古师范大学学报，2007，10：57.

养。其次，教师的评价素养并不是基于心理测量学之评价素养，而是关于教育评价的专业素养。一般而言，心理测量学期望测量个体具有稳定的心理品质，而教育评价则希望有效地促进个体的学习。最后，教师的评价素养，是一种内化于教师日常评价行为之中的、无须教师有意识地加以监控的心理品质。

其实，教师的评价素养，主要由两个方面构成：第一是评价的知识与技能，即具有适应日常教育、教学生活所必需的评价方面的知识和技能；第二是包括评价意识、评价交流、评价应用以及评价人文精神等方面的内容。

（一）评价知识与技能

我们认为，教师专业评价素养的生成和发展，是与评价知识与技能的掌握密切相关的。评价知识与技能的掌握是评价素养其他方面生成的基础和条件，评价知识贫乏的教师，不太可能具备良好的评价素养。作为教师专业评价素养的基础性构成要素的评价知识与技能，需要在长期的教育、教学评价活动中不断积累和更新，进而促进素养主体滋生出评价的高层次思维与智慧，超越教育评价学科的知识范畴，最终在经验累积中主动内化，生成专业评价素养。

（二）评价意识

评价意识是教师在思考和处理教育评价问题时，对评价价值以及如何实施评价等问题的基本认识，是教师对实然评价的反映和对应然评价的追索。换句话说，评价意识是教师在对评价目标及内容的感知性和选择性、评价实施的个性化和自觉性、评价解释的理解性和应用性、评价意义的反思性和生成性等各个方面的综合整体反映。教师评价意识涵盖两大基本要素：教育信念和教育智慧。

（三）评价应用

现代教育评价活动旨在通过评价的方式，诊断被评价者发展过程中所表现出来的问题，促进被评价者改善自身行为，在实现发展目标的同时生成新的发展目标，使被评价者在拥有充分自由和自尊的环境里获得螺旋式发展，促进被评价者人格的全面提升，生成鲜明、独特的个性，并最终实现人生价值。评价时侧重于在事实判断的基础上对被评价者的发展进行价值引导，并使得参与评价的双方在评价活动与过程中共同受益。

（四）评价交流

西方理论家认为，评价最重要的意图不是为了证明，而是为了改进。确实，教育评价最重要的目的在于促进评价对象的发展。这就要求在评价过程当中，评价主体能对教育活动中的各种现象进行动态的把握，并作出适时适宜的价值分析和判断。评价者与被评价者之间的交流与对话，这是评价活动有效开展的必要保证。

（五）评价人文精神

教育，是为了人的自由存在而存在的，其本质在于全面提升人的价值和尊严，促进人获得解放并最终完成自我价值的实现。因此，教育的本质特性决定了教育评价必须关注人的价值和发展，只见"物"不见"人"的评价活动是非教育的。我们要努力求得作为生命主体的"人"在教育活动中的真正回归，着力于兴趣的培养和人格的完善，关注教育活动中最有意义的、最根本的内容。

二、语文教师评价素养现状

（一）各学科教师共同存在的问题

教育评价被认为是当代世界上教育科学研究的三大领域（教育基础理论研究、教育发展研究和教育评价研究）之一，但是在我国，由于长期受经济社会环境、中小学教育评价传统、基础教育管理体制和教师教育制度的制约，以及教师鲜有机会系统地提高这方面的素养等原因，我国教师队伍的评价教育水平不高，而在评价意识、评价交流、评价应用以及评价人文精神等方面更是欠缺。具体有以下几方面的表现。

1. 评价理念存在严重偏差

可以说，所有教师都在日常实践中对学生进行评价，但是不少教师并没有明确的评价目的，也不知道到底为什么要进行评价：是为自己教学或者学生的学习提供依据，还是为对学生作出鉴定，或者为其他目的？在这方面，许多教师头脑中并没有清晰的意识，更多的是凭习惯或经验行事，或者是纯粹为了评价而评价的被动型、任务型心理。评价目的上的混乱，实际上源于教师对评价价值的混乱认识。

2. 评价知识严重缺失

随着新一轮课程改革的不断推进，新课程所倡导的评价理念开始进入许多教师的话语系统，对于"发展性评价"、"质性评价"、"多元评价"、"过程评价"、"真实评价"等新名词，大多数教师都是耳熟能详。可是，对于他们运用得最多、最为关注的评价方法——考试，他们的了解却极为有限，评价技能较为匮乏。

3. 评价技能水平相当低下

新型的评价技能的缺失暂且不论，大部分教师编制试题、实施考试的技能同样非常低下。从试卷编制看，许多教师不仅缺乏命题技能，而且也不能恰当地选择考试内容，不能运用适当的检测方法，在编制试卷时更多考虑试卷编制和评分的便利性，难以有效地编制一份能够反映课程整体目标、能够全面覆盖课程目标领域的试卷。而从结果反馈看，教师往往缺乏运用评价结果来促进学生学习的技能，既不能基于结果对自己的课程、教学和评价进行调整，也无法向学生提供适当的及时的反馈。

（二）语文学科教师存在的问题

语文学科教师在评价理念、评价知识、评价技能上同样存在诸多问题，而由于语文学科本身的特点，语文教师在质量评价上还存在以下三方面的问题。

1. 评价的指导思想落后于不断发展的教学思想

我国语文教学的指导思想，大致经历了由狠抓"双基"到加强基础、培养能力、发展智力，再到从育人的总目标出发，文道统一，在教给知识的同时努力促使智力、能力和非智力因素的和谐统一发展的过程。毋庸讳言，当前的语文教学实践还无法与新的教学思想相适应，其中问题最为突出的是教学质量评价，无论在认识上还是实践上，许多语文教师所谓的"评价"基本上还停留于对语文"双基"掌握程度的检测上。

2. 评价内容落后于逐步明确的教学目标

《义务教育语文课程标准》《普通高中语文课程标准》先后颁布实施已经有多年（其中《义务课标》颁布已有 10 年），在语文教学评价方面，《语文课程标准》提出了许多新理念，也有不少相当明确的"评价建议"。诸如"突出语文课程评价的整体性和综合性，要从知识与能力、过程与方法、情感态度与价值观几方面进行评价，以全面考察学生的语文素养"这样的要求，都值得我们在教学实践过程中加以认真落实。遗憾的是，不少语文教师在评价上多持简单态度，视"中考""高考"测试为唯一指针，以"应试"为能事，对于新课标中的相关要求则往往视而不见。

3. 评价方式不适应于日益多样的评价需求

在评价方式上，《语文课程标准》提出了新的改革要求："形成性评价和终结性评价都是必要的，但应加强形成性评价。提倡采用成长记录的方式，收集能够反映学生语文学习过程和结果的资料。"应该注重"定性评价和定量评价相结合，更应重视定性评价"。相应地，在评价主体上，"实施评价，应注意教师的评价、学生的自我评价与学生间互相评价相结合。加强学生的自我评价和相互评价，还应该让学生家长积极参与评价活动。在评价时要尊重学生的个体差异，促进每个学生的健康发展"。"要综合采用多种评价方式，考试只是评价的方式之一"。这些新理念，是对原有陈旧的评价实践很好的反驳。不过，要让这些理念真正转化为现实，从目前来看，还存在着较大阻力；评价主体单一、评价方式单调以及过于强调终结性评价的状况还在持续。

三、语文教师评价素养缺失的原因

从上面的分析可见，教师特别是语文教师评价素养严重缺失是一个不争的事实。当然，这种现状的存在，原因是相当复杂的；并非是教师一方面的责任，而是理论界、教师教育、教育制度等方面的缺陷共同影响的结果。

（一）语文教师评价素养缺失的外因

1. 评价素养未能纳入教师专业素养结构

关于教师专业素养的结构，学界存在众多不同的观点。但是归结起来，教师的专业素养不外乎由专业伦理（或专业精神）、专业知识和专业能力等几方面构成。从国外的教师专业素养研究来看，专业知识是研究的核心；但从一些有代表性的教师专业知识研究中，我们很少看到评价方面的知识。

2. 评价素养未能成为教师入职的必要条件

教师的评价素养在教师专业素养结构中找不到位置，必然导致实践领域对教师评价素养的忽视。其中一个明显的后果就是，尽管评价是教师专业实践的重要组成部分，尽管教师的评价素养直接影响教学效果，但评价素养未能成为进入教学专业的必要条件。

3. 评价未能成为教师教育课程的重要内容

上述两方面的原因所带来的一个直接的后果就是，评价的内容在教师教育课程中的明显缺位。尽管在现代教育中评价占据着十分重要的地位，但许多国家的教育管理者并不要求职前教师学习评价方面的课程，教师教育机构也很少提供评价方面的课程。

（二）语文教师评价素养缺失的内因

1. 心理素养不够健全

语文教师评价素养缺失，不得不提及教师的心理素养问题。语文教师的心理素养主要表现在爱护学生、循循善诱、学而不厌、以身作则等方面，而导致教学质量评价有失偏颇的一个重要因素就是，语文教师缺乏对学生的爱护，缺乏循循善诱的教学态度。不少语文教师简单地将考试分数作为衡量学生优劣的准绳，缺乏对学生的全面爱护，更缺乏对学生排除诸多困扰的循循善诱。也就是说，不健全的心理素养在一定程度上导致了不健全的评价素养。

2. 对自身专业发展认知存在明显偏差

当前，教师专业发展是一个热门话题，语文教师也都知道必须注重自身专业的发展，才能跟上时代的进步和教育的脚步。但大多数教师在强调专业发展的同时，却没有进行有效的实践，或者说，在实践中发生了认知偏差：较多关注如何发展，却忽略了发展什么。其中，最为典型的是几乎没有教师认真提升自己的评价素养；换言之，语文教师的评价素养已被严重边缘化了。一个显著的事实是，目前为止，大多数语文教师基本上靠"试误"的方式来掌握一些实践性的技艺。

3. 创新精神尚有不足

不少教师其实已经意识到了现行教学评价的各种弊端，但是，他们仅仅停留在发现问题的层面上。在很多情况下，还是表现为一如既往的盲从。他们没有就此进行深入思考，更没有对此注入创新性思维，所以也就难以进入解决问题的层面，自然也就无法形成全面、科学的新教学质量评价观。

四、语文教师评价素养的发展

通过教育评价，能对教育、教学中存在的问题进行分析、诊断，能改进学校的教育、教学工作，因此，很有必要采取相应的措施不断提高教师的评价素养。

（一）外部促进

1. 加强评价指导

这包括两个方面的内容：一是制定教师的评价素养专业标准。专业标准就是专业素养结构的操作性定义，能够为教师入职设定门槛，也为教师发展提供方向。二是提供良好的评价示范。教师的教学和评价不可能不受外部评价的影响，外部评价会对教师的评价活动产生示范作用。这需要外部评价具备良好的品质，能够有效促进学生达成我们所期望的目标。

2. 为提升教师评价素养提供专业支持

这里最重要的支持就是发展新的评价基础知识。教育评价需要新的基础知识，尤其是关于"促进学习的评价"的知识。这些知识不应仅仅包括理念或者原则，更应包括具体的方法、技术或策略。另一项支持就是为教师提供评价方面的培训。教师教育机构必须精选对于教师评价素养的专业发展具有重要价值的知识和技能，编制教育评价课程，实施评价培训。

3. 为教师提供发展评价能力的机会

教师的专业发展需要教师的意愿，需要外部和内部的专业支持，更需要专业发展的机会。教师专业发展的机会多种多样，但更为重要、更为有效的机会来自教师的实践。目前常见的教师评价实践并不需要太多的专业技能，这样的实践只能使教师"去技能化"。因此，特别重要的是改造教师的评价实践。改革升学评价与招生方式，增大日常评价的分量，是改造教师评价实践的一条可行之路。同样重要的是让教师认识到评价是教学活动和专业实践不可分割的有机组成部分，并主动地参与评价活动的全过程。

（二）内在修炼

依靠外部的政策推动的评价改革，只有转变为教师主体的自觉行为，才能有效地获得深入推进。"素养"，强调的是主体个人的平时修养，通过采取相应的方法，主动而有意识地完成自我教育。自我评价教育，属于一种专业化的自我建构，乃是教师个体专业化发展的一种最为直接也是最为普遍的策略选择。

1. 激发内驱力

语文教师要热爱语文教育，坚信语文教育陶冶情操、净化心灵的价值。兴趣是最好的老师，对语文教师而言，兴趣是教学的最大动力。语文教师，只有全心热爱自己的教育事业，才能在各方面不断汲取新的养料，不断实现新的提高；语文教师的评价素养也会随之有所改善与完善。

2. 强调终身学习

教师职业具有很强的专业性特征，职业要求教师不断更新自己的知识与能力，教师首先应成为终身学习者，而且要有继续学习的知识与能力基础，不断拓展专业知识，提升专业能力，更新知识结构。要积极主动地搜集相关信息，研究教学评价中的关键事件，自学教育评价理论，积极感受与体验评价的失败与成功，并通过经常性的自我反思，来转变自身的评价态度和评价行为。

3. 注重实践能力

实践是检验真理的标准，也是产生真理的来源。对于语文教学评价来说，实践同样具有举足轻重的作用。教师应积极发挥主观能动性，想方设法解决自身在教育、教学中的遇到的评价问题，使评价与课程、教学、教师等因素真正融合为一个整体，使得教师们重视"在做中学"，在解决真实情境中的评价问题的过程中，实现评价素养的自我更新，实现可持续发展。

第三节　教学质量观对教学质量评价的影响

自新中国成立以来，教学理论界始终将教学质量观简单地界定为"德、智、体全面发展"，遂使其在教学实践中难以确定具体的评价标准。① 通过对传统的教学质量观的分析，我们便能得知其中所存在的种种缺陷与弊端。

一、传统教学质量观的特征及弊端分析

（一）传统教学质量观的特征

教学质量观，是对教学本性的认识以及认识形式的总的观念体系。在新课改推行以前，原有的教学质量观的显著特征体现在以下几个方面。

1. 以工具理性为价值取向

在实际教育实践中，对升学考试结果的盲目追求，应该是传统教学质量观工具理性的最显著体现。无论是学校、教师、学生，还是整个社会，都对学校的升学考试成绩视如泰山。这种对升学考试成绩的追逐，实际上已经使得考试的真义完全模糊化。考试，本应属于了解、监控教学成效的一种手段、方式，却异化成了教学质量的终极追求目标，这是一种典型的工具性价值取向。其后果是直接造成了人们对教学质量的一种功利性的认识：教学质量的高下，必须以升学考试的成绩为指向和衡量标准；与升学考试关系不大或者无关的因素，则全部都被排除于教学质量的考虑范围之外。

2. 以鉴定优劣为评价目的

教学质量是学校的"生命线"，在升学压力下，学校上至校长下至每一个普通教师都很清楚，教学质量直接决定了学生考试成绩的高低，关乎学校的生存和发展，而抓好教学则是保证升学率的主战场。故而不少学校为了保证所谓的"教

---

① 刘和平. 教学质量观综议 [J]. 辽宁教育学院学报，1993，4：75.

学质量"（实际上已经异化为"升学质量"），不遗余力地强化对教师教学质量高低的评判，根据考试结果对教师进行等次划分，并据此实施严格的奖惩措施，试图以此来激励全体教师努力工作，从而提高"教学质量"，实际上是提高考试成绩。

3. 以知识点的教授为核心

在工具性价值取向指引下，传统教学质量观认为，教学质量的核心内容应该是完全服务于升学考试的，一切都要以提高学生的升学考试成绩、提高学校的升学率为旨归。而长期以来，升学考试以笔试为当然的主体，而且，试题内容的特点是突出强调知识。加上深受苏联教育思想的影响，我们的教学一直都有注重书本知识传授的传统。所以，我国学校的教学，基本是以知识点传授为核心的；相应地，教学质量的评判，也自然地突出知识的突出地位。

4. 以外力来保障教学质量

传统教学质量观认为，外力因素对教学质量意义至关重大。首先是来自学校外部的，即升学考试对学校造成的压力；其次是在外部压力作用下，学校内部产生的要求教师提高学生考试成绩的压力。可以说，升学压力成为了学校和教师工作的第一"动力"，它促使老师努力提高教学质量，不然会造成自身利益受损，甚至会影响学校的声誉。不难看出，这种推动力并不是源于教师自身的内在需求，也不是来自学校内部，而是一种外界"压迫"使然。总体而言，传统教学质量观的外力保障，其实是一种被动的保障形式。

（二）传统教学质量观的缺陷

从上述分析中，我们可以看出传统教学质量观所存在的诸多缺陷。

1. 忽视社会或个人的发展需求

传统教学质量观在价值取向上强调工具理性，以升学考试为目的，势必导致教师和学生对于升学考试成绩的盲目追求，从而忽视社会或个人的发展需求。新课改强调个体差异，承认教育教学活动是为社会的发展、为了人的幸福生活而服务的，这是对社会和个人需求多元化现实的充分认可。一味看重教学质量的工具性取向，实际上是无视这种多元化的需求以及教育教学活动的本质取向，从根本上偏离教育的本质。

2. 无法关注到全体教师

传统的教学质量观强调鉴定选拔的目的，必然导致其片面性，无法关注全体的教师，无法让全体教师都参与到教学质量提升的过程中来。其影响主要局限于教师中较好的和较差的这两个群体，而对教师主体的中间部分则往往作用很有限。其结果是大多数教师成为事实上的教学质量的局外人，他们的需求得不到应有的关注，他们自然也就缺乏对教学质量的主人翁意识。

3. 无法形成教学的一种内部驱动力

传统教学质量观更倾向于依靠外部的压力来"激发"教师的教学情绪。缺少了内部驱动力的有力保障，教学质量的稳定性也无法保证。一旦外部的压力消失或是减弱，教学质量很可能就会明显降低。换言之，在这样的情境下，教学质量随着外界因素的变化而变化。如果外界压力很强，教学质量可以得到阶段性的稳定，但是在长时间的外界压力下，教师会很容易产生一种职业倦怠。所以，从长远来看，外驱型的教学质量，是难以获得稳定保障的。

二、树立现代教学质量观

鉴于传统教学质量观的诸多弊端，我们完全有必要树立一种现代的科学的教学质量观，真正促进教学质量的提升。

（一）现代教学质量观的基本内涵

现代教学不能局限于教会学生多少知识，而要使学生通过一定的教学活动激发并保持浓厚的学习兴趣和旺盛的求知欲。那么，与之相适应，现代的教学质量观也应坚持正确的指导思想，做到智力培养与能力发展相结合，知识传授与能力培养相结合，思维训练与操作训练相结合，教师主导与学生主体相结合，变革更新与继承发展相结合。

1. 现代教学质量观应以学生为本

与传统教学质量观相对，现代教学质量观更多的是站在学生的角度来考虑问题。因为，学生是教学直接面对的对象，也是教学质量最直接的体验者；是教学对学生教学需求的满足程度决定了教学质量的高低，而不是别的因素。这就决定了，无论是在课程标准、课程结构、教材开发和管理方面，还是教学过程、课程评价方面，都应该强调因材施教和因地制宜，都必须充分考虑学生的个体差异和个性发展。这就是"以学生为本"的现代教学质量观。

"以学生为本"教学质量观的基本主张为：首先是教师在设计与组织教学活动时，要充分站在学生的角度，以学生为中心，根据学生的学习需求与学习特点来安排教学；其次是教师要在教学中发挥教学引导者的角色功能，尊重学生的个体差异，确保学生个体在有效的指导下获得充分的发展。如此方能确保教学满足学生的需求，这才是真正现代意义上的质量教学。

2. 现代教学质量观应以发展为本

教学质量的提升是在不断发展的过程中实现的。教育教学活动是人类社会活动的有机组成部分，而人类社会是处在发展变化过程当中的，所以，以发展为本，这是教育教学活动的必然要求。在一个动态的环境中，教学处于可持续的发展状态中，否则就会失去在人类社会中的地位和价值。所谓"以发展为本"的质量观包含两层意思：一是教师的持续发展。教师是教学活动的实施者和引导者，只有教师自身不断地发展提升，顺应社会与教育的需要，才有可能保证学生不断地成长、发展。二是学生的全面发展。在现代教学质量观看来，优质的教学是以促进每个学生全面发展为其努力方向的。这里的"全面"，包括使学生的多元能力得到充分的开发，使学生的人格得到完全的塑造，使学生的身心得到健康的成长，等等。

3. 现代教学质量观应以能力为本

这里所说的"能力"，包括学生的能力，也包括教师的能力。就学生能力而言，是指在教学过程中注重培育学生的学习思维能力，重视学生智慧的开发，引导学生学会学习，培养终身学习的意识与能力。对于教师的教学能力而言，最重要的在于教师对自己教学理念和教学行为的反思能力。一个好教师，必然是一个善于总结、善于反思的教师。

（二）现代教学质量观的基本特性

通过以上分析，我们不难发现，现代教学质量观具有时代性、全面性和发展性这三大特征。

1. 时代性

教学质量观是一个动态概念，它总是随着时代的发展与进步而不断地更新。70年代学生对知识技能的学习与掌握是教学质量观的主要内容，80年代中期以后，智力与能力发展的要求成为教学质量观的主要内容，90年代以来学生素质的全面发展和创新能力的发展逐渐成为教学质量的主要追求。

2. 全面性

全面性是现代教学质量观的基本属性，即要面向全体学生并面向学生的全面发展。相应的是既要对同类学校的教学质量作横向比较，又要以发展角度作纵向比较；既要培养尖子生，又要转变后进生。要因材施教，要使每个学生都获得发展；要以每个学生的综合素质提高为目标，开发学生潜能，使学生个性保持健康全面发展。

3. 发展性

传统教学质量观侧重过去，重视传统文化的继承和维护，现代教学质量观则侧重于未来社会发展的需要和创造，所以现代教学应从知识重心向素质重心转变。

第四节　教学评价操作对语文教学质量评价的影响

一、教学目标的类型与目标的制定

教学目标是教学活动的出发点和最终归宿，是确定测量和评价教学质量指标的根据，所以，认识和掌握教学目标的性质、特点和类型，制定课程的具体教学目标，是进行教学评价的前提。

（一）教学目标的类型

所谓课程的"教学目标"，是指学生通过学习获得进步所期望的学习结果，即在学完某一课程或某一个学习阶段规定的学习任务以后，其行为能发生一定改变，包括情感、智力、反应等不同方面的变化。知识总量的增长，认知评价能力的提高，实验操作技能的提升，学习态度的改变等等，显然都属于这个范畴。当我们把教学目标看成可能的学习结果时，包括几种不同的类型。

1. 掌握目标与发展目标

"学习结果"通常可以分为两大部分：一是所有学生都必须达到的结果，这是学习一门课程的最低要求。也就是说，如果学生想要在下一学习阶段获得成功，他必须达到这些要求；否则就失去了进一步提升的基础。这就是"掌握目标"。另一部分是"发展目标"。这些学习内容并不要求所有的学生都完全掌握，而只是为大多数的学生的发展提供必要的条件，对学生潜在的发展起一个促进作用。发展教学目标的重点是帮助发掘学生的潜力，它注重较高层次的学习结果，强调将知识和技能运用于新的情境，注重培养分析问题、解决问题的能力。

2. 最终目标与近期目标

相比较而言，最终目标是最重要的教学目标，它是教学的总体要求和最终结果。这种目标要经过较长时间，通过各种途径才能实现。因此，我们在教学过程中，通常使用的教学内容绝大部分只可能是近期目标。在确定近期目标的问题上，使近期目标靠近最终目标是可能的，关键是要选择那些与最终目标密切相关的内容。评价学生对教材知识的掌握固然重要，还要评价学生的综合学习能力以及学习态度的转变等等。

3. 单课程目标与多课程目标

根据课程对期望的学习结果所起的作用，教学目标又可以分为单课程目标与多课程目标。有些教学的目标，只是通过某一门课程的教学就能获得，其他课程的教学对此项目标的达成仅能起到极小的或者没有起到什么直接作用。同时，也有许多的教学目标，是要通过学习各种不同的课程，经过长时间的努力才能获得，这就是多课程目标。

（二）语文教学目标的制定

教学目标种类各异，彼此的特点与要求也各不相同，不过，统观这些教学目标，我们认为，合理的教学目标的制定，可以从以下几个方面着手。

1. 深入钻研课程标准，理解和掌握国家对课程的基本要求。在分析课标时，尤其要注意根据掌握目标与发展目标的特点，弄清本门课程中哪些教学内容是要求学生必须牢牢掌握的，为学生的进一步学习打下坚实的基础；又有哪些教学内容只需作一般性介绍，让学生对有关知识作大略的了解即可。要通过钻研分析，做到总揽全局，把握要求，分清主次，明确重点，使制定出来的教学目标与课程标准相符合。

2. 在把握课标要求的基础上，深入分析教材内容，理清教材的知识体系，进而整理出相对独立的知识点。然后，按照知识点间的相互关系，确定教学的近期目标和最终目标。同时处理好本课程教学目标和其他课程的教学目标之间的相互关系，以确保教学目标和教学过程的有机联系。

3. 根据教学目标分类学原理，认知领域包括识记、理解、应用、分析、综合和评价六级学力水平。根据语文课程的特点，确定了每个知识点的学力水平以后，就可以有效地将课程标准中设定的教学目标具体化。

4. 用概括性的术语来列举出课程的综合性目标。综合性目标既包含课程内容，又能体现出课标对教学的基本要求，还须以具体的行为目标来加以明确说明。

5. 采用能引起具体行为的相关术语，列举出一系列能够反映具体学习结果的行为目标，并以此来解释每个综合性目标。行为目标体现的是具体的学习结果，当综合性目标实现时，学生可以用一系列的具体行为来表明具体的学习结果，而这些学习结果，能够解释学生达到目标的程度。

二、采用多种形式的评价

（一）学生学习质量评价

语文课程标准指出："语文学习具有重情感体验和感悟的特点，因而量化和客观化不能成为语文课程评价的主要手段。"美国著名教育评价专家斯塔弗尔比姆指出："评价最重要的意图不是为了证明，而是为了改进。"如何改进语文教学，如何突出语文教学质量目标的整体性和综合性，以达到全面考查学生语文素养之目的，采用多种形式评价语文课程是对这个问题的一个有力回答。

1. 定量评价与定性评价相结合

定量评价是采用数学的方法，收集和处理数据资料，对评价对象作出定量结果的价值判断。定性评价是不采用数学的方法，而是根据评价者对评价对象平时的表现、现实和状态或文献资料的观察和分析，直接对评价对象作出定性结论的价值判断。

评价要尽可能量化，评给分数；但又不是全部都量化，有的要作定性分析，写出评语。既重视定量分析，又重视定性分析。第一指标应以定量化为主，给出分数，结合写出评语；第二指标则应以定性分析为主，写出评语，然后量化评分。

2. 单项评价与综合评价相结合

所谓"综合评价"，是指按评价指标体系规定的全部指标进行全面的评价，从而对学生的语文学习成果获得一个相对完整的认识。而"单项评价"则是指对学生在某一工作方面的评价或者指学生在某一时间范围内的学习评价。缺少单项评价会导致综合评价结论的表面化和简单化，因此单项评价是综合评价的一个重要组成部分。相比较而言，综合评价的工作量和准确度都比较大一些，以一个学期或一个学年进行一次为宜；而经常要进行的形成性评价，则应根据教学内容，对评价指标体系中的某一项或几项进行单项评价。

3. 终结性评价与形成性评价相结合

终结性评价是对一个学段、一个学科教学的教育质量的评价，其目的是对学生阶段性学习的质量作出结论性评价，评价的目的是给学生下结论或者分等。形成性评价，是相对于终结性评价而言的，是对学生日常学习过程中的表现、所取得的成绩以及所反映出的情感、态度、策略等方面的发展作出的评价，是基于对学生学习全过程的持续观察、记录、反思而作出的发展性评价。

教完一篇课文或一个单元后，要按照这篇课文或这个单元的教学目标，对学生的学习状况及学习结果及时进行形成性评价，从而了解学生已掌握了哪些教学内容，哪些学习内容还未被学生掌握，根据这些反馈信息来实施调控，改进教学。对于期中、期末的终结性评价，不仅是用来确定学生得分多少，更要注意从中获得指导和改进教学的信息。唯有这样，方能保证评价在激励学生学习、促进教学质量的提高方面发挥积极作用，以此帮助学生有效调控自己的学习过程，使学生获得成就感，增强自信心，培养合作精神，进而促进学生知识、智能和个性的和谐发展。

4. 教师评价与学生自我评价相结合

毋庸置疑，教师是实施教学评价的重要主体，要积极进行教学质量评价；同时还要注意指导学生参与评价，努力培养学生的自我评价能力。教师要善于将评价指标体系交给学生，引导他们对照检查，从中看到自己的成绩和尚存的差距，从而明确自己的努力方向。只有这样，方能使评价真正起到提高教学质量的作用。

（二）教师教学质量评价

教师教学质量评价，是为了促使教师深入开展教学内容、方法、手段的研究，引导教师在教学实践中创新，充分发挥教师教学的积极性，提高教师的整体素质，全面提高教学质量。教师教学质量评价，也就是按照一定的标准，对教师的现实工作状况或发展可能性进行检查和系统描述，并作出相应的价值判断的过程。

对教师教学质量的客观公正评价，是引导教师改进教学方法，提高教学质量的重要手段，需要考虑多方面的因素。

1. 构建科学的评价体系

为达到评价结果的准确性，切实起到促进教学、科学管理的目的，首先应构建由评价机构、评价内容及指标、评价的组织实施、评价结果分析、评价结果反馈等多方面、多环节组成的完整评价体系，各方面各环节之间相互依存、环环相扣，直至评价目标的实现。

2. 健全评价制度

为取得客观、全面、准确的评价结果，必须建立健全的教学质量评价制度，如听课制度、教学质量督导小组评课制度、学生评教评学制度和学生成绩分析制度，并保证各项制度落实的经常化。为避免评估领导小组评价的片面性，应分期分批地对所有教师进行评价，可在每学期确定几个评价对象，尽可能地对每位被评者多听几次课，多渠道地搜集评价信息，从而排除偶然因素对评价结果的影响。

3. 评价指标可操作化

评价指标是评价活动的依据和基础，在评价工作中起着重要的作用。建立科学的、切实可行的指标体系是达到评价目的和顺利实施评价活动的关键。制定评价指标时，应本着全面性、可操作性和可靠性的原则，指标的表述应明确、具体，便于评价者理解和掌握，并将各项指标制成表格，采用等级评定和量化打分相结合的填写方式，使得出的结果便于分析。

4. 评价主体多元化

其一是成立教学质量评价专家组，其成员由有较丰富的教学经验或教学管理经验的专家组成，是学校内经常性教学评价活动的权威机构，主要制定和发布学校教学质量管理政策。其二是学校可聘请外部质量管理专家培训人员并帮助学校做好教师教学质量评价工作。其三是采用小组工作，根据需要，成立单项教学质量评价的专家小组，负责如课程、专业、教师等单项教学质量评价工作。

5. 评价手段综合化

（1）多元化教师评价。教师工作是多元的，涉及教育、教学、科研、管理等多方面；不同的人们对教师有不同的要求，有不同的角色期待，因此对教师的评价也应该是多元的。多元化教师评价，是指对教师评价的主体、内容、标准是多元化的，评价的结果是多元化的。多元化教师评价有利于对教师全面、客观、科学、具体的评价，有利于教师趋长避短，各尽所能，发挥其优势，有利于教师的发展。

（2）个性化教师评价。教师是有情感、有思维、有个性的生命体，教师的经历、感悟等主客观因素决定了教师的内心世界、外在表现是有个性的，因此对教师的评价不能简单地打上等级或赋上分值，还应该是具有个性的语言描述。个性化教师评价有利于教师发现真我，发展自我。

（3）发展性教师评价。教师是最注重自身修养和自我提高的群体，教师极为关注自身及他人对自己的评价，也善于从评价中不断进行反思，总结经验，完善和发展自我；同时，对教师评价的根本目的是促使教师发展，因此对教师的评价应该注重过程的评价，评价后及时反馈，发挥评价的激励功能；然后继续跟踪，进一步评价，发挥评价的记录成长功能。发展性教师评价有利于促进教师可持续发展，促使教师最大限度地实现自身价值。

此外，还应注意，要确定教学质量评价周期，形成周期性的评价体系；要向教师授权，鼓励教师参与对自己工作质量评价改进的活动；要记录并评价教师教学质量进步情况；要加强过程控制，使质量形成全过程都处于监控之下等，也可以根据实际情况加以合理采纳。

第三章　语文课程目标和语文教学质量目标的关系

第一节　语文课程目标概述

一、语文课程及其目标

（一）课程及语文课程

在探讨课程目标及语文课程目标前，我们先明确一下"课程"与"语文课程"的相关概念。因为对这两者概念上的把握直接影响对目标的真正理解。

"课程"是个动态的概念，我们很难给它下一个公认的定义。F. M. 康纳利等人指出："课程定义因研究者或实践者在其课程思考和工作中对概念的使用而有所不同，因此，没有超出特定的研究、论文、看法或值得讨论的政策文件等背景的特殊地给课程下定义的方式。"① "课程"一词在我国始见于唐宋年间，但它与现代意义上的课程概念相距甚远。在西方，以美国课程专家博比特于 1918 年出版的《课程》一书为标志，表明课程作为专门研究领域的形成。后来，美国教育家泰勒写出了《课程与教学的基本原理》，提出了现代课程研究最具影响的理论框架。

相对地，中国对于"课程"的研究起步较晚，直到 20 世纪末才开始。等到

---

① 转引自［瑞典］胡森主编. 江山野译. 简明国际教育百科全书（课程）［Z］. 北京：教育科学出版社，1991. 65.

新课程理念与新课标获得推行，广大教师对"课程"才有所了解。但仍有教师对课程持模糊的观念，有的将课程等同于"教学过程"或"教材"，有的把课程与"课"或"学科"混淆。我们常说的教学计划、课程标准（教学大纲）、教科书是属于"课"或"学科"的，不是完整的课程概念。这样的情形严重影响了对语文课程及语文课程目标的解读。为此，我们给课程重新定义如下："课程是根据一定的教育政策、教育方针，遵循一定的教育规律，为实现一定的教育目的而在具体的教育过程中形成的复杂的教学构架；在这个构架中各节点可以视作一门门具体的科学与一项项具体的活动，节点与节点的连线可视作经验通道与学习进程。"①

关于语文课程，国内也很少有专门的定义阐述。在曹明海等人主编的《语文课程与教学论》中有一段解释："作为学校教育系统中的科目之一，语文课程并不等同于语文，语文存在于广泛的社会生活中，而语文课程则只限于学校。更为根本的是，语文只用于交际，而语文课程则施于教育。"② 遗憾的是，它仅指出了语文课程的范围，未从概念内涵本身入手，指明实质。我们对语文课程则作如下界定："语文课程是在学校教育进程中，根据课程的特点、基本规律与要求，借助语言和言语产品，培养提高学生语感与文感能力，为实现此种教育目标而设计的一门学科课程。"③

（二）语文课程目标内容

课程目标是一个相对宏观的概念，是课程本身要实现的制度化的具体要求。课程目标对课程编制、教学目标的制定有重要的指导价值，是课程内容设计、课程实施、课程评价的重要依据。

语文课程目标是课程目标在语文课程中的具体体现，或者说是语文课程的具体要求；我们也可以认为语文课程目标就是语文教学中学习主体的学习需要的体现。那么，语文课程目标具体是怎样的呢？对应于目前的课程三级体系，语文课程目标也存在着国家语文课程目标、地方语文课程目标及学校语文课程目标三级。国家语文课程目标体现在《全日制义务教育语文课程标准》和《普通高中语文课程标准》中，而地方语文课程目标与学校语文课程目标则是由地方和学校根

---

① 蔡伟主编. 语文课程与教学研究［M］. 杭州：浙江大学出版社，2008.
② 曹明海、李洪先主编. 语文课程与教学论［M］. 济南：山东人民出版社，2005.
③ 蔡伟主编. 语文课程与教学研究［M］. 杭州：浙江大学出版社，2008.

据各地的具体情况来制定的。

《全日制义务教育语文课程标准》中的课程目标体系，由总目标和阶段（分四个学段）目标组成，每个阶段目标从"识字与写字"、"阅读"、"写作"、"口语交际"四个方面提出要求，同时还专门提出"综合性学习"的要求。课程目标从知识与能力、过程与方法、情感态度与价值观三个维度提出相应的要求。《全日制义务教育语文课程标准》由 10 条总目标构成，高度概括地将课程目标取向表述为："语文课程应致力于学生语文素养的形成与发展"，"必须面向全体学生，使学生获得基本的语文素养"。阶段目标则根据年级的不同，具体分项进行表述。

《普通高中语文课程标准》则从"积累·整合"、"感受·鉴赏"、"思考·领悟"、"应用·拓展"、"发现·创新"五个方面提出了课程目标。

1. 积累·整合。积累是指"能围绕所选择的目标加强语文积累，在积累过程中注重梳理"，整合体现在"通过对语文知识、能力、学习方法和情感、价值观等方面要素的融会整合，切实提高语文能力"。[①] 课程标准将"积累·整合"放在第一位，一则强调其基础性，二则强调其重要性。

积累的对象包括语文知识、能力、学习方法和情感、态度、价值观等方面的要素。积累语文知识、能力、学习方法等要素，侧重于逐步形成富有个性的语文学习方式；个性化的语文学习方式还包括了学习方法的多样性，教师要注重对学生学习方法的引导。而情感、态度、价值观等方面要素的积累，侧重于形成良好的思想道德素质和科学文化素质。从文学教育的角度看，学生学习使用语言文字这一工具，应该在人文精神熏陶的过程中进行；相应地，当学生较好地掌握了语言文字这个工具，人文精神的教育也自然更能落到实处。语文课的思想教育不同于政治道德课之处，是因为它是渗透于文学的审美过程之中，以潜移默化的方式进行的，而不是将语文教材仅仅作为思想教育的材料。

在整个语文学习过程中，语文知识、能力、方法和情感、态度、价值观等方方面面需要融会整合的要素非常多，而最需要获取、积累的，应当是能够为学生终身学习和个性发展奠定坚实基础的那些要素。这个获取的过程，也就是整合筛选的过程，要对所有的积累对象进行分类，取其精华，并聚集起来为我所用。到这个时候，积累的过程才算完成，积累的方法才算掌握，久而久之，积累的能力

---

① 中华人民共和国教育部制定. 普通高中语文课程标准（实验）[S]. 北京：人民教育出版社，2004.

才能形成。

通过积累和整合，学生形成了较丰富的语言积累及文字、文学等方面的基本知识，掌握了恰当的学习方法，良好的学习习惯不断养成，从而切实提高了语文素养，真正达到了新课标所提出的目标：培养学生热爱祖国语言文字的感情、正确理解和运用祖国语文的意识。

2. 感受·鉴赏。传统的阅读教学往往把文本作为传授知识的载体，而忽视了学生学习的主动权。新课标则相当强调学生独立阅读文本的能力，提倡让学生在阅读文本中获得自己的体验，获得认识的再创造，从而在阅读中真正发挥学生的主体作用。

感受和鉴赏重在作品阅读过程当中，"品味语言，感受其思想、艺术魅力，发展想象力和审美力。具有良好的现代汉语语感，努力提高对古诗文语言的感受力。体味大自然和人生的多姿多彩，激发珍爱自然、热爱生活的感情；感受艺术和科学中的美，提升审美境界"。①

文学艺术是语言的艺术，要进行文学作品的感受和鉴赏，首先应了解诗歌、散文、小说、戏剧等文学体裁的基本特征及主要表现手法，了解作品所涉及的有关背景材料，以助于阅读和理解作品；其次从感受形象、品味语言入手，领悟作品的丰富内涵，体会其艺术表现力，进而根据自己的生活、情感体验作出自己对作品的评价，去伪存真，去劣存优，然后对自己认定的优秀篇章更进一步地去欣赏、去领略，获得美好的艺术享受，形成良好的语感和思维品质，培养较好的阅读理解能力和表达交流能力，使自己具备高尚的审美情趣和一定的审美能力。终极目的是努力探索作品中蕴涵的民族心理和时代精神，了解人类丰富的社会生活和情感世界，陶冶性情，涵养心灵，并且"能够从历史发展的角度理解古代作品的内容价值，从中汲取民族智慧；能用现代观念审视作品，评价其积极意义与历史局限"。②

个性化阅读是新课标着力提倡的一种阅读方式，它是指阅读主体在一种自由放松的心理状态下的自主、探究、发现的阅读，是一种走进作品、与作者直面对话的阅读，也是一种自由抒发自己的感受、大胆发表自己的见解的阅读。学生可

---

① 中华人民共和国教育部制定. 普通高中语文课程标准（实验）[S]. 北京：人民教育出版社，2004.

② 同上。

以通过充分调动自己的生活经验和知识积累，在主动积极的思维和情感活动中，获得独特的感受和体验。

3. 思考·领悟。我们知道，阅读是学生的个性化行为，不应以教师的分析来代替学生的阅读实践，要珍视学生独特的感受、体验和理解。我们要引导学生根据自己的学习目标，在读经典名著与其他优秀读物时，深入文本进行思考与领悟。

如前所述，"感受·鉴赏"的对象是优秀作品，方法是通过阅读、品味语言来感受作品的思想和艺术魅力，目的是培养学生良好的现代汉语语感，提高对古诗文语言的感受力，激发珍爱自然、热爱生活、热爱祖国语文的感情，提升审美境界和道德修养。"思考·领悟"的对象依然是"经典名著和其他优秀读物"，这是一样的，但在具体要求上，则更深入了一步。"思考·领悟"的方法是通过阅读和思考来领悟作品的丰富内涵，"内涵"当然是作品的思想和艺术魅力。由思考到领悟这一过程，更主要的还是在感受鉴赏的基础上进一步提高学生独立阅读的能力，引导学生根据语境揣摩语句含义，体会精彩语句的表现力，从整体上把握文本内容，理清思路，对文本能够作出自己的分析判断，并从不同的角度和层面进行阐发、评价和质疑，探讨人生价值和时代精神，以逐步形成自己的思想行为准则，树立积极向上的人生理想，增强责任感，养成独立思考、质疑探究的习惯，发展思维的严密性、深刻性和批判性。为此教师还需引导学生深入文本，与文本进行有效的对话，并在此基础上展开师生对话，充分关注学生阅读心理，尊重学生独立的阅读见解，鼓励学生批判质疑，发表个人意见。积极倡导探究式阅读及创造性阅读，给学生足够的思考与领悟的阅读实践机会。

4. 应用·拓展。《普通高中语文课程标准》提出："能在生活和其他学习领域中，正确、熟练、有效地运用祖国语言文字。"① 而语言文字运用能力的提高重在实践，教师要引导学生在生活和跨学科的学习中学语文、用语文，能综合运用在语文与其他学科中获得的知识、能力与方法，并在实践活动中努力提高口语应用的能力。

新课标顺应社会发展的需要以及语文学习的规律，鲜明地提出了教师应当引导学生拓展语文学习的范围和实践方式，如通过研究性学习与个性化写作来提高

① 中华人民共和国教育部制定. 普通高中语文课程标准（实验）［S］. 北京：人民教育出版社，2004.

语文综合应用能力。"研究性学习"是实践性很强的学习方式，在内容上具有开放性、实践性、研究性，因而能够为学生最大限度地应用和拓展语文学习空间提供充分的条件。它要求学生必须亲自去做，在实践中去体会、领悟，把教育活动中以"教师、课堂、书本"为中心转移到以"学生发展为本"上来。通过提供尽可能多的活动，给不同的学生以不同的激励。学生在学习、研究的过程中始终处于主动地位，虽然会遇到各种困难，但创造性思维能力却得到了充分的调动。研究的成果又可大大激发起他们的自信，从而进一步激励他们进行新的探索。

个性化写作就是为了表情达意并与人交流而进行的写作，就是写作者对自然世界、社会生活和人生旅程的真体验、真思考和真感受的表达。学生自主地写出真实、健康、充分展示个性的文章，就能够使写作真正成为他们审视生活、思考人生的重要方式之一，在个性得到最大保护的基础上，学生的创造潜能得到了最大的发展。

5. 发现·创新。发现、创新旨在"注意观察语言、文学和中外文化现象，学习从习以为常的事实和过程中发现问题，培养探究意识和发现问题的敏感性"，并敢于"走进新的学习领域，尝试新的方法，追求思维的创新、表达的创新"。[①]

古往今来的事实都早已证明，只有善于思考、敢于发问，才会有学业的进步，事业的成功，发明创造的出现。在当前的语文教学中，"问"大多只停留在教师提问、学生回答的浅层次上。教师考虑的恐怕多是怎样问更巧妙，怎样问有利于课堂气氛的活跃，课堂教学便成了以教师为中心的模式。新课标主张，要培养学生的发现能力和创新精神，必须从引导学生的多思多问入手，创造一个"以问题为中心"、"以学生的发现、质疑、思索、研究为主要形式"的课堂氛围。引导学生多疑多问的方式也非常丰富，它涵盖文章中字、词、句、篇的任何一方面。这样，学生通过质疑、思索、研究，无形中提高了实践能力，由"发现"到"创新"这一环节就得到了最大的充实。

总而言之，新课标在"课程目标"方面的理念可以概括为：回归语文教学的原始本位，着力倡导生活化的语文学习，执著追求个性化的阅读写作。

高中具体的课程目标分必修课与选修课两类。必修课程分"阅读与鉴赏"、"表达与交流"两个方面来具体描述，而选修课程分"诗歌与散文"、"小说与戏

---

① 中华人民共和国教育部制定. 普通高中语文课程标准（实验）[S]. 北京：人民教育出版社，2004.

剧"、"新闻与传记"、"语言文字应用"、"文化论著研读"五个模块进行规定，此处不再一一展开。

二、语文课程目标的基本特点

（一）语文课程目标的价值取向

王荣生指出："语文科的课程总取向，是通过具体的语文课程与教学目标得以体现和展示的，它凝聚在语文课程与教学的目标中，也生存于语文课程与教学目标中。语文科的课程总取向，是学理研究与教育政策的视阈融合，语文课程面向何方的抉择，要取更广阔的视野来观照，需要放在教育政策的层面来慎重把握，教育政策的研究同时也应该是价值性质的研究。"① 语文课程领导首先是价值思想的领导。语文课程目标必须有其价值取向，语文课程目标要体现教育价值，而不仅仅是目标内容的简单呈现，要以内在的价值核心为统帅。语文课程目标当然也要在教育目标的导向下，并表现在教学目标中的价值。所以《普通高中语文课程标准》坚持从"知识与能力"、"过程与方法"、"情感、态度与价值观"三个维度设计课程目标。无论是必修课程还是选修课程，都要遵循这样的基本的三维目标理念。这三维目标从语文的角度看，是经历了一个发展历程的。

1986 年，《全日制中学语文教学大纲》有"各年级语文基本能力和基础知识教学要求"的规定，这表明，当时高中语文的课程目标是从"阅读能力"、"写作能力"、"说话能力"以及"基础知识"等四个方面提出来的。1996 年，《全日制普通高级中学语文教学大纲（供试验用）》从"能力训练"、"基础知识"和"课程"三个方面提出要求，其中能力训练又分为阅读、写作和知识。选修课程（包括限定选修与任意选修）的内容与要求没有完全独立出来，但已经在课程目标中标示出来。

到了 2000 年，《全日制普通高级中学语文教学大纲（试验修订版）》正式颁布实施。内容分为阅读、写作、口语交际、课文四个部分。大纲在修订时贯彻了几条原则，其中之一就是语文教学大纲必须遵循语文教育规律。关于新大纲的指导思想，顾之川认为有这样几点： （1）更深入全面地揭示语文素养的内涵；（2）注重语文的文化内涵，增加了语感和与语文相关的知识素养的内容；（3）注

---

① 王荣生. 语文科课程论基础［M］. 上海：上海教育出版社，2005. 105.

重语文学科的特点和学习汉语的规律……注重语文学习中的积累、感悟与熏陶；（4）强调学生在语文学习中的主动性、实践性，弱化对学生带有强制性的训练。①

2002 年，《全日制普通高级中学语文教学大纲》又发生变化，分为阅读、写作、口语交际、综合性学习、课文五个部分。通过分析不难看出，前两次大纲注重课程目标的"双基"训练，后来的两个新大纲就课程取向来说，不单注重能力，而且逐步考虑到知识与能力、过程与方法、情感态度等问题。其中最明显的是将"说话能力"变为"口语交际"。提法改变，首先是认识的变化；提法改变，必将引起语文课程中听、说取向的重大转移。后来颁布的《语文课程标准》，从知识与技能、过程与方法、情感态度与价值观三方面阐述语文课程的总体目标和阶段目标，其中义务教育按 1～2、3～4、5～6、7～9四个学段分别从识字与写字、阅读、写作（写话、习作）、口语交际、综合性学习等方面规定阶段目标；普通高中则分为必修课程与选修课程，必修课程分"阅读与鉴赏"、"表达与交流"，选修课程分为"诗歌与散文"、"小说与戏剧"、"新闻与传记"、"语言文字应用"、"文化论著研读"五个系列。

（二）语文课程目标的基本特点

1. 语文课程目标的长效性。语文课程目标从宏观上为语文教学确立了大的方向，统帅语文学科教学的整体，其效用需要通过较长的时间或很长的时间来体现。要注意区分语文课程目标与语文教学目标。前者宏观上把握语文教学的方向与要求，为教材编写者提供了依据与参考；后者则比较具体，为教师的教与学生的学提供依据与参考。

2. 强调课程的整合，注重整体性和综合性。语文课程目标体现在知识和能力、过程和方法、情感态度和价值观这三个维度。义务教育阶段表现为识字与写字、阅读、写作、口语交际、综合性学习五个方面。高中语文必修课和选修课，要求学生在五个方面获得发展。这五个方面就是指"积累·整合"、"感受·鉴赏"、"思考·领悟"、"应用·拓展"、"发现·创新"。这种课程目标比较注重学生语文学习的过程与方法，并通过综合表述"打通"了知识与能力、过程与方法、情感态度与价值观之间的界限。在突出整体性的同时又有所侧重，体现一定的层次性和过程性。

---

① 顾之川. 高中语文教学大纲（实验修订版）述要［J］. 课程·教材·教法，2000，（6）：22～26.

3. 体现语文课程基础性与选择性。在课程目标设置上，必修课程目标要求达到"阅读与鉴赏"、"表达与交流"等多个方面的不同要求，体现基础性与均衡性。选修课程设计了"诗歌与散文"、"小说与戏剧"、"新闻与传记"、"语言文字与运用"、"文化论著的研读"等五大系统，每个系统下面又有若干个模块。"选修课的设计，必须以课程目标为依据，充分考虑学生的需求和实际水平。"在选修课的教学上，"课程有较大的灵活性与拓展性，学生具有不同于必修课的期望"。[①] 这样，在学生学习、教师教学等方面都可以有较大的选择余地。

4. 体现学生学习的主体性、自主性。学生是学习的主人，一切为了学生的发展。这就要求教师对课堂上的角色转变要有充分的准备，并在教学过程中，真正由传授者转变为共同学习者、共同参与者。学生也由被动转为主动，积极思考，学会学习，并反过来促进老师共同进步。

5. 体现语文课程的人文性与工具性的统一。语文是最重要的交际工具，人类文化的重要组成部分。从语文课程的性质来看，语文课程目标上是同时注重人文性与工具性的，并在课程目标中得到充分体现。语文课程强调培养学生的语文素养，语文应用能力和一定的审美能力、探究能力，要求学生通过语文学习形成良好的思想道德素质和科学文化素质，为终身学习与有个性的发展奠定基础。

第二节　语文课程目标与语文教学质量目标的联系与区别

一、语文课程目标与教学质量目标的联系与区别

（一）语文课程目标与教学质量目标的联系

作为语文教学行为的依据，语文课程目标与语文教学质量目标之间存在着紧密的联系。

1. 语文课程目标是语文教学质量目标确定的根据，具有最终确立各层级语文教学质量目标的"解释权"。它基本规定了语文教学质量目标的方向，是语文教

---

① 中华人民共和国教育部制定. 普通高中语文课程标准（实验）〔S〕. 北京：人民教育出版社，2004.

学的"引路灯"，对语文教学质量目标制定具有导向作用。在此需要指出的是，语文课程目标是通过对语文教学目标的制约与导向来影响语文教学质量的。语文课程目标主导语文教学目标，而语文教学目标直接影响语文教学活动的过程，从而产生了对教学质量的影响。

2. 语文教学质量目标是落实语文课程目标的保障，它是真正实现"立文"与"立人"的土壤。语文教学质量目标必须体现语文性，它将决定语文课是不是真正的"语文课"，语文是不是走在"语文"的路上。这是我们每一个语文教育工作者面对的首要问题。所以，我们不能光讲语文课程目标，而忽视语文教学质量目标的制定与实施。可以说，语文教学质量目标正是对语文课程目标科学性、有效性的直接体现。

（二）语文课程目标与教学质量目标的区别

语文课程目标与语文教学质量目标是两个截然不同的概念，就像课程目标与教学质量目标的区别一样，语文课程目标与语文教学质量目标也有很大的区别。相应地，两者所发挥的作用和功能也是不一样的。主要表现在以下几个方面。

1. 确立的主体不同。语文课程目标的确立主体是语文课程专家和具有非常丰富的语文教学经验的教师，而语文教学质量目标的确立主体是一线的教师。课程目标一般由教育行政部门组织专家学者研究制定，即使是校本课程，也是由学校领导出面，组织学校优秀教师，并在校外专家的指导下进行。语文教学质量的实践主体，是广大语文教师自身。

2. 确立的依据不同。语文课程目标的确立依据是教育目标和教育目的，是在综合考虑语文教育哲学、语文教育政策、语文学科性质的基础上制定的；语文教学质量目标的确立依据则是语文课程目标，是在综合考虑学生情况、教材情况、学校实际情况的基础上制定的。

3. 执行的主体不同。语文课程目标的执行主体主要包括各级教育主管部门以及教师学生，语文教学质量目标的执行主体主要是教师和学生。

4. 发挥的功能不同。语文课程目标是指导语文课程所有活动的依据，语文课程的任何活动，都必须遵循课程目标的有关精神加以开展；包括语文教学质量目标的制定，也必须以课程目标为依据。而语文教学质量目标是用于指导语文教学实践的，所指向的是具体的语文教学活动，比如阅读教学质量目标，某一文本阅读教学质量目标，某一课堂教学质量目标，等等。

二、语文教学质量目标的内涵

对语文教学质量目标的通俗理解是：教师在教学实践中，根据语文课程目标要求，并考虑教材与学生实际情况而预期的语文教学效果和学生将达到的语文学习成果，一般称之为语文教学目标。它是语文课程目标的体现和反映，同时也是教师有效完成课堂语文教学、学期语文教学、学年语文教学的内容导向，又是学生语文学习的自我监测、自我调控的价值导向。

语文教学质量目标的层级关系：语文教学目标是语文课程目标的下位概念，所针对的是具体的语文教学行为过程；反映在语文教学实践中，是操作层面的，并最终反映在学生语文素养与语文能力等方面的综合发展上。语文教学质量目标的定位问题将直接影响到语文教学进度，影响到语文教学效果。

例如，有教师制定了如下的文言文学习目标（苏教版高中语文教材必修三、必修四）。

积累选文中出现的常见实词、虚词意义；初步了解文言文词类活用现象、古今异义现象、特殊句式；学会查工具书，借助工具书给浅易文言文加注释；学会根据语境推敲语意，尝试给浅显文言文断句。①

上述例子中，教师从文言文阅读教学角度对学期的教学质量确立了目标。当然，这不同于一个单元、一节课的目标。可见，具体到每个学年、每个学期、每个单元以及每一课时，都有一定的预期要求，这个要求就是教师在处理教材、实施教学过程中所要达到的目标。学年、学期、单元教学目标往往以教材内容的形式呈现，具有一定的导向作用，是教材编写者根据课程标准分级设计的。其主要目的在于，一般教师能够在教学过程中比较便利地贯彻课程标准，为教师提供一个执行课程标准的平台。当然，教师在具体的教学过程中可以根据教学实际情况作出适当的调整。不过不管怎样，教材始终是一个最好的平台，因为教材是课程专家、教材编写专家与教学实践工作者共同研究的结晶，往往具有学理性质和政策性质。它一方面体现的是科学精神，另一方面又具有社会、历史、人文内涵。

教学质量目标是在充分合理把握教材的基础上，根据学生主体发展需要，完成教学，促进学生发展的教学要求。学年语文教学质量目标是语文课程总目标的

---

① 王惠. 没有了目标，教学走向哪里？——浅谈苏教版高中（语文）必修三、必修四学期目标的制定［J］. 中学语文教学，2007，（4）：6～9.

细化，学期语文教学质量目标是学年语文教学质量目标的细化，学期语文教学质量目标又细化到各个单元的教学质量目标中。以上三个层面的教学质量目标，都会在教材中得到体现。

我们看看现行高中语文教材每一册的"说明"，就可以清楚教师在每一个学年、每一个学期、每一个单元所要达到的教学要求。比如，2004年人教版语文教材的"阅读与鉴赏"内容作了如下安排。

单 元		第一册	第二册	第三册	第四册	第五册
一	品味与欣赏	情感与意象（中外诗歌）	情趣与理趣（中外抒情散文）	人物与环境（小说一）	性格与冲突（中外戏剧）	情节与语言（小说二）
二		写景与抒情（古代写景散文）	含英咀华（《诗经》、《楚辞》、汉魏六朝诗歌）	感受与共鸣（唐宋诗）	情思与意境（词曲）	披文入情（古代抒情散文）
三	思考与领悟	品人与品文（中外记叙散文）	提要钩玄（古代叙事散文）	质疑解难（古代议论散文）	理清思路（社会科学论文、随笔）	融会贯通（文艺学论文）
四	沟通与运用	博观约取（新闻、报告文学）	对话与交流（演讲）	启迪与想象（科普、科幻）	知人论世（古代传记）	概括与归纳（自然科学论文）

具体到每个单元还有"单元提示"等，这些都是语文教学质量目标。当然，这些目标虽然有比较明确的要求，却并没有政策的规定性（比如在教学内容、教学时数、教学顺序等具体项目的安排上），因而教师具有较大的选择余地与自主空间。

此外，每个学时还有一定的教学质量目标。语文课堂学时教学质量目标是教学质量目标的最基本的土壤，它是合理科学地完成语文教学质量总目标的关键所在，也是落实语文课程目标的关键所在。语文课堂课时教学质量目标具体化在每一个课时，表现在每一个课堂教学行为中，完成于课堂教学时空。它直接受制于教师、学生等不稳定因素，带有很强的隐性和不确定性特征。教师往往只能凭借课文提供的教学资源，来开发合理的教学质量目标因子，所以往往又有很强的主观性。

过去许多教师在语文教学时，往往是教材里有什么就教什么，想教什么就教什么，想怎么教就怎么教，语文教学质量目标定位不准，过于主观化、随意化。课堂内容与形式可能会显得丰富多彩，却导致教学目标定位的规范性与严肃性受到严重的干扰。

问题出在哪儿呢？就在于对语文教学质量目标没有一个准确的定位，对语文教学质量目标与语文课程目标的关系未理清。因此，我们在关注语文课标的同时，不能忽视或淡化语文教学质量目标。离开了后者，语文课程目标的价值取向无从体现，语文课程目标本身也成了"名存实亡"的乌有之物了。

三、教学质量目标的特点

课程目标与教学质量目标有很大的区别。一般说来，课程目标概括性强，较为抽象，适应面较广，适用于整个课程建设和管理过程；而教学质量目标较为具体，适应面较小，仅限于微观的教学过程。课程目标的实施主体涉及面广，如涉及国家各级教育行政部门、教师培养与培训机构、广大中小学教师和学生、课程研究与指导机构及中小学教材编制出版部门等；而教学质量目标一般仅涉及教学过程中的教师和学生及教辅人员等。课程目标有较高的原则性和稳定性，而教学质量目标有较高的针对性和一定的灵活性。

（一）教学质量目标具有一定的灵活性

对教学实施而言，科学的内容选择、创新的教学设计是必要准备，而选择合乎实际的教学质量目标是其中关键。

1. 有助于实施有效教学行为。课堂教学的有效性问题，正在受到教师越来越多的关注。有的教师出于对新课程理念的误解，认为语文教学只在教学的过程，而忽视甚至试图取消教学目标，否定质量评价意识。这样的误解实质上是对新课程理念的否定。其实，没有教育质量评价的教学是不完整的，也是难以成立的。教师的教学行为，其实质是为促进学生的学习创造适宜的外部环境。教师必须以教育教学效果作为行为选择、策略选择的出发点和归宿。语文教学应坚持从学生的认知水平和现有状况出发，遵循学生学习规律，通过创设情境，改善方法，使教材内容为学生所理解、内化，在学生的认知结构中建构意义，这就是启发式教学行为。由此，促进学生学习，提高学生的学习效率，从而达成教学目的。

2. 促使教师重视活动教学。高中语文新课程十分重视学生的自主探究活动，重视合作学习。新教材中每个单元之后都设置了综合探究内容，这是帮助学生体验研究性学习的重要环节，教师在教学实践中应予以高度重视。特别是选修课程，更是强调综合实践性，注重学生的活动体验。《普通高中语文课程标准（实验）》中为选修课的课程提供了具体的示例，如"举例七：演讲与辩论；举例十一：中华文化寻根；举例十二：社区文化专题"等等，这些都是综合活动课的典型样式。只有通过学生全面、多样的主体实践活动，促进学生主体精神、实践能力和整体素质的全面发展，才能焕发出课堂教学的真正活力。自主学习、探究学习、小组合作学习是活动教学的主要学习方式。为使活动教学收到实效，教师应发挥诱导、疏导、引导、指导等"主导"作用，善于评点学生有价值的创新观点和看法，并及时向外扩展、延伸具有科学价值的观点，以取得"举一反三"、"触类旁通"的效果。

3. 鼓励教师采用灵活教学方法。所谓"教无定法"，特别是新课程理念，要真正贯彻以学生为本，要依据学生的学情和学习心理，恰当地选取教学方法。根据语文课程内容及教材的呈现方式，教师可以随机采用灵活多样的教学方式，诸如案例教学法、问题教学法、探究教学法、情境教学法等。通过这些教学方法的实施，将教师主导的"目标—策略—评价"的教学，与学生经历的"活动—体验—表现"的过程结合起来，引导学生在范例分析中展示观点，在价值冲突中识别观点，在比较鉴别中确认观点，在探究活动中提炼观点，进而有效地提升理解、认同、确信正确价值标准的能力。这样，有助于学生将所学的知识有效地内化，使他们在多样的语文学习方法中获取持久的学习兴趣与学习动力。

（二）教学质量目标使教学过程更具互动性

教学过程是师生交往，教与学相互作用、共同活动的过程。教学过程不是教和学的简单相加，而是教与学的相互依赖、相互作用、相互渗透的矛盾运动过程，也是师生交往的情感交融过程。

1. 师生互动是教学过程中的本质特性。教学活动是教师与学生的交往活动，交往是教学过程和教学活动的本质特征。当然，师生作为交往双方，其主体地位是平等的，但是角色作用并不相同。师生交往活动要体现学生的主体性与教师的主导性，而且教师要扮演好"平等中的首席"的角色，充分运用自己的知识与经验给予学生以必要、积极的引导。

新课程下的课堂教学倡导的是探究学习、创造性思考，课堂气氛追求的是学生"动"起来。不过，这个"动"不是表面的课堂气氛的"热热闹闹"，也不是单纯的观点陈述、小辩论、小讨论，甚至小品表演等。教师在"动"的过程中，其角色定位由管理者转向了指导者。教师的教学设计一要从学生的主体地位出发，从学生的生活经验出发，创设生动、有趣的情境，引导学生通过观察、操作、实践、归纳、类比、思考、交流、反思等活动，掌握基本知识与技能，学会多角度观察问题、思考问题、发展思维能力，进而形成正确的情感、态度、价值观；二要充分利用好师生互动的有效载体——提问，教师创设充满趣味、与现实生活相联系的富有挑战性的问题情境，启发学生的思考，寻求解决问题的方法。

2. 生生互动是教学过程中的基本形式。教师的一切课堂行为，都是发生在学生与同伴群体关系的环境之中的，学生的活动是教学过程中最主要的活动。学生与学生之间的交流、学习是课堂教学的主要形式之一，也是对以学生为主体的理念的集中体现。生生互动最典型的学习方式是合作学习，其基本流程可归纳为：合作设计—目标呈现—集体讲授—小组合作活动—测验—反馈与补救。学生以成对或是成组的方式共同学习、相互帮助。

在生生互动中，不能忽视教师的作用。教师要以恰当的方式，在恰当的时机介入生生交流；最好在自然的状态下，融入学生的交流，促进学生交流氛围的营造。如果生生互动中缺少了师生互动，势必会降低学习效果。

（三）教学质量目标使教学空间具有开放性

课程实施的开放性，其实质就是开放课堂教学的空间，实现教学质量目标、教学内容、教学方法等的全方位开放。

1. 开放课程目标，创设学生发展空间。高中语文新课程确立了知识与技能、过程与方法、情感态度价值观三维统一的课程教学质量目标，而这样的课程目标的设置本身即具有开放性。具体表现为三个层次：一是基础目标，即课程标准要求达到的"双基"教学质量目标；二是弹性目标，即对学有余力的学生所提出的具有一定难度的目标，比如在必修基础上选修相关课程应达到的目标；三是发展目标，即着眼于学生的综合发展，尤其是情感、态度、价值观等德育目标的落实。这一开放性的课程目标，为学生的发展创设了很大的空间，也为教师的教学搭建了广阔的平台。

2. 开放教学内容，拓展学生学习空间。高中语文课程的教材只是教学内容的一个载体，它并非课堂教学的全部内容。在语文课程目标指引下的语文课程内容，规定了语文教材应该编什么，以及语文教学应该教什么。语文课程内容为教材编写者提供了依据，而以此为依据编写出的教材，也并非语文课堂教学的全部内容。教师要用开放的眼光对教材进行大胆的处理，做到"依靠教材又不盲从教材，超越教材又不脱离教材"。

3. 开放教学方法，张扬学生学习个性。高中语文新课程的教学既要有预设，更要有动态生成。在课堂教学活动中，教师的活动、学生的活动、师生的互动都可能生成新的教育教学内容，教师只有采取灵活多变的教学方法，才能使学生获得较为充分的参与机会，所获得的体验才能更加丰富多彩，学生个性也才得以彰显。教学中，教师通过开放的教学方法，将学生作为一种活生生的动量，使之带着自己的知识、经验、思考、灵感、兴致参与活动，这样既尊重了学生展示个性的选择，也为他们萌发创新意识、培养创新能力提供了良好的契机。

《普通高中语文课程标准（实验）》中也提出构建开放、有序的语文课程的追求："高中语文课程应遵循共同基础与多样性相统一的原则，精选学习内容，变革学习方式，使全体学生都获得必需的语文素养；同时，必须顾及学生在原有基础、自我发展方向和学习需求等方面的差异，激发学生的兴趣和潜能，增强课程的选择性，为每一个学生创设更好的学习条件和更广阔的成长空间，促进学生特长和个性的发展。"[1] 在这样的课程目标的指引下，语文教学质量目标也存在开放性，包括各类评价的开放性，最后归结到教学内容与教学空间也存在开放性。

综上所述，课程目标和教学质量目标是既有联系又有区别的，两者相辅相成，相互促进。只有在课程目标的指引下，才能更好地实现教学质量目标；同时，努力完善教学质量目标，也是对课程目标的实施的有力保障。

第三节　以课程目标为依据制定科学的教学质量目标

课程目标与教学目标、教学质量目标与教学评价目标、课程评价目标与教学评价目标、课程目标与教学质量目标的关系，总括起来可以表述为：教学目标是一种具体的课程目标，教学质量目标与教学评价目标可以认为是同一回事，教学评价目标是细化的课程评价目标，课程目标影响着甚至于决定着教学质量目标。

那么，如何以课程目标为导向来制定教学质量目标呢？在其制定过程中应注意些什么呢？

---

① 中华人民共和国教育部制定. 普通高中语文课程标准（实验）［S］. 北京：人民教育出版社，2004.

一、教学质量目标与课程目标的关系

1. 教学质量目标必须以课程目标的具体化为前提

教学质量目标是对教学活动的最直接的价值判断，它应该是可以操作的，这就要求教学质量目标是具体化的，是层次性的。教学质量目标间接地取决于课程目标，因为课程目标决定着教学目标，教学目标决定着教学内容、教学方法，作为教学结果的目标化的体现的教学质量目标，自然而然地受课程目标的影响。

教学质量目标的具体化的要求，尽可能地希望教学目标具体化，当然也希望课程目标的具体化。可是目前课程目标的具体化工作刚刚起步，而课程标准里的课程目标体系是以原则性为主的，表述往往较为模糊，这就给教学质量目标的具体化带来很多难题。如在《全日制义务教育语文课程标准（实验稿）》和《普通高中语文课程标准（实验稿）》中，没有明确的"课程内容"的章节——在高中其他的《课程标准》中均有"内容标准"专章，唯独《语文课程标准》中本项内容付之阙如。有学者指出："新颁布的《语文课程标准》及其'解读'作为语文教学的指导性文件，基本停留在'课程目标'理念上，而对课程内容即'应该教、学什么'缺乏明确具体的规定。这种只有'目标'指导而缺乏'内容'指导的课程文件，对一线语文教师的指导是不完全的。"① 所以，课程目标的进一步具体化研究与教学质量目标具体化研发应该同步。

2. 课程目标是教学质量目标制定的一种导向

课程目标间接地决定着教学质量目标，但并不是说课程目标完全地决定着教学质量目标。这首先是因为它们不在同一个层面，其次还因为有其他的因素影响着教学质量目标的研制。这种影响的因素是多方面的，如教学目标、教学内容、教学过程等。

直接影响着教学质量目标的是教学质量目标取向。教学质量目标取向中，课程目标取向只是一种，其他还有过程取向、方法取向、能力取向等等。比如目前的高考，从某种程度上说，这是一种能力取向的评价，是一种注重结果的评价，并未全面覆盖课程目标的每一个维度。因而，我们对于教学质量目标的制定也不能仅限于一种评价取向，而应以课程目标中的多元化评价为原则；在教学过程中，将形

---

① 李山林．"语文课程内容"略论［J］．教育理论与实践，2005，25（11）：42～44.

成性评价与总结性评价有机结合，使教学质量评价建立在多元评价基础之上。

二、语文课程目标导向的教学质量目标定位

1. 语文课堂教学是体现语文教学质量目标、落实语文课程标准及推动新课程改革的主阵地

在语文课堂教学中，"怎么教"又是受制于"教什么"的问题，"教什么"又是教学质量目标的问题，教学质量目标不是凭空造出来的，而是以课程目标为导向加以确定的。所以，我们必须明确，应该在课程目标导向下去确立科学的教学质量目标。

语文教学质量目标定位，一方面要体现语文课程改革的精神，要以学生的发展作为主旋律；另一方面，要在具体的教学质量目标中体现语文课程目标的内容。这主要体现在从学生未来发展出发、从教材合理开发利用出发、从教学相长的学教目的出发的目标确立。它体现在合理运用、科学开发，不是每一个课时为了体现新课程改革的三个目标"维度"，硬从教材中"拓展"出没有用的教学内容。另外，就是教学质量目标确立注意要细化、可操作，必须是本课时所达到的目标，而不是套话和空话。

浙江宁波效实中学的沈永廷老师在教学《世间最美的坟墓》时，他就比较明确地进行了教学质量目标定位：（1）理解作者在文中表现出的对列夫·托尔斯泰无比崇敬的思想感情；（2）诵读课文，概括要点，提取精要，体会手法；（3）初步了解列夫·托尔斯泰的思想、生平、成就及对人类的贡献。——我们如果从高中语文课程目标的角度来分析的话，这三点始终从文本出发，有情感渗透、有知识落实、有能力训练，把"正确理解和运用祖国的语言文字"都有机地落实在教学质量目标中。

2. 语文课堂教学的三维目标定位是教学质量目标达成的重要前提

比如刘吉英老师设计的《道士塔》教案①。该教案确立了"认知"、"能力"、"德育"三级教学目标。从学者散文教学的角度看，就发现其课堂语文教学质量目标定位值得探讨。首先，在认知目标上，"了解一些敦煌文化的资料和敦煌文物流失的背景史实"，这不是学习这篇课文非达到不可的，显然不是学习《道士塔》这篇课文的首要任务，至多也只能是学习这篇课文后的"副产品"而已。其

---

① 刘吉英.《道士塔》教案［J］.语文学习，2006，（1）.

次，在能力目标上，"通过把握历史人物形象来理解作者复杂的思想感情"，这里目标定位亦不够准确。因为"复杂的思想感情"不仅体现在作者对历史罪人的态度上，更主要表现在对理性的反思与自我审视上，体现的是一个文化人的社会理性批判与民族情感。最后，在德育目标上，"引导学生以史为鉴、以人为镜，培养学生的爱国主义情感和保护文化遗产的高度责任感，并树立正确的人生观、历史观"，这是语文课标中"情感态度与价值观"这一教学目标浅表化处理的典型案例。

三、语文教学质量目标设计的程序

语文教学质量目标设计的一般程序大体是：

首先要确定教学目标的类型。在教学中要弄清楚教学目标的维度，是认知目标、情感目标还是动作目标。

其次是分析教学目标的水平。主要是分析学生在学习过程中处理学习材料的不同能力表现。分析教学目标的水平可以运用层级分析的方法，它以语文教学目标为起点，用反向推导的方式来分析学习需要。即从已确定的教学目标开始考虑，要求学习者获得教学目标规定的能力。简单地说，为了掌握这一学习目标，学生必须先知道什么，他们必须具有哪些对应一级目标的从属能力。

最后是陈述具体行为目标。陈述教学目标是指用书面语言对课堂教学中学生具体的学习结果加以明确的描述，即对某一教学事件终了时对学生确定的学习行为作出具体说明。这种教学目标的表述方式又叫具体行为目标，它具有可操作、可观察和可测量的特点，能够避免课堂教学行为的盲目性和随意性。

第四章 语文教学质量目标的设定

第一节 教学质量目标的主要内容

为确保教学的顺利开展与教学质量的提升，每个学校都应该制定自己的教学质量方针和目标，以此作为每个教职员工的行动指南和学校评价的依据。如果说教学质量方针是学校总方针的重要组成部分，是学校在教学质量方面的宗旨和方向，是学校全体教职工必须遵守的行为准则和行动纲领，那么教学目标则是对教学质量方针的具体阐述与演绎。而要设定教学质量目标，必须首先明确教学质量的内涵与组成要素。当然，必须指出的是，从不同的维度来考察，教学质量有着迥然不同的内涵。相应地，教学质量目标也应该从不同的侧面来加以设定。

一、教学质量构成要素

如前所述，学校的教学质量包含三个构成要素：结果质量、过程质量和条件质量。那么，教学质量目标也就相应地包括结果质量目标、过程质量目标与条件质量目标这三个方面。

1. 结果质量

在所有的质量要素中，质量要素最受广大教育工作者看重。尽管语文课程标准反复强调要重视学生的学习过程，但实际上多数语文教师的眼睛始终盯在各种结果指标上。从某种意义上说，结果质量成为教师的身份标志，也是教师自我认同、自我实现的重要条件。

　　结果质量是一种基于终端性评价的指标体系，在服务领域，"结果质量又称技术质量（Outcome Quality/Technical Quality），是指服务结果或产出质量，即在服务交易或服务过程结束后顾客的'所得'（即得到的实质内容）"[①]。对于语文教学来说，结果质量显然不是一般性的商业服务，学生所获得的也不是有形的商品，而是精神产品——知识与能力。这种精神产品的质量水平往往是通过考试的形式加以区别，并以可比的数字形式（分数）得到体现的。

　　美国服务营销专家肖斯塔克（G. L. Shostack）曾说："商品和服务可以沿着一个从有形主导到无形主导的系列进行排序。"[②]（见图4-1），认为商品和服务越是有形的，越能对商品和服务的质量进行预判，相对而言对过程质量会比较注重，反之，则会特别看重结果质量。这样看来，学校领导、家长、社会偏重教育的结果质量也就不足为奇了。而外界的评价自然会影响到语文教师的心态与价值取向，因此，语文教师自然也会相应地注重结果质量。但一旦结果质量只局限在分数、升学率，也就不可避免地形成应试教育的倾向。

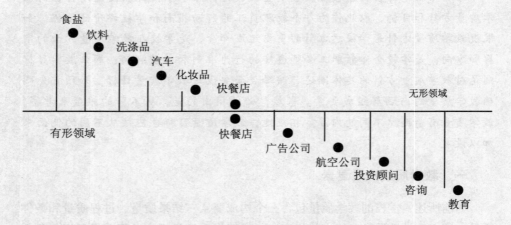

图 4-1　两种领域里的商品与服务

---

① 张圣亮、张正明．结果质量与过程质量探析［J］．世界标准化与质量管理，2007，4：32～35．
② 转引自张圣亮、张正明．结果质量与过程质量探析［J］．世界标准化与质量管理，2007，4：32～35．

2. 过程质量

所谓过程，就是将输入转化为输出的一组彼此相关的资源和活动。在服务领域，"过程质量又称职能质量（Process Quality/Functional Quality），是指顾客是如何接受或得到服务的"。[①] 教学有其特殊性，从学校整个教学工作的角度来看，教学包括教学计划的制订，教学计划的实施——按计划进行各科教学，督促和检查教学，教学结果的处理等环节。从教师和学生的课堂教学来看，包括授课计划的制订，教师备课和学生预习，课堂的教与学，学生做作业与教师指导作业，学生学习成果的汇报和教师对学生成绩的检查和评定。从教师教的角度来看，包括授课计划的制订、备课、上课、留作业、辅导答疑、批改作业、作业讲评等。从学生学的角度来看，包括自订学习计划、预习、听讲、参与课堂活动、复习并提出疑问、做作业、交作业、改作业等。如果给语文教学的过程质量下个定义，那就是：教师在整个教学过程中，以科学文化信息传递、听说读写能力指导、思想情操陶冶为核心的一系列活动质量。

根据教学论的理论，教学，是各种不同要素的结合体，其主要要素有教师、学生、课程、教学方法、教学环境和教学反馈等。这些要素以不同的性质和方式进行结合，其教学质量也就相应地呈现出种种差异。教学实施与评价时，必须综合考虑这些复杂因素。同样，从教学行为主体角度来说，教学质量是由教师的教学（工作）质量（也称"教授质量"）、学生的学习质量和教学管理者的管理质量组成的。

上述各种因素不是平行的，而是有主次之分的，其中教的过程质量和学的过程质量是教学质量系统的主要因素。而我们通常所说的教学过程质量又主要体现为教师的教的质量。

学生学得怎么样，即教学效果，一方面它具有广泛性，即体现在多个方面；另一方面，它又具有模糊性，包括：（1）在内容上的模糊性：由于学科知识的理解和掌握程度的精确性较强，可以用指标数据表示；而技能的形成，智力的发展及思想觉悟的提高，则模糊性较高，很难用数据来衡量或表示。（2）在表现形式上的模糊性：教学效果不同于经济效果，它表现为学生头脑中的隐形效果状态，当这种隐形效果体现为作业、考试、制作等活动过程时，才能转化为有形效果状态。所以当教学效果尚处于隐形状态时，是难以用数据衡量的。（3）在时间上的

[①] 张圣亮、张正明. 结果质量与过程质量探析 ［J］. 世界标准化与质量管理，2007，4：32～35.

模糊性：教学工作周期长，见效慢，是一个循序渐进由量变到质变的潜移默化过程，这种效果的体现相对于教师的教，在时间上是相对"滞后"的。（4）教学效果的作用在范围上具有模糊性，这就要求考察教学效果质量应是从多层面入手，且应注意定量与定性相结合。①

3. 条件质量

条件质量并不是教学质量中的关键要素，属于教学质量系统的外部要件，但却是不可或缺的。所谓教学的条件质量，是指实现教学过程、顺利完成教学任务的外部因子，包括：校园与教室环境、教学设施与设备、办学传统与教学氛围等等。例如语文课程标准中提出的语文教学资源，其实就属于条件质量范畴。条件质量的重要性，只要比较一下城乡教育的差距就可略见一斑。

当然，条件质量虽然属于硬件，但同样的条件在不同的人手里也会产生质量的变化，这就是为什么处在同一个学校，使用同样的教学设施，但教学效果却迥异的原因。但我们绝对不能因为条件质量受制于教师而忽略其自身的重要性。调查表明，总体而言，条件质量越高的学校，其教师的教学过程质量与结果质量也越高。——它们之间呈正相关。

对于语文教师来说，条件质量是可以自己来改变或创造的。美国教育家华特有句名言："语文的外延与生活的外延相等。"这意味着，留意生活皆语文，意味着教师必须把生活之活水引入课堂，确保教学的条件质量处于优化的状态。

总的来说，语文教学质量受多种因素的影响，特别是学生原有知识水平、学习态度、学习方法等因素。当然，中小学生的语文学习活动，尤其是课堂上的活动，主要是在教师的启发下，按照教师的教学要求、教学方案、教学目标有序进行的。所以一定程度而言，学生愿不愿学语文，会不会欣赏，是否擅长写作，语文素养怎样，很大程度是取决于语文教师的"教"。

同样，"语文教学过程质量"也不仅指师生之间合作完成教学任务的过程，还包括教师对大纲、课标理解程度，对教材的合理把握，对教学内容的精选与组织，对教学方法的选择与利用，对教学手段的综合运用，以及与学生进行情感交流渠道的沟通等方面。它不仅受教师的素质、工作态度、情感的影响，还受到教学对象、教学环境、教学条件等各种因素的影响与制约。所以，要客观地评价语

① 王越明. 教师教学质量评价之浅探 [J]. 现代中小学教育, 1995, (1): 55 ~ 59.

文教师的教学质量,不能只评价最后的结果,还要评价整个教学过程,以及教师自身的素质与能力。应当说,评价后者显得更为重要。

需要注意的是,教师的学力水平、学科专业知识、师德教风、工作态度这些因素虽也对教学质量起着制约作用,但它们是隐性的,其影响隐含于其他因素之中,并通过其他因素体现出来,且难以作出客观的量化评价,所以,一般不宜作为独立的评价指标。[①]

二、《语文课程标准》 教学质量目标表述例析

教师教学质量以课堂教学质量为重心,同时兼顾其他方面,如教学态度质量、教学素质质量、课前准备质量和课后辅导质量等等。

(一)课堂教学质量总体目标

以课堂教学质量目标为例,包括教学态度、教学能力、教学方法、教学内容与教学效果等构成因素。

1. 有明确的教学目标,能体现先进的教学理念,以学生发展为本,符合课程标准。

2. 传授知识准确无误,注意开发学生智力,在教学中教给学生思维方法,培养和发展学生的思维能力。

3. 能较好地发挥教师的主导作用和学生的主体作用,能面向全体学生,并注重因材施教。

4. 注重选择多种科学有效的教学方法,激发学生的学习兴趣,调动学生学习的积极性,课堂气氛活跃、轻松、和谐,学生参与率高。

5. 运用多种教学手段,尤其是注重使用信息技术手段,使用恰当,效果显著,有助于突破教学重难点,有助于教学的直观性和形象性。

6. 在传授知识的同时,注意对学生进行思想品德教育,寓教育于教学活动之中,培养学生良好的学习态度和学习习惯。

7. 课堂结构完整,组织严密,层次清楚,能突出重点,突破难点,各环节衔接紧密,时间安排合理,不拖堂。

8. 及时掌握学生的学习情况,注重当堂反馈,精心设计课堂提问和练习,有

---

① 王越明. 教师教学质量评价之浅探 [J]. 现代中小学教育, 1995, (1): 55~59.

一定层次区别，使不同基础的学生都能得到发展。

9. 教学效果良好，绝大多数学生能当堂理解并掌握所学知识，正确率较高。

教学目标是教学活动的出发点和最终归宿，是确定衡量和评价教学质量指标的重要根据，所以制定明确且切实可行的教学目标是做好教学质量评价工作的根本保证。

（二）语文教学活动分类目标

语文教学活动一般分为阅读、写作、口语交际几大类。相应地，在教学过程中，我们应该分别设定阅读教学质量目标、写作教学质量目标、口语交际教学质量目标等。在《义务教育语文课程标准》当中，针对不同学段明确规定了不同的教学目标，这实际上也可以同时看做语文教学的质量目标。下面列出的是第四学段（7~9年级）的相关要求：

识字与写字

1. 能熟练地使用字典、词典独立识字，会用多种检字方法。累计认识常用汉字3500个以上，其中3000个左右会写。

2. 在使用硬笔熟练地书写正楷字的基础上，学写规范、通行的行楷字，提高书写的速度。

阅读

1. 能用普通话正确、流利、有感情地朗读。

2. 养成默读习惯，有一定的速度，阅读一般的现代文每分钟不少于500字。

3. 能较熟练地运用略读和浏览的方法，扩大阅读范围，拓展自己的视野。

4. 在通读课文的基础上，理清思路，理解主要内容，体味和推敲重要词句在语言环境中的意义和作用。

5. 对课文的内容和表达有自己的心得，能提出自己的看法和疑问，并能运用合作的方式，共同探讨疑难问题。

6. 在阅读中了解叙述、描写、说明、议论、抒情等表达方式。

7. 能够区分写实作品与虚构作品，了解诗歌、散文、小说、戏剧等文学样式。

8. 欣赏文学作品，能有自己的情感体验，初步领悟作品的内涵，从中获得对自然、社会、人生的有益启示。对作品的思想感情倾向，能联系文化背景作出自己的评价；对作品中感人的情境和形象，能说出自己的体验；品味作品中富于表现力的语言。

9. 阅读科技作品，注意领会作品中所体现的科学精神和科学思想方法。

10. 阅读简单的议论文，区分观点与材料（道理、事实、数据、图表等），发现观点与材料之间的联系，并通过自己的思考，作出判断。

11. 诵读古代诗词，有意识地在积累、感悟和运用中，提高自己的欣赏品位和审美情趣。

12. 阅读浅易文言文，能借助注释和工具书理解基本内容。背诵优秀诗文80篇。

13. 了解基本的语法知识，用来帮助理解课文中的语言难点；了解常用的修辞方法，体会它们在课文中的表达效果；了解课文涉及的重要作家作品知识和文化常识。

14. 学会制订自己的阅读计划，广泛阅读各种类型的读物，课外阅读总量不少于260万字，每学年阅读两三部名著。

写作

1. 写作要感情真挚，力求表达自己对自然、社会、人生的独特感受和真切体验。

2. 多角度地观察生活，发现生活的丰富多彩，捕捉事物的特征，力求有创意地表达。

3. 根据表达的中心，选择恰当的表达方式。合理安排内容的先后和详略，条理清楚地表达自己的意思。运用联想和想象，丰富表达的内容。

4. 写记叙文，做到内容具体；写简单的说明文，做到明白清楚；写简单的议论文，努力做到有理有据；根据生活需要，写日常应用文。

5. 能从文章中提取主要信息，进行缩写；能根据文章的内在联系和自己的合理想象，进行扩写、续写；能变换文章的文体或表达方式等，进行改写。

6. 有独立完成写作的意识，注重写作过程中搜集素材、构思立意、列纲起草、修改加工等环节。

7. 养成修改自己作文的习惯，修改时能借助语感和语法修辞常识，做到文从字顺。能与他人交流写作心得，互相评改作文，以分享感受，沟通见解。

8. 作文每学年一般不少于14次，其他练笔不少于1万字。45分钟能完成不少于500字的习作。

口语交际

1. 能注意对象和场合，学习文明得体地进行交流。

2. 耐心专注地倾听，能根据对方的话语、表情、手势等，理解对方的观点和意图。

3. 自信、负责地表达自己的观点，做到清楚、连贯、不偏离话题。

4. 注意表情和语气，使说话有感染力和说服力。

5. 在交流过程中，注意根据需要调整自己的表达内容和方式，不断提高应对能力。

6. 讲述见闻，内容具体、语言生动。复述转述，完整准确、突出要点。

7. 能就适当的话题作即兴讲话和有准备的主题演讲，有自己的观点，有一定说服力。

8. 课堂内外讨论问题，能积极发表自己的看法，有中心、有条理、有根据。能听出讨论的焦点，并有针对性地发表意见。

综合性学习

1. 能自主组织文学活动，在办刊、演出、讨论等活动过程中，体验合作与成功的喜悦。

2. 能提出学习和生活中感兴趣的问题，共同讨论，选出研究主题，制订简单的研究计划，从报刊、书籍或其他媒体中获取有关资料，讨论分析问题，独立或合作写出简单的研究报告。

3. 关心学校、本地区和国内外大事，就共同关注的热点问题，搜集资料，调查访问，相互讨论，能用文字、图表、图画、照片等展示学习成果。

4. 掌握查找资料、引用资料的基本方法，分清原始资料与间接资料的主要差别；学会注明所援引资料的出处。①

（三）分阶段教学质量目标

在《普通高中语文课程标准》中没有上述那样明确的规定，不过，在《中学语文教学大纲》中倒有类似的内容，《大纲》的"六、各年级语文基本能力和基础知识教学要求"这部分内容当中，对从初中一年级直至高中三年级，分别作出了"教学要求"的相关规定。这些规定，既可看做各个年级的教学目标，其实也完全可以看做各个年级的教学质量具体目标要求。下面所列出的是高中二年级的目标内容。

高中二年级

阅读能力

1. 逐步提高自学能力，能独立思考，提出自己的见解，讲求阅读效率。

<hr>

① 中华人民共和国教育部制定．义务教育语文课程标准（实验）［S］．北京：北京师范大学出版社，2001.

2. 阅读比较复杂的议论文，能理清层次，把握中心论点，分析论证方法，注意文章逻辑性。

3. 阅读文学作品，能理清情节线索，分析人物形象，把握作品主题思想，领会文学语言的优美生动。

4. 继续熟悉常见文言词的一般用法，了解文言句式的一般特点。能借助工具书阅读浅易的文言课文。

5. 能写读书笔记，养成摘录要点和制作卡片的习惯。

写作能力

1. 作文要讲求构思，条理明晰，语句通畅，有一定的速度。

2. 写一般的议论文，论点明确，论据比较充分，能运用常见的论证方法，有一定的逻辑性和说服力。

3. 继续培养写记叙文的能力，能综合运用各种表达方式，记述具体生动。

4. 练习写一般书评、影视评、剧评和计划、总结等。

说话能力

能就某一个问题进行辩论，观点鲜明，思路清楚，论据比较充分，有一定的说服力。①

第二节　教学质量评价分析

所谓教师教学质量评价，就是利用教育评价的理论和技术对教学过程及其结果是否达到一定质量要求所作出的价值判断。教学质量评价既是理论问题，也是实践问题。下面专就教师教学质量评价问题展开分析。

一、教学质量评价的作用和意义

教师教学质量评价是一项十分重要而严谨的工作，它以教师及其教学活动为主要评价对象，其作用是教师利用评价的结果可以了解学生的实际情况，发现自

---

① 中华人民共和国教育部制定．普通高中语文课程标准（实验）［S］．北京：人民教育出版社，2003．

己教学存在的问题，明确教学工作的方向，反思和改善自己的教学过程，以不断提高教学效果。

对教师教学进行客观公正的评价，是引导教师改进教学方法、提高教学质量的重要手段。因为每位教师都非常关注自己的劳动成果，希望对自己的教学质量作出实事求是的评价，自己劳动成果的价值得到认可。但是，要真正做到对教师教学质量进行准确评价，并不是一件轻而易举的事。这里不仅涉及对教学质量评价意义的认识、评价内容范围的界定、评价标准的确定及不同学科指标的可比性问题，而且还涉及评价者的水平和评价技术、方法的科学性问题。要对教师的教学质量作出综合评价，不仅涉及教师基本状况的因素，还要充分考虑学生群体基础发展的水平。而学生发展水平，又往往是多个教师形成的团队及学校多方面的工作共同作用的结果。所以，这方面的评价指标体系是若干复杂因素群之间交互作用而形成的统一体。

由于教学评价结果涉及教师自身价值及其社会价值能否获得确认的问题，所以教师教学质量评价就成了一个比较敏感的问题。这就决定了其政策性要求很高，决定了其客观性、科学性要求也很高。否则，不仅不能有效调动教师的积极性，充分发挥评价的导向与激励功能，反而会因评价不当而挫伤教师的积极性。因此，我们在评价过程的把握上尽可能做到全面细致，严格操作程序，严肃评价纪律，这样才能确切地反映出评价的真实水平。①

二、课堂教学质量的结构分析

巴班斯基在其《教育学》中指出，教学过程是由教师的教的过程和学生的学的过程两个相互联系的过程构成的，而且教学过程也并非是两者的机械总和，而是一个有机统一的过程。两者也分别有所侧重：其中教的过程主要是教师的活动，学的过程是个别学生或全体学生的活动。在教的过程和学的过程之间还有一个介质，那就是管理过程。所以我们把教学过程总结为教授过程、学习过程和管理过程的三者有机构成。在任何教学过程中都存在教授、管理和学习这样三种活动，所以说，三者有机整合，缺一不可。需要指出的是，在教学过程中，"教"并不限于教师的教，还有学生对教师的积极

① 王立科．教师教学质量评价的问题及对策［J］．厦门教育学院学报，2004，（3）．

影响及学生间的相互促进；"学"也并不限于学生的学还包括教师的学；"管理"也不限于教师对学生的管理，还包括教师的自我管理和学生的自我管理。——不过本章我们主要探讨教师对学生的教、教师对学生的管理和学生在教师指导下的学。

既然教学过程可以看做教授过程、学习过程和管理过程的有机整合和统一的过程，那么，课堂教学质量的结构也可以看做由教授质量、学习质量和管理质量三者相互联系、相互影响、相互制约共同生成。教授质量、学习质量与管理质量同时又是构成教学质量的三项主要指标。

教授质量、学习质量和管理质量这三者都对教学质量的生成有着不同程度的影响和制约，三者中的任何一方都影响课堂教学质量的生成。在这三者之间，教授质量和学习质量在教学质量的生成中起主要作用，教授质量和学习质量决定了教学质量水平的总体状态。在教学质量的生成中教授质量起主导作用，但教学质量主要通过学习质量体现出来。管理质量是教学质量生成的重要条件，为教学质量的生成提供保证。就教授质量、学习质量、管理质量三者的关系来说，三者是相互联系、相互影响、相互制约、缺一不可的，三者中任何一个方面都直接影响和制约教学质量（见图4-2）。

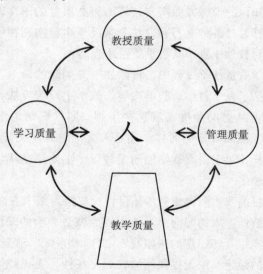

图4-2　教学质量（因素关系）结构图

但这并不意味着教学质量只有这三方面的影响因素。前面我们已经强调影响教学质量的因素是复杂的、多因素的，这里我们再次申明一下：在教学质量中，核心的因素是人的因素，在人的活动中主要包括教授、学习与管理三方面要素。而在这三方面要素下，又分别包含着形式与内容两方面要素，与此相交的还有环境因素、技术因素、结构因素、文化因素等等。其中人是一切因素的总和，离开了人，也就无所谓教学质量。因此，在语文课堂教学质量评价中，必须牢牢把握这几个方面。

三、语文课堂教学质量评价观的转变

语文教学质量评价一直是个老大难的问题，究竟什么样的语文教学是高质量的，什么是低质量的，甚至是没有质量的，可以说是众说纷纭，莫衷一是。这其实涉及一个语文课堂教学质量评价观的问题。从大的方面说，工具论者认为，一旦我们的中学毕业生，写信别字多、语法问题多，读文错音多、破句多，那就是质量不高。而人文论者自有其不同的解释，他们主要从精神底子这个角度来衡量语文教学质量：如果一个学生掌握了很多的字词，能够字正腔圆地朗读，但其精神空虚，人文素养不高，也算不得是好学生。由此来衡量语文教学，如果仅仅在语文知识的传授、知识的训练方面落实，算不得高质量的语文教学；反之，只要我们的语文教师能够通过各种途径和方法，帮助学生打实精神底子，那么，这位语文教师就已经尽到教师职责，其教学质量才会高。

但在具体的教学质量评价过程中，自然还不是如此的简单。多数学校都会制订一些细则，即包括了教学目标、教学内容、教学手段与方法、教学结构、教学语言等综合维度，但从总的角度考察这些细则，同样归结为上述两个方面。当然，无论是工具论者独霸天下的时候，还是人文论者异军突起之时，学校领导、教师同人及社会家长，对于语文教学的质量评价，主要还是从学生的中、高考语文成绩来评判的比较多。

裴娣娜教授将目前我国的课堂教学质量评价概括为四个方面的问题：（1）以工具性追求代替价值性追求的倾向，具体表现为课堂教学的理性主义传统——对人的非理性发展的漠视及知识观的狭隘化；（2）求系统、求全面的形式化倾向，企图寻求尽善尽美的结论，而无视偶然的客观存在性，无视群体中存在的个性差异；（3）追求终极真理，单纯的因果解释框架，将教学看做一个封闭系统，未能体现动态发展和变革的保守倾向；（4）只看短暂效果的技术，以及实用功利主义倾向，评价成为实现某种目的的手段或工具，教学评价失去了自身的发展性价值。①

为此，我们认为，有必要在语文教学中强调语文课堂教学质量观的转变。

（一）追求有价值的语文知识

语文教学需不需要讲知识，讲多少，讲到什么程度，一直以来争论不休。特别是对《语文课程标准》强调的"不宜刻意追求语文知识的系统和完整"，研究者更是聚讼纷纭。其实需不需要知识这是一个无须争论的伪命题，没有知识的教学完全不称其为教学；但是，教学的知识是有所选择有所追求的，不是什么知识都可以拿到课堂上来，必须经过取舍甚至加工优化的过程。那些追求知识系统和完整的人，最大的问题就在于只要是系统中出现的知识，对学生无论有否价值，一律精析细讲，导致学生时间精力的严重浪费。例如著名的语文"知识树"，就在这方面起到了一定的误导作用，从而遭到非议，这也是情理中的事情。——因此，语文课要讲知识，但高质量的语文课堂追求的是有价值的知识。

1. 与文本紧密联系的知识

语文知识教学不能孤立地教，而要紧扣住学生所接触的当下文本来教学。因此，只有那些与文本密切相关，能够促进学生理解、掌握文本的知识才是有价值的知识。例如散文中的形散神聚、移步换景的知识，如果离开学习文本，孤立地讲解，那么，它们就是毫无用处的知识，学生听了也不会留下多少印象，收获肯定寥寥。反之，如果把它们放在《风景谈》、《雨中登泰山》之类的文本阅读过程中相机引入，并与学生的写作联系起来加以教学，那么，这些知识就变得有针对性，也就有价值起来。

2. 具有规律性的知识

有的知识本身是孤立的，不和其他知识发生逻辑或其他方面的关系，虽然这些知识不能说没有价值，但是，它们的价值并不大。也许它们和文本相关，例如一部作品的标题、写作年代、作者、作品人物的姓名等等，如果让学生死记这种知识，除了增加学生的记忆负担，其他方面的积极作用相对有限。

也有的知识则有规律可循，掌握了规律，也就掌握了与这方面知识相关的对象。例如，文言文的宾语前置有两条很重要的规律：疑问句中，代词作宾语，宾

---

① 裴娣娜. 论我国课堂教学质量评价观的重要转换［J］. 教育研究，2008，（1）：17～22、29.

第四章 语文教学质量目标的设定

93

语前置；否定句中，代词作宾语，宾语前置。只要掌握了这两条规律，那么，遇到像"大王来何操"、"三岁贯汝，莫我肯顾"、"我无尔虞，尔无我诈"这样的句子，学生就变得非常容易理解了。

总之，越是具有规律性的知识就越是有价值，规律可以帮助学生举一反三，可以提高学习的成效。正如王力先生所说的："一切都靠自己悟出来，而不接受前人的经验，也是不对的。有些理性的认识是前人学习古代汉语的概括，介绍给学生，也就缩短了他们摸索的过程，缩短了学习的时间。"① 由此，我们也可得出这样一个结论：看一堂课的教学质量如何，很大程度上取决于学生掌握了多少语文知识规律。

3. 关于语文学习方法的知识

方法比知识重要，而关于方法的知识也就成为最有价值的知识之一。我们经常喜欢用这样的比喻："授之以鱼，不如授之以渔"，说的就是这个道理。一堂语文课，教师教会学生很多的知识，可以看出是有效的课堂，但不一定是高效的课堂，其教学质量有可能是比较低的。反之，有的语文教师似乎并没有直接教给学生多少知识，但通过教师的示范，学生却掌握了吟诵的技巧，学会了审美的方法，懂得如何去探究，知道该如何去发现知识……那么，这样的课就可视做高质量的课堂教学。

（二）追求课堂教学的开放性

新课程标准其实已经明确地告诉我们，评价一堂语文课的教学质量如何，除了看语文相关知识的落实情况，特别要注意语文教学过程的开放性程度。语文课堂的开放性不但能够保证学生视野的拓展，提供学生自我发展的平台，帮助学生获得新鲜的体验；更重要的是开放的课堂才能确保学生的主体地位，开放的课堂才能促进学生个性的发展，开放的课堂才谈得上真正的质量监控。

关于课堂开放性的问题其实还有争论的，但争论的焦点是课堂开放度的问题，即课堂开放是否应该有度。但我们认为，只要开放是符合教育的规律和科学性的话，那么应该是越开放越好。语文课堂的开放主要表现在以下三个方面。

1. 自主意识最大化

学生的主体地位首先体现在学生课堂的自主意识，成功的课堂教学能够注重

---

① 王力．谈谈学习古代汉语［M］．济南：山东教育出版社，1984．143.

学生自主意识的培养，并确保学生自主意识最大化。例如教学内容的选择、训练的设计、练习的讲评、教学活动的组织等等，学生都有强烈的参与欲望，并且能够提出诸多合理化建议，如此的课堂才称得上是生动活泼的课堂，是有质量的课堂。

2. 平等意识显著化

课堂内的平等是营造宽松安全的课堂教学环境的首要保证，也是培养学生自主意识的重要途径。我们通常所说的"平等"，主要是指教师对待学生的教学态度，也就是所谓的"蹲下身子"和学生交流。当然，我们这里所说的平等，不仅指教师与学生之间的关系，也包含学生对学生的平等。长期以来，由于教师课堂评价都具有偏向尖子生的倾向，养成了一些学业出色的尖子生的课堂优越感，表现在他们不愿倾听其他普通学生的发言，在小组讨论中以主宰自居，经常打断或抢夺其他同学的表现机会。这在封闭的课堂里是常有的事。因此，开放的课堂将打破尖子生独霸课堂的局面，全面培养学生的平等意识，使不同知识水平与能力水平的学生能够相互合作，共同提高。

3. 注重发展意识

开放的课堂最具发展意识，这种发展意识不但包含着教师指导下的学生的发展，更重要的是教师自我发展意识的形成。我们经常看到的是教师是为了学生而开放，开放是为着发展学生的个性与能力。基于新课程理念的课堂开放，一方面一定同时还为着教师自身的发展而敞开，开放的课堂自然具备发展教师的功能。换言之，教师的课堂教学质量如何，看学生的发展水平自然是关键；另一方面，还要看教师的发展状态。我们看到，有的教师课堂教学水平不错，但由于是在一种封闭与孤立的状态下进行教学，很少与外界沟通，也没有与同事的合作，结果他的课堂教学几十年如一日，很少有变化，这样的课堂教学从总体上来说质量也不能算高。——至少，就其本人的发展来说，肯定尚有未获得开发的潜在空间。这也从一个侧面说明，课堂教学质量的评价应当是一个过程、一个系统，而不能局限在一个或几个静态的点上。

（三）追求课堂教学评价的差异性

语文课堂教学评价是语文课堂教学质量目标实现的重要一环，低质量的课堂教学往往表现为课堂评价的低效、无效，甚至是负效。而造成这种结果的重要原因往往在于课堂评价的"一刀切"，表现在评价要求的单一、评价内容的刻板、评价方式的机械等等。因此，课堂教学质量观的转变还表现在对课堂教学评价的差异性的判断方面。一般而言，越是体现差异性的课堂评价，越是富有针对性和特色化，也就越能达到教学目标。具体而言，体现在以下三个方面。

1. 评价标准的差异性

传统语文教学质量观，追求高分数和高升学率，因此，对于学生的课堂学习状态的评价，往往是以学生对教师授课内容的识记容量及回答教师问题的正确率为主要指标，这对一些记忆力强、分析性思维强的学生特别有利。相反，一些有独立思考能力、善于创新、不愿人云亦云的学生，则容易被教师视为差生。实际上，确实有些学生在智力方面存在一些问题，或学习习惯与方法不当，在课堂上表现不尽如人意。但这并不妨碍今后他们成为一名出色的社会成员，不妨碍他们服务他人，优质生活。然而，在传统的教学质量观下，对这些学生的课堂评价无疑是最低的，教师不断通过同一的要求或标准在压抑着学生的创造性和发展力。因此，有质量的课堂教学必定是根据不同的学生来设定课堂评价标准的，促使学生能够在分析力、实践力及创造力方面各有发展的基础上，做到全面发展。

2. 评价内容的差异性

如果说评价标准的差异性主要是从对学生学习的程度要求而言，那么，评价内容的差异性则主要从学生学习的对象与知识的广度、深度而言的。教师在课堂评价中，对有的学生只需要从他对问题的基本认识出发给予评价，有的则可从他对问题认识的深广度来评判，有的侧重从知识性角度来评定，有的则侧重从能力性角度来衡量。总之，针对不同的学生，就应当有不同的评价内容，这才能显示语文教学的生动性和丰富性。

3. 评价方式的差异性

评价的方式主要是从技术手段的角度来考察的，它虽然不是评价的关键，但在评价中起着不可替代的作用。有时候教师对同一批学生、从同样的角度和标准来评价，其效果却大相径庭，往往就是评价的方式适切与否造成的。所谓同样一句话，可以说得使人笑，也可以说得使人跳，说的就是这个理。

所以，在评价方式上也要因人而异，幽默评价法固然好，但对一些"直肠子"、缺乏幽默细胞的学生来说不一定适用；直捣黄龙、暴风骤雨式的评价自然有冲击力，但对一些性格内向、好要面子的学生来说可能是一场灾难。

总之，评判语文课的教学质量如何，除了看其目标的设定与达成、课堂的知识容量与能力层级等指标外，还要观察教师课堂评价方面是否顾及到了差异性。

第三节　教学质量目标设定的原则

　　设定教学质量目标，对于语文教学活动的顺利开展与实施，对于确保语文教学的成效，都有着至关重要的影响，甚至可以说关系到语文教学的成败。在设定教学质量目标的过程中，必须遵循一定的原则，这些原则，是各种课程教学质量目标制定的共通性原则，在具体落实时，也要体现高中语文课程的特殊个性。

一、科学性原则

　　每一个教学组织实施者与教学管理者都必须明确，课程目标是总目标，教学目标是一种具体的课程目标，课程目标、教学目标共同影响着甚至于决定着教学质量目标。

　　1. 教学质量目标必须以课程目标的具体化为前提

　　教学质量目标是对教学活动的最直接的价值判断，它是具体可以操作的，这就要求教学质量目标是具体化的，且具有层次性。然而教学质量目标间接地受课程目标决定，教学目标又决定着教学内容、教学方法，作为教学结果的目标化体现的教学质量目标，同样也受教学目标的影响。教学质量目标的具体化的要求相应地要求教学目标的具体化，当然也包括课程目标的具体化。然而目前，课程标准里的课程目标体系多以原则性和模糊性要求为主，这就给教学质量目标的具体化带来很多难题。所以，课程目标的进一步具体化研究与教学质量目标具体化研发应该同步。

　　2. 课程目标是教学质量目标制定的一种取向

　　之所以说课程目标是教学质量目标制定的一种取向，首先是因为两者并不在同一个层面，其次还因为有其他的因素影响着教学质量目标的研制。此外还有成绩取向、过程取向、方法取向、能力取向等等，比如目前的高考，从某种程度上说，就是一种成绩取向的评价，是一种注重结果的评价。

　　就高中语文教学而言，必须以《普通高中语文课程标准》中的高中语文教学质量目标作为教学活动的准绳，严格依循《课程标准》中的课程目标与评价目标来进行操作。比如，关于必修课程的"阅读与鉴赏"的课程目标，《普通高中语文课程标准》是这样规定的：

1. 在阅读与鉴赏活动中，不断充实精神生活，完善自我人格，提升人生境界，逐步加深对个人与国家、个人与社会、个人与自然关系的思考和认识。

2. 发展独立阅读的能力。从整体上把握文本内容，善于发现问题、提出问题，对文本能作出自己的分析判断，努力从不同的角度和层面进行阐发、评价和质疑。根据语境揣摩语句含义，体会精彩语句的表现力。

3. 注重个性化的阅读，充分调动自己的生活经验和知识积累，在主动积极的思维和情感活动中，获得独特的感受和体验。学习探究性阅读和创造性阅读，发展想象能力、思辨能力和批判能力。

4. 根据不同的阅读目的，针对不同的阅读材料，灵活运用精读、略读、浏览、速读等阅读方法，提高阅读效率。

5. 学习鉴赏中外文学作品，具有积极的鉴赏态度，注重审美体验，陶冶性情，涵养心灵。能感受形象，品味语言，领悟作品的丰富内涵，体会其艺术表现力，有自己的情感体验和思考。

6. 学习中国古代优秀作品，体会其中蕴涵的中华民族精神，为形成一定的传统文化底蕴奠定基础。学习从历史发展的角度理解古代文学的内容价值，从中汲取民族智慧；用现代观念审视作品，评价其积极意义与历史局限。

7. 阅读浅易文言文，能借助注释和工具书，理解词句含义，读懂文章内容。了解并梳理常见的文言实词、文言虚词、文言句式的意义或用法，注重在阅读实践中举一反三。

8. 具有广泛的阅读兴趣，努力扩大阅读视野。学会正确、自主地选择阅读材料，读好书，读整本书，丰富自己的精神世界，提高文化品位。[①]

关于必修课程的评价，《普通高中语文课程标准》又有这样的规定：

阅读与鉴赏的评价

1. 理论类文本阅读的评价，着重考察学生的抽象思维能力，如能否概括和提炼文本的思想观点、发现观点与材料之间的逻辑联系，并作出初步的评价。对言之有据的独特见解，应予以鼓励。

2. 实用类文本阅读的评价，着重考察学生对文本内容的准确解读，以及对文

---

① 中华人民共和国教育部制定. 普通高中语文课程标准（实验）[S]. 北京：人民教育出版社，2003.

本信息的筛选和处理能力。实用文体的语言风格、格式等特征，学生只需作基本的了解。

3. 文学类文本阅读的评价，是阅读与鉴赏评价的重点。要重视评价学生对作品的整体把握，特别是对艺术形象的感悟和文本价值的独到理解，鼓励学生的个性化阅读和创造性的解读。要重视评价学生对不同文体作品的阅读鉴赏能力，以及借助有关资料评介作品的能力。

4. 文言文阅读的评价，重点考察阅读不太艰深的文言文的能力，还要注意考察学生能否了解文化背景，感受中国文化精神，用历史眼光和现代观念审视作品的内容和思想倾向。[①]

在设定质量目标时，必须以上述要求为确定质量目标的依据，同时，注意将相关的精神与要求落实到质量目标当中去。

二、定量和定性相统一原则

定量的结果便于数据处理，有利于提高评价的准确性，也便于区分出等级。但是，教学活动具有很多的主观因素，有些内容无法进行数据性的量化，而这些内容对教学过程来说又有极大的影响，仅靠定量是无法作出判断的。但如果加进定性评价的内容，就可以增加评价的效度。评价结论不管是定量的还是定性的，如果和实际相符合，则评价结论就可以为人们所接受，教育评价的功能也自然会发挥出来。如果评价结论仅凭主观经验或表面现象得出，难免会缺失公正。

比如以学生平均成绩的高低来评价平行班教师教学质量时，哪怕是出现仅仅0.5 分的差距，就下结论说"平均成绩高的就比平均成绩低的班级教师的教学质量高"，这显然是不科学的。我们都很清楚，造成上述差异的因素很多，有考试偶然的因素，也有学生水平的因素。在排除了偶然因素和人为因素影响的可能性后，才能结合两班成绩的差异事实，对于教师的教学质量与教学水平的差异作出评判。

同样，利用评价指标体系评价教师的教学质量也是如此。在依据教师教学评价得分高低来比较教学效果差异时，一定要经过统计检验；只有当差异达到一定的显著性水平时，才能作出教学效果有差异的结论。

---

① 中华人民共和国教育部制定. 普通高中语文课程标准（实验）［S］. 北京：人民教育出版社，2003.

教学质量有质和量两方面的含义，相应地，教学质量评价也有定性评价和定量评价两方面的含义。定性评价主要以系统的教学目标体系为其评价依据，而定量评价则以反映教学目标达到程度的具体指标体系为其依据。

我们必须明确，教学目标体系与评价指标体系是互相联系的，但又不完全相同。教学质量评价的具体指标体系是从质和量两方面判断教学目标实现程度的，而不仅仅是教学追求的目标，这是二者的根本区别。例如，考试分数作为一种可操作、可测量、数量化的尺度，我们通常会把其作为一个指标，据以衡量学生掌握知识的程度及判断学生能力发展的水平。但它也仅只是我们用来了解教学目标实现程度的一种手段，是用来判断教学目标实现程度的一个评价指标，而绝不就是教学目标本身。

三、效果和效率

评价教师的教学质量，一是要看效果，即教师在教学中主导作用发挥得如何。看教师是否充分调动了学生学习的积极性，学生掌握的知识是否牢固，能力的提高是否明显等。二是要看效率，即教学中的投入与产出的比值。教师教学质量的提高，学生学科知识能力的增长，不应以加重学生负担、牺牲其他学科时间为代价，应该在教学大纲、教学计划规定的时间内保证其教学的质与量，高效率也不是靠时间里泡、功夫里磨、题海里战从而"拼""压"出来的质量。以牺牲学生身心健康和其他课程学习为代价所获得的所谓教学"质量"无论如何也不能算是高效率的。相比之下，如果教师通过采取灵活有效的教学方法，在有限的时间内，使学生生动、活泼、主动、高效地掌握教学内容，身心也得到健康发展，这无疑是当今素质教育所倡导的做法。因此，我们认为，评价教师的教学质量，不仅要看其效果，更要看完成一定任务师生所耗费的劳动时间或者说"成本"。

四、过程和结果相统一原则

对评价对象进行整体的、全方位的、动态的评价，而不是只看重对结果的评价，这是现代教育评价的一个基本原则。所以，教学质量评价的对象绝对不是单一的结果，而应该是教学过程及其结果，即教和学相统一的全部活动过程及所产生的各方面的结果。结果来自于过程，从过程入手实施评价，可以更有效地促进理想结果的产生。那种把教学与评价视为两回事的观点也是不正确的，同样，那种认为只评价学生学习质量，或只评价教师课堂授课质量即可完成教学质量评价的观点也是片面的，在实践过程中都是有害的。

具体而言，教学质量评价具有多重功能，我们应该视"促进教学质量的不断提高"为其首要功能；评价的重心应更多地置于过程的形成上。当然，针对不同的实际需求，评价的功能与作用可以有所偏重，不必拘泥。教学质量评价的内容、标准和指标，在相当程度上左右着教师和学生努力的方向，教与学的方式方法，对教学工作产生明显的导向与制约作用。

总之，教学质量评价在教学过程中发挥着重要作用，已成为系统教学活动的重要环节和有机组成部分。但其自身的质量和水平也必须不断提高；没有充分发挥积极作用的教学质量评价不但无益于教学质量的提高，还会造成有害的影响，这一点应该引起我们足够的关注。[①]

第四节　教学质量目标设定的途径

教学质量目标的设定，除了以教学大纲、课程标准作为依据，重视对教科书和教学参考资料的钻研之外，还应充分重视学习者的学习需要。对学习者的学习需要进行评估，是要寻找教学起始点与教学终结点之间的差距大小；对学习者的学习需要进行分析，则是对已确定的多种需要加以筛选甄别，列出一种或几种需要作为优先考虑满足的需要。当学习处于一个连续环节，从需要出发确立目标意味着对学习者进入某一教学活动时的起点行为进行细致分析，学生的起点行为实际上就体现为对新任务掌握起重要影响的先决知能、情感条件。

相比较而言，起点行为与教学目标之间的彼此依存关系是最为重要的，起点行为始终是评估的基本依据之一。如果我们仅仅"以本（教科书）为本"、"以纲（教学大纲、课程标准）为纲"来设计组织教学活动，忽略从学习者的需要特别是起点行为出发来确定教学目标，那就势必会造成教学效果大打折扣。

根据学习者的需要确定目标之后，还要考虑将教学质量目标加以"具体化"，

---

① 陈中永. 教学质量评价的基本理论问题［J］. 内蒙古师大学报（哲学社会科学版），1997，
（2）.

即把教学目的、意图、范围、领域转化为具体的行为目标（或业绩目标）。也就是说，按照期望学习者身上出现的可观察、可操作、可测量结果的方式，对教学目标作出具体说明。这种说明常常包含了行为（做什么？）、条件（在什么具体情况下？）和标准（达到什么样的要求？）三种成分的句子陈述。从系统教学设计的观点看，只有在具体学习目标得到事先确认之后，才能凭借教学条件引发与强化预期的教学行为，也只有这样，才能够保证教师在教学中严格贯彻教学意图，随时对教学活动进行调控。

设定教学质量目标时，还要求教师对教学任务进行周密分析。在着手任务分析时，要求把教学活动结束时学生应达到的预期结果（即终点目标）分解为若干个过渡目标或从属技能。换句话说，教学任务分析，就是要明确新的学习本身以什么样的逻辑顺序体现层级关系或组成关系，并以哪些原有的知识技能作为先决条件。显然，教学任务的分析是以教学目标为依据，"由上而下"地逐级排序进行的。由此对学习过程进行"层级分析"、"程序分析"或"归类分析"，从而确定"可能的教学起点"。此后实际的教学过程，就只需要遵循任务分析所确定的"路径"，"由下而上"地逐级达标。两者之间的互逆关系表明，教学任务分析通过理清目标序列和层级，为教学过程的设计与实施提供了依据。如果说教学目标是确定"教什么"，那么，任务分析则是把握"先教什么，后教什么"，并指明相应的"怎样去教"。由此可见，任务分析是教学过程的"路线图"，绘好这张"图"，有赖于教师做好以下几项工作。

1. 首先确定具体清晰的终点目标。

2. 为了达成终点目标，学生必须先掌握哪一个过渡目标？

3. 为了掌握这一个过渡目标，必须先知道什么或先会做什么？逐级推演，一直到找出全部过渡目标和先决条件为止。

4. 按照"终点目标—过渡目标—先决条件"的层级进行排序。

5. 考虑用什么样的方法途径才能最有效地达成每一项学习任务。

6. 根据学生的起点行为确定"可能的教学起始点"。

从以上操作中可以看到，教学任务分析比以往单纯确定教学重点和难点的做法更为周到、详尽和科学。①

---

① 盛群力、刘善存、俞鸣人、傅金潮. 简论系统教学设计的十大特色 [J]. 课程·教材·教法，1998，(5)：17~20.

下面重点谈一下课堂教学质量目标的设定。

1. 教学目标

所谓教学目标，是指一节课"教"与"学"活动的直接目的，就是教师在完成一节课的课堂教学之后，学生在认识、情感、操作技能方面所发生的行为变化的期望。对于教学目标，不仅要在教案中确定，更重要的是应该在教学中体现出来。

具体来说，教学目标明确恰当是指教师必须对授课的教学内容有正确的、清晰、确定的认识，对各个与教学内容相联系的学生的行为变化的状况能够准确、严谨地叙述，并采取相应的教学手段予以实现。教师制定的教学目标应紧扣课程标准（教学大纲），体现教材目的要求，既切合学生的生理、心理特点，又切合学生的实际。相应的语言表述为：通过……知识的学习，使学生了解到（学会了）……等。

2. 教材处理

教材处理，是教师对教材的书面文字进行加工、转化，使之成为课堂教学内容的创造性行为，要求教师挖掘教材的知识、能力、思想、方法、观点等多种因素，合理地组织和安排教学内容，设计教学程序和布局，将知识的系统结构与学生的认知能力结构协调结合，为驾驭课堂教学的全过程奠定基础。具体要求如下。

（1）传授新知识的基础扎实、可靠。优化教学环境、创设学习情景，为讲授新内容提供足够的认识、情感、操作前提，并及时弥补学生的知识缺陷。

（2）讲授内容科学、严谨、无错、无漏，思想教育寓于教学之中。能够准确地表达概念、过程、命题等知识；推理过程以及解决问题步骤合理规范、逻辑性强；讲授内容系统完整、无缺陷、无遗漏；能够体现教学内容的思想性和教育性。

（3）突出重点、突破难点。通过分析教材，准确确定教学难点，围绕重点知识组织教学；通过了解学生，准确确定教学难点，能够分散难点，积极调动各相关因素为解决难点进行铺垫，实现难点突破。

（4）传授知识与培养能力相结合。

（5）展现学科思维过程，重视学科思想方法训练。

3. 教学方法

教学方法是为了实现教学目标，教师和学生在教学过程中所采用的方式组成的方法体系。既包括教的方法，又包括学的方法。教学方法的运用，有如下的要求。

（1）因课制宜，选用教学方法。首先，选用的教学方法要适合学生的生理心理特点和实际水平，适合教材的主次难易程度和教学内容的特点；其次，要为教学目标服务，服从教学原则。

（2）重视调动学生学习的积极性和主动性，正确处理"教"与"学"的关系：包括调动学生的学习兴趣，培养学生追求新知识、获取新知识的精神；启发引导学生学会思考、学会学习、学会生存；教师不得包办代替。

（3）面向全体学生，注意课堂信息反馈和矫正。引导大多数学生达到教学目标；关心学习有困难的学生，帮助其克服困难，树立信心；随时了解学生对知识的学习情况，及时纠正学生错误；因材施教，分类指导。

4. 教师基本功

（1）积极主动，热情亲切，能够灵活驾驭课堂。责任心强，有敬业精神；精神饱满，精力充沛；教态自然、举止大方；仪表端正、和蔼可亲；治学严谨，既循循善诱，又一丝不苟；知识扎实、经验丰富，应变能力强；具有敏锐、准确的观察力，能够根据各种反馈信息（眼神、表情、动作等）判断学生对所学知识的理解和掌握情况，及时调控，获得最佳教学效果；运用教学机智，处理偶然突发事件。

（2）语言清晰、流畅、简练、准确。表达能力强，能够准确、熟练地运用普通话，避免方言、土语等不规范表达；语速、音量适中；语调抑扬顿挫，有节奏感和感染力。

（3）板书工整、设计合理。书写、作图规范，字迹清楚，示范性强；内容详略得当，条理清晰；版面安排合理。

5. 教学效果

（1）课堂气氛活跃和谐，学生注意力集中。师生情感交融，配合默契；学生认真听讲，思维始终处于积极状态；学生积极回答问题，进行各种操作；课堂纪律良好，活跃而有序。

（2）目标达成度高。学生口答和笔练的正确率高；学习有困难的学生对当堂问题能够初步解决，大多数学生当堂达标。

第五章　语文教学质量标准的基本特点

　　要进行语文教学质量的评价，首先涉及的问题是用什么样的标准来评价，也就是说，要评价，首先要确立评价标准。没有相对恒定的标准，或者标准不清楚，评价的科学性就难以得到保证，导致评价无法正常进行，或者评价结论不可靠。这样的评价就是虚假评价、无效评价甚或是错误评价。虚假评价、无效评价对语文教学是没有实际促进意义的，错误评价则会对语文教学造成更大的损害。

　　长期以来，人们对评价标准的研究一直没有中断过，特别是语文独立设科以来，就语文教学质量的评价，走过了一条曲折的发展之路。从由科举考试发展而来的作文评价法，到基础知识与作文组合评价法，到语言知识与运用、阅读与鉴赏、表达与写作的综合评价法，众多的专家与一线教师进行了艰苦的探索。然而，现在我们面临的困惑仍然很多，许多人对现行高考评价模式有尖锐的批评，现实教学中我们也常常感到这种评价与学生的实际语文素养往往有较大不一致；甚至在这种评价"指挥棒"下，语文教师痛感语文教学中有许多"不得不为"和"想为而不能为"的事，语文教学在高中段教学处境尤为尴尬。

　　于是，我们不得不进一步思考语文教学质量评价的标准问题：究竟什么样的评价才是科学的真评价，是有助于语文教学实践的有效评价呢？为了使我们对评价标准的认识更加科学，使评价标准的制定更加合理，我们有必要先对评价标准的特点进行一些理性的探讨。

　　考察任何事物，若要发现其特点，就必须先找到一定的视角，从适当的角度切入，进行比较分析，才能获得对其特点的把握。就语文教学质量评价标准而言，我们认为，从评价的依据来讲，语文教学质量评价标准具有一维性和多维性；从评价的时效来讲，语文教学质量评价标准具有前瞻性和滞后性；从评价的内容来讲，语文教学质量评价具有层次性和针对性；从评价的功用来讲，语文教学质量评价具有实践性和指导性。

第一节　标准的一维性与多维性

　　凡实施评价，总要先确定一个标准，而确定标准之前，必然要先明白所评价的工作的目标。目标是制定评价标准的基础。而目标往往具有总目标与具体目标之分：总目标是大方向，具体目标则是朝向大目标的各个分支，它们很难有绝对的一致性的方向。从这个角度讲，语文教学质量评价标准具有指向总目标的一维性和指向各个分目标的多维性。

一、评价标准的一维性

　　对任何工作实施评价，都要从这项工作的目标指向来考虑，看其目标的达成度如何，更何况是目标性极强的教育工作。语文教学工作的目标指向是语文教学质量评价标准的前提依据。我们的标准不论如何制定，都离不开这个工作目标的制约，离开了这个目标，我们的评价就是没有基本立足点的。没有基本立足点的评价，不仅会造成评价的随意性，而且有可能对正常的教学实践造成干扰甚至破坏。从这个意义上讲，语文教学质量评价标准必须指向语文教学活动的整体目标，即具有整体目标指向的一维性。

　　《普通高中语文课程标准（实验）》中规定："高中语文课程应进一步提高学生的语文素养，使学生具有较强的语文应用能力和一定的审美能力、探究能力，形成良好的思想道德素质和科学文化素质，为终身学习和个性发展奠定基础。"[①]这是目前对高中语文教学目标的最集中、最权威的阐释，语文教学质量评价就是评价经过教学实践活动达成这个目标的程度，评价标准的这个指向是明确的、唯一的。评价标准的制定必须依此为据，或者说必须体现这个目标要求。

　　从这个角度来考察语文教学质量评价标准，有三个方面值得关注。

---

① 中华人民共和国教育部制定. 普通高中语文课程标准（实验）［S］. 北京：人民教育出版社，2003.

高中语文教学质量目标设定与标准监控研究

106

（一）语文教学质量评价标准是指向语文教学总目标的

语文教学的总目标是语文教学质量评价标准的根本依据。语文教学的总目标，根据倪文锦的说法，就是"让学生系统地学习汉语，提高学生正确理解和运用汉语的能力，以加深对祖国语言的科学认识。这是其他学科所没有的"。① 按照课程标准的说法，就是提高学生的语文素养。

学生的语文素养是制定语文教学质量评价标准必须面对的一个关键问题。根据巢宗祺的解释，"'语文素养'，指学生平时在语文方面的修养，包括对祖国语文的思想感情、语言的积累、语感、思维，也包括一些语文能力，如识字写字能力、阅读能力、口语交际能力和习作能力，另外还有品德修养、审美情趣等。这些都涵盖在语文修养的范围内"。② 他特别强调语言积累和语感问题，认为"过去的语文教学之所以搞得不好，效率不高，就是忽视了语言的积累"。③ 而"语感包括人对语言的结构模式和运用模式的掌握。光有结构模式还不行，还必须掌握运用模式。我们自己说汉语说惯了也许不觉得有什么，其实汉语包含了许多规律在里面。除了结构以外，还有一些背景（上下文背景、文化背景等）"，"语感既有结构模式的掌握，也有运用背景"。"语感还是一个语言反应机制。有的人语感好，想到什么马上就能流畅地表达出来，没有任何障碍，语言与语言的组合非常通畅，往往不假思索就说了出来；有的人虽然记忆了很多东西，但一般说来不能很快地反应出来，表达跟不上思维。这就是语言反应机制的差别。语感就应包括这两个方面"。④ 巢宗祺解释说："语文教学的目标不仅仅是掌握知识和提高能力，它还有一个更重要的方面，那就是建设文化心理、形成与时代发展相适应的价值观和审美观。新课程理念下的语文教学要求做到知识和能力、过程和方法、情感态度和价值观三个维度的融合。"⑤ 李海林则从学理层次给予了进一步的阐释："所谓语文素养，就是指人的语文活动所必须具备的一种境界和修养。它是一个复合概念，又是一个表示发展程度的概念。它概括了人的语文活动的各种要素，

---

① 倪文锦. 我看工具性与人文性 [J]. 语文建设，2007，(7~8)：4.

② 巢宗祺. 谈谈"语文素养". 潘庆玉主编. 语文新课程理念与实施 [M]. 济南：山东教育出版社，2004. 21.

③ 同上。

④ 同上。

⑤ 桑哲. 重视语文教育　促进教学改革——访华东师范大学中文系巢宗祺教授 [J]. 现代语文，2007，(20)：5.

又揭示了人的语文活动所达到的一定境界。"① 经过语文教学活动，我们确定了哪些教学内容，采取了哪些教学方法，使学生达到了语文素养的怎样一种境界，也就是通过教学活动，使学生发生了哪些改变，实现了哪些提升……在这些方面的达成度，是语文教学评价标准必须考虑的因素。

（二）语文教学评价标准体现对语文教学目标的具体内涵的观照

"语文素养"是一个总概念，对语文教学质量评价标准只是一个方向性限定，而具体评价，难有"操作性"，因此，有必要观照语文素养所包含的具体内容。李海林认为，"'语文素养'是一个层级结构，它所涉及的各种要素并不是处在一个层级上。"② 他把语文素养归结为四个层级。第一层级是属于操作层面的语文活动技能，包括语文动作技能与语文认知技能两个方面。语文动作技能指表现于外在的语文活动操作技术，如写字、发音等；语文认知技能指表现于内在的语文活动的操作技术，如对文字、词语和句子的感知，对词义的记忆和组合等。第二层级是属于主体层面的语文认知心理，包括语文知识和语文能力两个方面。语文知识包括陈述性知识、程序性知识和策略性知识；语文能力包括语感与语文思维。第三层级是属于动力层面的语文个性心理，包括语文意识、语文需要、语文意志。语文意识是指对语文的自觉关注和有意注意，语文需要是指人的活动和发展对语文的依赖性，语文意志是指在语文意识和语文需要的作用下对语文活动的向往和主观努力。第四层级是属于基本保障层面的语文文化，包括语文审美趣味、文化知识视野、生活经验和思想道德水平等。③ 倪文锦根据心理学家加涅的观点把语文素养看做语文学习的结果，包括言语信息、智慧技能、认知策略、动作技能、情感和态度五类。他认为："语文素养的内涵基本搞清楚了，高考要检测什么、如何检测才能落实和体现在命题过程中。由此可见，诸如此类的问题如果不加以认真研究，高考依据课程标准命题可能仍会潜藏着许多不确定因素。"④

作为教学质量评价的形式之一的高考是这样，其实，语文教学质量评价的其他任何形式也是这样，不可能不依据语文素养的具体内涵来实施。语文教学质量评价就是通过教学活动，看学生在语文素养的这些具体项目上达到了怎样的水准，语文素养的具体内涵是语文教学评价标准的细化依据。

---

① 转引自潘新和．新课程语文教学论［M］．北京：人民教育出版社，2005.47.

② 同上。

③ 同上。

④ 转引自曹明海主编．语文新课程教学论［M］．济南：山东人民出版社，2007.69.

（三）语文教学评价标准是科学发展对人的发展导向的反映

语文素养是学生学好其他课程的基础，也是学生全面发展和终身发展的基础，是现代人最基本的素养之一。这是现代科学发展的较为一致的认识。这一总体教学目标的确立，实际上反映了现代科学发展对人的发展的一种导向认识，它既反映了人的发展对语文的功用性需要，也反映了其对语文的修养性的倚重。未来社会更加注重的是人的综合素养。

现实生活证明，在社会文明进一步发展的今天，社会对人的素养要求越来越高：不仅要求人能够从事一般生产活动，以满足基本物质生存需求，还需要人能够参与社会化大生产，具有与人交际的言语能力，沟通成了现代社会重要的生存需求。同时，社会越来越需要善于生活的高层次的人，也就是不仅具有较高物质生活质量的人，而且也是具有丰富业余生活、高雅文化生活和高质量精神生活的人。在生活节奏加快、生存竞争激烈、多种价值并存的社会现实面前，人需要通过阅读扩大视野、开阔心胸、放松心情、借鉴智慧，通过写作倾诉内心、发泄郁闷、排遣烦恼、寄寓心愿、抒发情怀。

在学习成为人的终生需求的社会里，人们也需要运用语文这个工具提高学习效率，需要运用语文获得和提高工作能力，增加人的文化素养。语文素养更加成为人的发展的标志，成为人类发展的标志。用"语文素养"这个概念，从语文与人的发展的关系的视角来提升语文教学目标，从人的整个生命活动层次来定位语文教学，反映了一个社会发展的导向，它也必然会对语文教学质量评价标准产生一种定向作用。

总之，语文教学目标具有整体性，而语文教学质量评价标准必须与这种整体性相适应，它必须指向现代社会对现代人的语文素养的要求，这个总导向具有不可偏离性，这就决定了语文评价标准所具有的一维性。

二、评价标准的多维性

如果说评价标准的一维性是就语文教学终极目标的整体性而言的，那么多维性就是针对语文教学终极目标的分支和语文实践活动的多样性来说的。

（一）语文素养内涵的多维性决定了语文教学评价标准的多维性

《普通高中语文课程标准（实验）》对高中段语文教学提出了五个方面的目标，即学生具有较强的语文应用能力、一定的审美能力、探究能力，形成良好的思想道德素质和科学文化素质。这五个方面尽管都被统一在"语文素养"的旗帜下，是从

"语文"的角度提出的整体要求，但它们毕竟是指向五个范畴的素养要求。

语文应用能力和探究能力是属于应用技术科学范畴的，在这个范畴内的能力，对知识的积累、经验的积累以及心智等方面都有相当明确的要求。语文应用能力与探究能力又有实际的区别：应用能力更多地关注技术方面，探究能力则更多地指方法论因素。探究能力又不是语文所专有，应该说，通过语文教学所获得的探究能力是以探究语文学科问题为主的能力，或者说是探究能力在语文学科领域里的实际应用，也即通过语文探究活动而使学生形成的探究能力。审美能力属于哲学的范畴，但是，语文教学自古以来就因其与语言文化、文学美学等有着天然的密切联系而与审美教育无法割离。"我国古代语文教育素有陶冶性教学的传统，即把语文教学的过程视为对人进行品质陶冶的过程，关注生命的成长，注重对生命的关怀，强调情感的陶冶和心性的滋养。"① 这里的陶冶性教学实质上就是审美教学，就是对审美能力的关注。审美能力教育在我国是源远流长的，也是与世界"接轨"的。近年来更有人认为，"语文的世界是一个审美的世界、陶冶的世界。语文教学的过程不只是知识获得的过程，也是一个审美体验和陶冶的过程，只有在认知教学的同时注重和加强陶冶性教学，才能体现语文的本体特性，从根本上提高语文教学的质量"。②

我们认为，克服单一思维、非此即彼的简单思想方法，在肯定认知教学模式的同时重视审美教学模式，这是非常必要的。思想道德素质，严格地说，不是语文教学的个性，和培养探究能力一样，它是所有学科教学的共性，只不过在语文教学中，因其载体的特殊性，在思想道德熏陶中有着特殊条件和特殊作用，语文教学不能因思想道德教育具有公共性而有意绕开它。在教育的公共地带，任何学科都不应该只强调自己的特性而共同造成一个真空地带。

语文教学固然不可能"包打天下"，但毕竟是绝不能离开"天下"的；语文固然不能替代政治课或思想品德课，但是世界上并不存在脱离政治、脱离思想品德的纯语文课。这是社会和谐、人的发展对语文教学提出的必然要求，也是语文素养的必然要求。因此，语文教学评价标准中体现这一要求也是天经地义的。科学文化素质也非属于语文教学所专有，却也是语文教学的内容之一，作为学习语文的载体——文章，必然地涉及科学（自然的、社会的）和文化，我们不可能也不应该脱

---

① 曹明海主编. 语文陶冶性教学论［M］. 济南：山东人民出版社，2007. 13.

② 曹明海主编. 语文陶冶性教学论［M］. 济南：山东人民出版社，2007. 311.

离这些文章的内容而单独去学习所谓的"语文"。语言也好，文章也好，它们是做什么用的？是传达各种知识、思想、情感的载体。我们无法想象，学习语文如果去其内容而取其形式，这形式还有什么意义？这语文还有什么存在的必要？

因此，语文教学质量评价标准必然地要涵盖上述五个范畴，必然地要能够检测得出语文教学在这些方面所达到的水平。

（二）语文教学培养目标的三维界定决定了语文教学评价标准的多维性

《义务教育语文课程标准》指出："（语文）课程目标根据知识和能力、过程和方法、情感态度和价值观三个维度设计。三个方面相互渗透，融为一体，注重语文素养的整体提高。"[①]《普通高中语文课程标准（实验）》要求"语文课程评价要突出整体性和综合性，从知识和能力、过程和方法、情感态度和价值观几方面进行全面考察"[②]。语文教学评价的"三维目标"的确定，"既符合母语教学的学科特点，也具有现代教育心理学依据"[③]，具有开创性的意义。它打破了长期以来我国语文教学目标的国家意志一维性的格局，而从人的发展的角度构建了多维目标和评价标准的新构想。

"知识和能力"维度。作为奠基要求，它强调基础知识的学习与积累、语文综合运用能力、审美能力、探究能力和思维能力。知识和能力虽然分属于两个层面，但是，在语文实践中它们是密不可分的，能力的形成必然地以知识为基础。高中语文知识要掌握的合适的"量"与"度"是什么，虽然现在还是众说纷纭，不过，我们的质量评价标准必须指向"知识"这个向度，这是确凿无疑的。我们强调知识的积累，但不是为积累而积累，而是为应用而积累，为素养而积累，也就是为改变人的内涵素养而积累，为改变人的气质而积累，为改变人的理想追求、生活态度、生存状态而积累。所以，教学质量评价标准在指向知识这个维度上是要以能力呈现为旨归的。能力的四个主要方面前面已有论述，其指向范畴是不一样的。

语文综合运用能力，强调的是"综合"，这是对语文教学质量评价标准的水

---

① 中华人民共和国教育部制定. 全日制义务教育课程标准（实验稿）［S］. 北京：北京师范大学出版社，2001.

② 中华人民共和国教育部制定. 普通高中语文课程标准（实验）［S］. 北京：人民教育出版社，2003.

③ 潘新和主编. 新课程语文教学论［M］. 北京：人民教育出版社，2005. 99.

平层次性要求，它要求评价的是"综合运用"层次的达成度，而非简单的"单项运用"层次的达成度；它要考察的是学生通过语文知识积累和应用历练，所达到的思维水平的综合度、复杂度。思维能力，它是属于心理学范畴的，但是与语言有着密不可分的关系。语言是思维的物质外壳，思维是语言的内在本质。一个念头，一个思绪，只有通过语言这个物质外壳固体化，人们才可以认识，才可以评判。人与人之间的一切思绪、念头，只有通过语言，才能架起沟通的桥梁，才能实现"对话"，才能达到相互理解的彼岸。相对应的，语言的表达是以思维为基础的，思维清晰与否、新颖与否、深刻与否，将直接影响语言的表达。所以，语文教学在发展学生语言能力的时候，不能不顾及思维能力；而评价语文教学质量，当然不能不顾及思维能力标准。这是设计评价方案时必须考虑的。需要指出的是，语文知识与能力的质量评价，无论怎样变换形式，都必须是指向文本的。至于审美能力和探究能力，前面已经讲到，此不赘述。

"过程与方法"维度。如果说知识和能力评价关注的是学习结果，是面向"过去"的评价，那么，过程和方法则是指向获得学习成果的过程，是对学生科学探究的习惯和严谨的科学态度与精神的关注，是面向"当下"以及"未来"的评价。这种评价，关注学生学习过程中的体验、思考与推理、假设的形成以及如何应用证据等。这种指向性，要求评价标准关注人的发展过程与走向，关注现代社会对人的要求，诸如思想的敏锐性、做事的探索精神、对事物的深刻思考和认识水平以及为终生学习奠定的方法论思想和基本方法基础。

"情感态度与价值观"维度。这个评价维度是指向学生主体自身的。积极的情感和正确的态度是学好一门课程，奠定发展其他素养良好基础的必不可少的要素。在当前的语文教学实践中，提出这一评价标准的意义显得尤为重大。学生对语文学习的态度和价值认识水平，是制约语文教学质量提高的重要因素，培养学生热爱祖国语言、维护祖国语言的纯洁性的责任意识，以及自信、勤奋、坚毅和追求卓越的学习态度，是评价语文教学质量的重要指标。

（三）语文教学范式和学习活动方式的多样性决定了语文教学评价标准的多维性

语文教学范式的多样化和语文学习方式的改变是新课程改革着力推进的一项工作，这种多样性决定了语文教学质量评价标准的多维性。

接受学习的范式，虽然有其固有缺陷，不应该成为一统天下的学习途径，但是也并非就是必须干净彻底扫地出门的一无是处的东西。学生学习理应有接受，有倾听、思考和记忆，当然，从这个角度衡量教学质量也是不可忽视的一环。

对话学习范式、体验学习范式、活动学习范式等都是从学习过程和目标结合的角度对质量评价标准提出要求的。"对话就是多途径通达目的地，改变单一路径达到教学目标的做法"①。对话是一个哲学的概念，不仅指课堂外在的显性的答问、辩论，更指与文本的对话、与作者的对话、与自我对话等语文活动。体验式教学强调学生的主体参与性、体验式阅读、体验式写作，强调个体特色。活动式教学强调感悟、顿悟、体验。——这些教学模式都强调合作学习方式、探究学习方式，它们对教学质量评价标准既从整体上作出规定，也从各自不同角度提出了要求，如过程性、个体性、感悟性、敏锐性、深刻性、内隐性等。

第二节　标准的前瞻性与滞后性

人类的一切活动是永远处在历史进程中的，一切活动都是历史坐标中的一瞬，这一瞬的位置与其所在坐标的各个方面都有密切的联系。如果从纵向看，语文教学质量评价标准，既与未来发生联系，又脱不开现时的瞬间固定性。所以，我们说它具有前瞻性和滞后性。

一、标准的前瞻性

（一）教育的指向未来性决定了语文教学质量评价标准的前瞻性

教育是面向未来的事业。今天的高中学生将面临的是至少三年、最多十年后的社会，而社会的发展变化可谓"日新月异"。教育除了传承作用外，还必须承担起培育未来新人的责任。这就决定了，教育必须面向未来。因而，面向未来的达成度，就必然地要成为我们评价教学质量的标准之一。既然是面向未来的，这样的教育必然具有前瞻性，与之相对应的质量评价标准自然应该有前瞻性。

这里需要弄明白的是，面向未来的教育究竟是怎样的教育，我们的质量评价标准究竟要体现怎样的前瞻性。

---

① 转引自曹明海主编. 语文新课程教学论［M］. 济南：山东人民出版社，2007. 159.

1. 未来需要终生学习的意识和能力

富尔在《学会生存——教育世界的今天和明天》中指出："每一个人必须终生连续不断地学习。终身教育是学习化社会的基石。"[①] 终生学习的意识，是看其知不知、愿不愿、想不想终生学习；而有没有培养起这种学习意识，是语文教学质量的评价标志之一。终生学习能力，强调的是学习过程中生成的能力。如会不会自己选定学习方向、提出问题、寻找解决问题的路径，会不会自己选择学习资料、分析利用学习资料、对资料作出自己的评价等等。在教学质量评价标准中体现终生学习的意识和能力，在现阶段显得尤其重要。

应试教育的极端化，逐步使许多学生失去了学习的兴趣和欲望，一些学校一味地只认为做题是学习，不分青红皂白地禁止学生读书，不作任何判别地禁止学生读小说之类的课外书，以致学生对文学、对哲学乃至对于整个"学习"行为缺乏主动涉猎的兴趣，甚至有的学生发誓找到工作后就把书本烧光。这样的教学，哪怕在应试方面很"成功"，也是背离教学与教育的根本宗旨的，当然也是我们应该摈弃并加以防范的。

2. 未来需要善于合作的精神

社会化大生产，劳动分工细化，科技的专门化，对人在社会生活中的合作意识提出了越来越高的要求。这种合作精神、团队意识，不仅学生学习阶段需要，日后踏入社会更是须臾不可或缺。而且，这种合作精神不是到要用的时候临时抱佛脚就可以奏效的，需要及早培养。在过分强调竞争的现实环境下，合作意识被扭曲的现象是令人心惊的。客观上的独生子女现象，主观上的教育自动放弃应有的责任、对一些所谓理念的偏颇理解，导致学生中唯我独尊、目中无人、狭隘自私、目光短浅的倾向较为明显地存在。所以，在教学质量评价中对这种未来指向性的强调，既是顺应未来社会的需要使然，也是对现实教学失误的一个反拨。

3. 未来需要责任意识

责任意识，是一个公民的基本素质要求，一个国家、一个民族、一个团体，需要每个成员能勇于承担责任，并且能够为自己承担的责任负责，为这个国家、这个民族、这个群体负责。这种品质是需要从小培养的，是需要社会、家庭等共同承担起教养责任的。学校各门课程的教学都应承担这一份责任，作为人文性特别突出

---

① 转引自顾明远、孟繁华主编. 国际教育新理念［M］. 海口：海南出版社，2001.

的语文课程，更是责无旁贷地要将其作为自己的题中应有之意及应尽义务。

4. 未来需要创造精神和创造能力

创造精神和创造能力，是未来社会必不可少的基本素养。创造，不仅要创造丰富的物质，也需要创造高尚的精神。中国是素有光荣创造历史的国度，但是，"述而不作"、"祖宗之法不可变"等传统思想，也导致人们习惯于守成，而不屑于或者不敢去创造。语文教学对人的意识成长具有得天独厚的潜移默化作用，理应有意识地对学生进行创造意识和能力的培养。就语文课程自身而言，也天然地需要创造精神。

（二）育人的发展性决定了语文教学评价标准的前瞻性

教育的本质是使人更接近于人，使人更趋近于完善的人。对于育人的研究、对于人的评价，是一个动态的过程，育人的过程就是一个发展的过程。人应该向怎样一个目标发展，也是指向未来的，这也决定了语文教学质量评价标准的前瞻性。

1. 语文教学的基本出发点是人的发展

"西方教育家有句名言：教育根植于人类的生存与发展之中，教育与人类的生存发展密切相关，教育的终极目标，就是为了人类的生存与发展。从这一教育观念来说，对人进行塑造和完整性建构，着眼于人的生存与发展，也就是语文教学的本质和目标所在。"[①] 语文教学到底促进人向哪些方面发展，无论是探索精神的养成，还是道德意识的觉醒，还是个性人格的展现与表达，它们永远都难以有完全现实的标准答案。我们只有根据现在推测未来，永远处在研究状态之中。但我们不能说因为还在研究中，就不进行评价。所以，我们的质量评价标准也相应地处在永远的研究状态，根据研究，不断进步，不断发展。

2. 人的发展因素是具有预测性的

语文发展性因素固然有一些是人们根据对以往经验的研究总结出来的，根据人的发展规律研究出来的，但是因其学科独特性和发展的指向未来性，有一些因素是具有预测性的。比如语文探索精神，就体现在学生个人对语文自身的探索性感悟与独特性理解上，需要学生具备探索的热情和不懈努力的勇气，对自己现有的思想观念的质疑、批判的态度，具有敢于否定自我的心理结构，使自己永远处在超越自我的不断发展、不断完善的过程之中。[②] 比如学生终生学习基础究竟有

---

① 曹明海主编. 语文教育观新构建 [M]. 济南：山东人民出版社，2007. 301.
② 曹明海主编. 语文教育观新构建 [M]. 济南：山东人民出版社，2007. 320.

哪些，语文界一直是争论不休的，就因为"横看成岭侧成峰，远近高低各不同"，从不同角度、按不同标准、用不同方法研究都会得出不同结论。再加上人的个体因素，语文教学的复合性、预测性就显得尤其突出。因此，有人认为学习语文"不可捉摸"。有清醒意识的语文工作者一直在追寻着让学生"有可捉摸"的途径，虽然取得了一定的成效，但理想境界一直是悬挂在我们遥远的前方的红苹果。尽管如此，我们也不能不去教学，也就不能不对其教学进行质量评价。

3. 评价人的发展潜力是具有前瞻性的活动

人的发展潜力是什么，无论是其心理素质、学习能力、精神品质、人格力量，还是知识结构、前进方向等等，都具有复杂的个性特色、发展趋势和未来指向性，我们在制定评价标准的过程中，也总是随着研究的进步，不断革新具体的内容。我们不可能用昨天的标准来评价已经发生了变化的人的发展潜力。评价人的发展潜力是具有前瞻性的活动，那么，制定语文教学质量评价标准也是一项指向未来的前导性的不断发展的活动，这也是决定评价标准前瞻性的因素。

二、标准的滞后性

（一）人类认识的局限性决定了教学质量评价标准的滞后性

人的认识往往没有现实变化来得快，正如先哲所言，"人不可能两次踏进同一条河流"。人们现时性的认识，等到变成一个文本固化物，它已经成为"历史"了，现时已经有了新的变化。历史瞬间的凝固性，使得我们此现时制定的评价标准相对于彼现时，就有了相对的滞后性。同时，我们的认识往往受到自身的和环境的诸多限制，即使是对现时的研究，也往往难以透彻了解，深刻把握，更何况是对不在眼前的过去和瞄向未来的预测。

对语文教学规律的认识，对语文教学质量评价标准的研制也是这样。我们力求科学、前瞻、客观、公平，但是事实上这是不太可能绝对达到的；评价标准的制定滞后于社会和学科的发展，滞后于认识的发展，可以说是在所难免的。明乎此，我们就可以避免犯刻舟求剑的错误，而时时保持警觉，不断研究、不断更新评价标准，使评价标准也处于生生不息的开放状态之中。

从另一方面来说，评价标准的滞后性似乎也有其存在的必要。相对的滞后性，如前所说，是与瞬时凝固性相联系的，而任何事情都必须有瞬时凝固性，否则，一是难于认识，二是有些工作难以开展，三是会使一切工作的研究陷入无意义状态。

比如高考，作为教学质量评价的一种形式，它就需要相对的滞后性，以保持其相对稳定性。尽管人们对它的非议很多，但是，它对确保教学工作的延续性、"有可捉摸"性是具有积极意义的。高考是涉及千家万户的大事，采取"稳中有变"的策略是需要的。"稳"为前提，相对而言，有的显得滞后。不过，这也是面对中国这么一个人口大国现状的最佳选择。如果没有这个相对的滞后性，教学秩序也许会受到影响。"变"是我们所追求的，这是面向未来的发展性的体现。我们可以预测，这个"变"的幅度应该也可以再大些，它对教学可能产生影响，但是，很可能这个影响是正面大于负面的。追溯一下我们的高考历史，由只考一篇作文到加一点基础知识，到加进阅读理解的考试内容；从纯主观题到加进客观题，有几次变化幅度还是很大的，也并没有引起"天下大乱"。我们的一些决策不能过多地强调"稳定压倒一切"。只要有实力，就有自信；有自信，"变"的幅度大一点也并无不可！由此，我们认为，评价标准的滞后性是可以适当存在的，但是"度"一定要把握好，不可使其异化为制约我们向前发展的桎梏。

（二）教材、教学方法的稳固性决定了教学质量评价标准的滞后性

教材是语文课程的载体之一，作为一种特定的文化形式，具有相对的稳固性。语文作为人类文化的组成部分，是基于社会文化的积淀的，语文教材也是这种文化积淀的一种形式。这种积淀，是将人类历史上最优秀的文化、最优秀的思想、最优秀的语言表达形式和技巧以固化的形式呈现出来，使之担负一定的"模本"职责，供学生学习、品味、模仿。

因为它具有丰富性、纯粹性，作为人类思想和智慧、生活与情感的精粹，理应具有稳固性。而这种稳固性对教学而言也是需要的。首先，语文教学的人类文化传承使命，需要语文教材保持相对稳固性。诚然，人类文化的传承途径是多种多样的，而语文课程的以文化文本为载体的独特性，决定了它在传承文化方面的特殊性。人类文化的精华载体在于经典，语文教材的用料选择必然地要着眼于这些经典。这些经典是固化的，它决定了语文教材具有无可回避的选文的固化形式。

其次，语文教材的编排形式是经过无数人实践探索，在反复试验验证后得到较高比例肯定而渐渐稳定下来的。虽然各种改革也在进行，但是大体的框架一直没有突破，这种客观存在，也决定了语文教材的稳固性。

最后，教学实践需要教材的相对稳定。教学活动需要相对的连续性，一是有利于学生成长。一个学段的几年中要与学生一起学习什么，发展学生的什么素养，是需要整体规划的。尽管这个规划需要作一些修改，但是不可能没有相对稳定性。二是有利于研究教学规律，从而提高教学效率。稳定的教材为人们研究其

内容和教法提供了物化的对象，大家可以相对方便地进行研究。如果教材没有稳固性，以现在中学教师工作量，人们只能穷于应付，而无力深入研究，势必阻碍教学质量的提高。

教学实践的客观现实决定了不能过于求新而失却深入，教材的稳固性，决定教学的相对稳定性。教什么评价什么，是衡量教学质量的基本法则，因此，评价标准的滞后性也由此显现。

教学方法，是教学工作者和研究者长期实践研究总结出来的涵盖理论和实践成分的教学范式。这种种范式一经被总结出来，便带有了相对的稳定性，或者说具有基本的操作程序。这些教学范式是从教学实践中被长期谨慎地实验之后提炼出来的，具有相对的科学性。

教学方法的实验不同于其他实验，它面对的是人，在今天而言是面对个体家庭的唯一一个特别的人，那是容不得失败的，所以这种实验的谨慎性是可想而知的，其可信性也是相对较高的，这当然不包括弄虚作假、纸上谈兵、想当然、拍脑袋杜撰出来的所谓方法。教学范式需要稳定，这无论从理论和实践的角度讲，都是必然要求。这种稳固性也决定了教学质量评价标准的相对滞后性。

（三）教学人员、社会群体思想的跟进水平也导致教学质量评价标准的滞后性

人类工作的特点决定了其工作思路是永远在经验世界和理想世界间寻找最佳切合点。追求最佳、时时创新是理想状态的，而在现实中，人们则往往是根据经验行事，即使是有所创新，也并不是完全割断与经验的联系。语文教学工作也是如此，教学人员的教学经验往往对提高教学质量有重要意义。但是，这经验的另一面则往往是与新的研究成果相对滞后的。况且，就目前而言，教学人员的人生理想、职业追求、职业态度、职业水平也并不是整齐划一的理想状态，学习的落后、理解的误差、探索精神的缺失，当然也有过重的工作负担、似是而非的理念的干扰等形成的诸多问题，使得教学人员的实际思想和实践行为也客观地促成教学质量评价标准具有相对的滞后性。教学质量评价标准尽管具有指导性，但是，它不可能完全脱离现实的教学实际。

教育是社会的事情，学校的一切活动都与社会有着千丝万缕的联系。说学校教育改革是极其艰难的，很大程度上不是难在学校内部，而是难在社会。教师的理念与方法，相对还是容易改变的，因为他们毕竟是专业人员，是懂得教育要面向未来、面向学生个性发展的，是希望不断革新不断发展的。但是社会人员的构成是极其复杂的，让社会人员的教育观念获得更新，那是件极其困难的事情，而

他们对学校、对教师施加的影响力量则是不可低估的。而且他们对教学质量评价标准的制定，也是尽其"法力"，施加着各自的影响的。比如，我们主张从学生的综合发展潜力来评价教学质量，但是社会的普遍意识就是看升学考试的分数，就是看重点中学、重点大学的升学率；语文教师培养起了学生的读书习惯和写作特长，但是在以中考、高考分数为唯一评价标准的教学质量评价面前，他反倒会像小丑一样被人讥笑为"迂腐"或"不合时宜"。

从这个角度来看，教学质量评价标准的滞后性，既有主动适应的需要，也有无可奈何的迁就。但从整体上讲，我们主张，要尽量消除这种评价的滞后性因素所带来的消极影响。

第三节　标准的层次性与针对性

教学是一个严密的科学体系。总的教学任务总是需要科学地分配到具体的教学时段来具体落实，而这个任务的分配又是受教育对象的生理、心理成熟度和知识接受的科学顺序制约的。与教学行为相伴随的教学质量评价活动，其标准必然地与不同时段的教学内容密切相关。于是乎，就有了评价标准的层次性与针对性。

一、标准的层次性

（一）教学目标的层次性决定教学质量评价标准的层次性

教学目标的诸多内容如前文所述，它们并不是处在同一个平面的。周庆元认为："语文教学目的是一个多元的、分级分层的集合体。""从组合要素来看，是一个多元结构。它的基本构成包含'双基'教学、品德培养、智力开发三大要素，并形成以'双基'教学为主体，'双基'教学、品德培养、智力开发三要素相辅相成的三维结构"。① 周庆元这里所说的"教学目的"，实际上就是指"教学目标"。前已提及，倪文锦根据加涅的五类学习结果学说，将学习目标分解为五个层次：（1）言语信息，包括语言文字知识、课文内容知识、课文背景知识，相

---

① 周庆元. 语文教育研究概论［M］. 长沙：湖南人民出版社，2005. 51.

当于语文素养中的知识视野、思想观念和文化品位；（2）语文智慧技能，包括字词学习、句子学习、段落篇章学习，相当于语文素养中的字词句篇积累、语感、识字写字、口语交际等；（3）语文认知策略，相当于语文素养中的思维品质、语文学习方法、阅读和写作能力的培养等；（4）语文动作技能，主要包括发音技能和书写技能，相当于语文素养中的写字和口语交际能力；（5）语文情感与态度，相当语文素养中的情感态度、审美情趣、文化品位等。① 专家的说法虽然有异，但是，"教学目标是有层次性的"这个认识是大家一致认可的。

我们认为，从评价标准的角度来看，分为四个层次是比较合适的，即认知的层次，包括言语信息；技能的层次，包括智慧技能和动作技能；策略的层次，包括语文认知策略；情感态度层次，包括语文情感与态度。相应地，语文课程的教学质量评价，也需要分别从上述四个层面设置评价标准。

目前一般流行的教学质量测试卷实际上也是体现了评价标准层次性的，一般试卷结构由"检视你的知识积累、衡量你的语言运用、测测你的课文理解、看看你的经典鉴赏、审视你的写作能力"等几方面内容组成，这就是分层次的评价形式。可见，教学目标的层次性，决定了教学质量评价标准的层次性。

（二）教学任务的阶段性决定教学质量评价标准的层次性

我们可以从三个角度来看这个问题。

首先，就高中学段而言，年级不同，教学任务有别，而相应的评价标准也自然应该有差异。高中三个年级的学生无论从知识积累看，还是从生理心理成熟度看，都应该在评价标准中有所区别。高一年级用高二年级的评价标准来评价，就很难客观地反映真实的教学质量；反之，用评价高一学生学习质量的标准来评价高三教学质量，也是无法检测到真实情况的。

评价标准不当，不仅难以反映真实的教学质量，而且还容易挫伤学生的学习积极性，发挥不了评价的教学导向和激励作用。如有的学校从高一学生一进入学校起就用高考真题进行教学评价，高一考试阅卷时也按高考标准进行评分，作文分数往往都被划定在所谓"平均线"以下，学生一进高中便被这样的评价"迎头一棒"，不少学生因此认定"我不是学语文的料"。越到高中越有更多的同学对语文不感兴趣，原因之一就是学校与教师没有注意评价标准的层次性。

---

① 曹明海. 语文新课程教学论［M］. 济南：山东人民出版社，2007. 68～69.

其次，模块教学质量评价、学期教学质量评价、学年教学质量评价、毕业教学质量评价与升学教学质量评价，是分属于不同层次（功能也有差异）的评价。每一个模块有每一个模块的教学任务，教学结束，需要进行学分认定，需要作出评价；每学期教学有每学期的任务，而学年则有学年的任务。教学任务层次不同，教学质量评价标准自然也应该加以区分。学期教学质量评价，重在过程性评价；学年质量评价，则一般需要适当顾及两个学期的教学任务；毕业教学质量评价，要按照高中学生应该达到的语文素养标准来进行；而选拔性评价，则比毕业性评价标准要求要高，要突出选拔性，就必然有梯度性，有不同难度的标准。

　　最后，对教学过程和教学结果也需要分别进行评价。学习过程评价与学习结果评价是属于不同类型不同层次的评价。过程评价，是一种动态评价，是渗透在平时教学之中的行为评价，重在纵向比较，关注的是评价对象的发展潜力和发展趋势，突出诊断性、激励性、导向性。在过程性评价中，还有许多细的层次，如共性评价与个性评价、即时评价与跟踪评价、研究性评价与评判性评价等。

　　（三）教学内容的主次性决定教学质量评价标准的层次性

　　平常我们会说：没有重点就没有政策。同样，在语文教学中，在不同的学段、年级，教学内容肯定是有轻重主次之分的。并不是说客观上某某内容重要、某某内容不重要，而是根据人的发展阶段性特点，对教学内容作出的不同处理。如大学文学专业要重点学习的文学理论，在高中阶段只能是用其一点或几点方法具体分析作品而已。这种轻重主次之分，必然使教学质量评价呈现出层次性。这方面的内容，在课程标准和具体的地方教学指导意见里都有反映。

二、标准的针对性

　　（一）评价目的的差异性决定教学质量评价标准的针对性

　　教学质量评价具有不同的目的，指向不同目的的评价标准，总是有其特殊针对性的。

　　反馈性评价，在教学过程中使用，目的是考察教学对象对相关教学方法、教学内容处理的合适度，为下一步教学决策寻找依据。这种评价的标准就针对教学对象对教者的教学行为产生的反映而设计。

　　激励性评价，是为调整学生学习心态、增强学习信心而进行的评价。学生长期繁重的学习，或者学习一个相对较难的内容，很容易产生倦怠或者不自信的情绪。针对这种情况，常常需要进行一些激励性评价，以帮助学生发现亮点、找回自信，以更好的心态投入到学习过程当中去。这种评价的标准将着眼于适当降低难度并寻找亮点。

研究性评价，是为进行某项实验，进行某个研究而进行的评价。如做一个课题，我们往往要在研究之前作一个起点评价，中期和结束都要质量评价。这种质量评价标准就是指向课题研究内容的，意在考查实验研究工作对预期目标的达成度，以判别研究成效如何。

水平性评价，是为检测一个学段、一个年段、一个学期、一个模块的教学质量达到了什么水平而进行的评价，这种评价就是针对一个相对集中的学习内容、学习任务进行，它往往需要按照多元的标准设计评价，既有过程评价性，也注意终结评价性。

选拔性评价，是为分出某种层次或挑选出限定指标的人员而进行的质量评价，如高考、竞赛、三好学生评选等等。这种评价就针对目的而设计出能够区分层次、拉开距离的标准，它要求梯度性很强，有相当的难度，否则就无法达成评价目的。

调研性评价，是为总结经验、发现问题、指导工作而进行的评价。有的学校语文教学明显成为本地的亮点，或者出现突出的问题，有关部门要进行专题调研，为深入发现其教学的本质，取得分析的数据，需要进行相关质量评价。这种评价标准的实际性和本地性就显得比较突出一些。

（二）地域环境的差别性决定教学质量评价标准的针对性

客观地讲，我国的教育资源分布是很不平衡的，城乡之间、发达省市与欠发达省市之间、优质学校与非优质学校之间，都存在着教学环境、教学条件、基础积淀等多方面的差异。面对这么多的不同，我们如果采用统一的标准进行评价，自然就没有公平可言，作出的评价结论，其科学性自然也大可置疑。评价标准的制定必然要针对不同的地域环境的实际情况，只有这样，才能发挥评价的激励导向作用，才能有利于促进学生的健康发展。就如我们的学期考试，试卷往往分几个层次，名校联合检测卷、一级重点中学卷、农村中学卷……这实际上就是评价标准的针对性的体现。

（三）教学对象的独特性决定教学质量评价标准的针对性

首先，与地域差别相关的是教学对象有客观的特殊性。城市学生的见识面与乡村学生的见识面自然是不同的，乡村的学生对山水自然、农业生产、民间疾苦的理解自然比城市学生相对直接、相对深刻，而城市学生在科技艺术、商业交际上的识见则有明显的优势，这就造成他们在理解文章和表达思想上有各自的特点。再由于从家庭教育、幼儿园教育开始的教育差异的长期存在，势必加大不同地域的教学对象在基础、个性方面的差别。我们的评价标准理应顾及教育对象的独特个性，不宜采用一个标准衡量而造成评价的失真、失准。

其次，即使是同一地域的教学对象也是具有客观独特性的，同一个地域的学生也不可能是各种素质都是整齐划一的。对不同性格、不同特长、不同追求的学生，应该因材施评。尤其是发展性评价、过程性评价、反馈性评价、激励性评价等，应该充分顾及学生的个性差异。如对一般反应较慢的学生，设计相对简单的题目提问，以增强其自信心；对学习程度较好的学生适当提出较难的问题，以增压促其进步，就是针对不同学生特点使用不同评价标准的具体表现。

最后，现代教育理念是尊重个性，鼓励特长。人本身就是个性的产物，尽管每个个人都受社会性的制约，但尊重个性是大势所趋。过去的教育基本上是注重社会化培养，所以评价标准也多是"大一统"的。尽管如此，个性的存在与发展也并没有被完全压抑，一个模子里培养的人也并没有都成为符合统一标准的人。

社会要发展，人的个性特色应该得到尊重。所以评价标准也相应地需要有教学对象个性针对性，最起码要有类的针对性。比如有的人就是擅长记忆，有的人就是擅长理解，有的人就是擅长口语表达，有的人就是擅长书面表达，有的人就是擅长谋划，有的人就是擅长行动……我们希望人都全面发展，成为全才，但是实际上社会的分工需要各种特色明显而又本领很强的人。我们的评价，应该为各种各样学生的成长创造良好的环境。

第四节　标准的实践性与指导性

教学评价是教学实践活动的组成部分，但是教学质量评价标准的价值与教和学的活动有其区别。它同教和学一样是实践的产物，又是实践的结果，它的生命与实践相消长；同时，它对教与学还起着监测、矫正、指导等作用。

一、标准的实践性

（一）教学质量评价标准是在实践中产生的并且只有投之于实践才有实际意义

教学质量评价是根据教育目标的要求，按一定的标准对教学效果作出描述和确定的实践活动，是教学各环节中必不可少的一环，是教学实践活动的孪生姊妹。因此，教学质量评价的标准必然是根据教学实践的情况确定的。很容易理解，教学实践活动是针对实现教学目标而进行的。在实现教学目标的过程中，我们利用相应的教材，采用丰富多彩的教法，动用各种各样的手段，以期实现预期要求。是否实现了预期要求，我们需要事实说话，需要数据证明，于是就需要有一个办法和标准检验是否达到了教学目标，教学评价标准就在这样的基础上被研制出来。这个标准的产生有三层意义。

1. 教学质量评价标准源于教学实践活动

教学质量评价标准是在教学实践活动中产生的，不是在办公室里闭门造车、凭空捏造出来的。在实践中产生的标准，首先，它必然顾及教学活动中教师的实际可行性。教学目标的制定一般是根据调查研究切实制定的，常规情况下，是能够实现目标的。但是因为特殊情况，教师工作的实际状况未必能够通过努力实现这种目标，这时，就要根据实践情况，制定符合实际的教学质量评价标准。比如，新课程改革中，语文教师要备必修课，要备选修课，要指导课题研究，要组织社团活动，要做班主任……大量的具体的超负荷的工作，让他们加强自身的研修成为奢侈的欲望，必然导致对新课程的理解和钻研不够准确或深刻，实验区反映的最大问题之一就是教师不堪重负而产生抵触情绪。教学评价标准的制定当然要充分考虑到这种教学实践的实际。同时，教师在自己的课堂教学中实施的随时评价，则更应是在实践中随时制订并调整的。

其次，它必然顾及教学活动中学生实际可实现目标的可行性。我们对学生学习的期望往往是超前、超高的，总有一些学生实际可能达不到这个目标，我们的评价标准只有在实践中才能确切把握，及时调整。市面上出现的一些所谓"名家"编造的"质量检测过关"一类的东西，有些是违背学生实际接受水平的，这种东西的大量出现，加重了学生的负担，也造成社会对新课改产生怀疑。

最后，它必然顾及教学活动的客观情景的可行性。教学条件、教学环境、教学随机情景都是复杂多变的，也只有在实践中才能准确把握实际情况，根据实际情况制定的评价标准，才有可能作出真正的有效评价。

2. 教学质量评价标准指向教学实践活动

教学质量评价的目的是检查和促进教与学，是教学活动的一体两翼，不是教学活动的对立面。所以它必然是指向教学活动实际的，教学活动要研究教学实际，教学评价也要研究教学实际，其标准指向也是教学活动所及。如果不是这样，评价标准还有所谓的另外的指向，则必然地会对教学实践产生干扰甚至阻碍作用。某些超出学生年级、年龄、学养实际的拔高的、提前的高考模拟评价，就是典型的脱离教学实践的评价标准。

3. 教学质量评价标准只有投放到教学实践之中才有意义

教学质量评价标准来自于实践活动，也必须回归到教学实践活动。就像任何一项科研成果一样，只有投入实践之中，才有可能实现它的价值。教学质量评价标准，无论我们设想得多么完美、多么周全，诸如相对评价和绝对评价，诊断性评价、形成性评价和总结性评价，定性评价和定量评价，等等，只有在教学实践中加以具体运用，才是有意义的。否则只能是纸上谈兵，没有什么价值。教学实践、教学研究都必须真刀真枪实干，而不能做空头文章。

（二）教学质量评价标准只有在教学服务过程中才能鉴别其科学与否

在长期的教学实践中，已经产生了多种不同的评价标准和评价方法，对教学实践产生了积极的影响作用。即使是被人们批评最多的高考评价标准，在教学实践中也事实上发挥着"指挥棒"的作用，对于推进教学质量的提高也发挥了相当的积极作用，这是无可否认的事实。

但是，在实践中，我们逐渐发现评价标准中有一些不合理因素的存在。比如，知识体系过分细杂，有的缺少学理的论证，形式过于死板，不能很好地把语文高才生的实际水平反映出来；标准缺乏足够的科学性，有的实际语文素养不错的学生在高考面前成为低分者，而有些平时语文素养并不怎么样的学生在高考中却成了高分获得者。这就失去了评价的科学性、权威性，导致大家都产生一个困惑：语文课无法琢磨，考试全是凭运气。

实践是检验真理的标准。教学质量评价标准的这些或优或劣的因素，只有投入实践之中才能得到检验。比如，在实践中，我们发现以教为主的传统教学质量评价标准，主要检测学习者记忆教师所教知识的数量的多少，突出了教师的教，而忽视了课堂集体式的教学形式、学习者原有的认知结构、学习者的个性、学习兴趣、学习动机等。而以学为主的评价标准，则以个人的自我评价为主，有利于检测出学习者的认知结构、学习方式，自主学习的能力、协作学习的精神等，利于学生的个性成长、最优化发展。

（三）教学质量评价标准有待进一步发展，并且只有在实践中研究才能逐步走向完善

随着新教学模式的产生，需要发展学生许多新能力，传统的评价标准对于新

能力有相当的局限性，或者说，新的能力是不是还能用旧有的评价标准来度量，是需要认真思考的。在某种程度上，传统教学模式采用的教学评价，已经不能完全适用于新的教学模式。

比如，在实践中人们开始思考行为主义学习理论指导下的教学质量评价标准的局限性，引进建构主义学习理论指导下的教学质量评价标准，评价的出发点从"教"改变为是否有利于学生的"学"，是否为学生创设了有利于学习的环境及是否能引导学生自主地学习等。"在信息社会里，知识的数量已经大大地超越了人类记忆的极限，知识更新又是如此之快，人们不得不终生学习。已经掌握的知识会很快地过时，自己需要的知识，不仅可以通过听教师讲课来获取，更可以跨越时间和空间的限制，自己在浩瀚的知识海洋中寻找、挑选甚至挖掘。搜集、整理数据，提取出有用信息，学习新知识的能力才是立足于高科技信息时代的根本。我们追求的评价标准是看其是否能激发学习者的动机、主动精神和保持学习兴趣，是否能引导学生加深对基本理论和概念的理解。"[①]

二、标准的指导性

（一）教学质量评价标准是对课程标准实施情况的监测与导向

如前所述，教学质量评价标准是根据教学目标设计的，教学目标的总体内容决定着评价标准的内容和性质。按照这样的标准来实施评价，必然对课程标准的实施情况起到监测和导向作用。教者对课程标准的理解是否到位，必然影响到教学质量。理解透彻，分析到位，把握准确，势必影响其教学设计、教学手段和教学形式，最终的综合效应，必然是教学的高质量。

质量评价标准要担负的任务是对教师准确理解课程标准和有效实施课程标准进行必要的控制与监测。课程标准倡导自主合作探究学习，教学的时候有这方面的研究和实践，评价标准对其效果要作出科学的测评。对学生自主、合作、探究的学习方式的形成，对课堂开放和谐、师生互动的教学氛围的营造，对师生共同参与、实现教学相长的动态过程，对每一位学生在课堂上主动求知、探索的表现，教师在这个动态过程的创设、组织、引导和合作角色的呈现情况，等等，都应有相应的标准。对课程标准提出的教与学共同发展，知识和能力、过程和方

---

① 李秀兰.新教学模式中的教学评论［EB/OL］.http：//www. smxjy. cn.

法、情感态度和价值观的"三维"目标，在评价标准中也是要互相渗透、融为一体来加以体现的。总之，制定教学质量评价标准，要仔细研读课程标准，切实担负起监测课程标准落实情况的职责。

评价标准的导向性是非常明显的，我们常说的高考指挥棒，实际就是导向性的一个例证。我们的教学质量评价，强调的是多维的、多层次的、全方位的体系，而不仅仅是选拔性评价，所以评价的导向作用有几个值得关注的地方。

1. 导向发展性

教学质量评价不只是教育教学过程结束时鉴别和筛选学生和教师的手段，不只是对已有成效的认定，它包含着对一种目标的追求，它是对一种价值的认定，更是促进课程发展、促进学生发展、促进教师发展的有效手段。这样的评价一出现，就标示着对这个效果的肯定，昭示着要向这个方向努力。

2. 导向全面性

教学质量应该是一种全面发展的质量，同时也是个性发展、专长发展的质量。"评价标准不仅要指向评价教师的教，还要指向评价学生的学；不仅要评价教育活动的结果，也要评价教育活动的过程；不仅评价学生知识、能力等认知方面的发展，还要评价兴趣、情感、意志、价值观等非认知因素的发展。"[1]

3. 导向多样化

评价方法有多种，如定量与定性，自评与他评，结果评价与过程评价，形成性评价与阶段性评价等，我们主张把各种方法结合起来使用，充分发挥各种评价方法的优势和特长，促进评价方法之间的互补，使评价结果更加客观。

4. 导向主体多元化

实施多主体评价，强调学生、教师的自我评价和学生之间、教师之间的互相评价，使学生、教师在评价过程中处于一种主动的积极参与状态，凸显了他们在评价活动中的主体地位。

（二）教学质量评价标准是对先进教学理念的传播与推广

评价的导向性还体现在对先进教学理念的传播与推广上。客观地讲，评价的倡导性带有强制的味道。在推进新课程标准的时候，有关部门组织课堂教学比赛，实际就是在强势推广某种新理念。一种评价标准推出，必然地会伴随着一些

---

① 廖继昌. 多元化教育研究初探 ［EB/OL］. http：//www. edunews. net. cn.

新的教学理念，必然会带来教学思想的一种革新与进步。伴随着新课程标准的教学质量评价标准，极力宣传和倡导的是建构主义课堂教学理论，多元智能结构理论，本体发展理论，表现与存在理论，唤醒教育理论，文化构建理论，人本追求理论，等等。

在这些理论的引导下，语文教学出现了一些新的景观。比如在教学目标的设置上出现预设目标与非预设目标的两种似乎不太相容的模式，强调体现知识、技能、情感与态度的并重；在教学内容的确定上，是追求生命表现与存在，还是为应用于生活，出现新的思考；在教学方法上，各种模式层出不穷，但又强调不离语文本色；在教学的呈现上，注意利用问题情境和现代教育技术，以吸引学生注意、引发学生思考，但并不排除必要的传统教学法；在教学策略上，主张体验，主张感悟，再深入文本，进行细读；在教学的组织上，强调师生、生生互动，加强合作与交流。

（三）教学质量评价标准是对教学失误的揭示与拨正

无可讳言，评价就是有检查性的，因为评价标准是根据课程标准而来，具有全面指导性和检测性，通过教学评价，必然地会发现教学过程中的失误或疏漏。而平时教学过程中的评价更加具有发现问题的性质。教学过程中，由于经验不足或者认识的误差，或者其他原因，常常会出现这样或那样的不足。人们常说"教学是一项有缺憾的美的艺术"，我们需要通过评价来不断地发现不足或缺漏，以便及时调整教学策略或方法，救失补漏，以力求趋近于完美。这实际上是从另一个角度体现了评价标准的导向性。

总之，评价标准是一个复合的、复杂的体系。对教学的研究是无止境的，对教学质量评价标准的研究也是无止境的，教学工作就是在这不断的研究与突破中前进的。

第六章　语文教学质量标准的监控

教学质量标准监控，不但是教育行政部门的一项重要任务，也是各级各类学校必须重视的一项重要研究课题。从目前我们了解的情况看，各中小学校在教学质量标准的制定方面已有所建树，但在标准的落实，特别是根据教学质量标准进行有效监控方面，却仍然落后于课程改革的需要。有的学校，各科都设有自己的教学质量标准，仅仅是为了完成任务、应付检查，结果教学质量标准只停留在口头上或文件中。由于未经教学实践的广泛检验并在实践中不断修正，目前我们搜集到的教学质量标准也往往大同小异，缺乏针对性和应用性。因此，我们迫切需要倡导建立高效的质量标准监控系统。通过对教学质量、质量标准及标准的实施进行多方位、多时段的监控，有效地修正教学质量标准，改进教学决策与教学管理，矫正教师的教学行为，提高学生的学习效果，实现教学的最优化。

第一节　教学质量标准监控系统

一、国内外教学质量标准监控现状

实施科学而高效的教学质量标准监控，必须首先建立一整套完整的监控系统。目前大学院校在这方面做得相对成熟一些。例如沈阳农业大学根据应用系统控制理论构建了以教学质量目标为输入、以实际教学质量为输出的教学质量监控系统的结构。（见图 6-1）

在这个监控系统中，有 5 个信息相加点，其中有 3 个是人为建立的，故称其

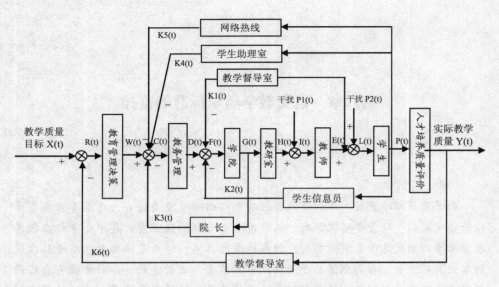

图 6-1　沈阳农业大学教学质量监控系统

为"信息综合点"。图中，在系统信息的正向通道上从左数第 1 个至第 3 个"⊗"即为教学信息综合点。有两个干扰信号，即图中的 P1（t）、P2（t）两个相应的信息会合点（系由外来干扰产生，不是人为建立，故称其为"信息会合点"，在系统信息的正向通道上，从左数第 4 个和第 5 个"⊗"即是）。

　　控制系统的信息反馈有正负之分，在系统的信息相加点处，如果反馈信息是与输入信息相加的，则成为正反馈；如果反馈信息是与输入信号相减的，则成为负反馈。在建立的信息综合点，各个反馈信息均是与输入信息相比较，以找差距、提意见和建议的，故称其为"负反馈"。在控制系统中，负反馈有利于消除系统运行误差，以提高系统运行的快速性、稳定性和准确性。正反馈会影响系统的工作性能，甚至造成系统不稳定。系统中的干扰信号主要指社会不良风气对教师、学生政治思想、道德水平、工作和学习积极性等方面的影响，故以正号表示其输入。在信息会合点处，它将与输入信号相加，造成系统运行偏差加大，效率降低，稳定性降低。[1]

---

　　[1] 任文涛、张茂仁、耿立明、袁玲．教学质量监控系统的研究与建设［J］．高等农业教育，2005，（4）：32～35.

上述教学质量控制系统虽然严密有序，但由于学校组织结构等方方面面因素的差异，显然不能简单照搬于中小学教学质量标准监控。其次，目前除偏远地区外，多数中小学校已经建立了局域网和总控室，而上图模式中，除了网络热线外，显然没有全面反映现代技术的运用。

国外的情况是，教学质量监控从学校到地方乃至到国家层面，都是相当受重视的。以英国为例，20世纪80年代以来，国家开始关注学校的课程，把提高课程与教学质量作为英国政府的重要国策之一，从国家层面对基础教育的课程、实施和效果进行全面的质量监控。1992年，英国成立了"教育标准办公室（简称OFSTED）"，实际上是英国皇家总督学办公室。把过去分散由地方组织的督导网络统一起来，建立起一个独立于行政体系之外的全国督导体系，对全国的公立学校实施督导检查，就基础教育的标准和质量直接向教育部长提出报告和建议。

英国的督导员分为三个层次：最高层是直属于OFSTED的"皇家督学"，他们不直接做督导检查，而是审阅督导报告，监督学校落实报告中的整改措施。中间层是"注册督导员"，他们是具体督导项目的负责人，由他们承接OFSTED的督导合约，组建督导小组对学校进行检查并撰写报告。注册督导员之下是"学科督导员"和"非教育督导员"。学科督导员多数由资深教师担任，负责对某个学科的教学情况进行检查。非教育督导员多数由非教育专业人士担任，负责对学校的管理和财政进行检查。不论是注册督导员、学科督导员还是非教育督导员，都要接受OFSTED的培训和指导。

OFSTED组织的督导工作有比较健全的规范，每4~6年一轮对全英的所有公立中小学进行一次检查。督导检查要弄清10个问题：（1）学校属于什么类型？（2）学校的办学水平（包括学校的考试结果和学生成绩，学生的态度、价值观和个性发展）有多高？（3）教学质量有多高？（4）学生从课程和其他方面获得的学习机会好不好？（5）学校对学生的关心程度如何？（6）学校与家长的配合关系如何？（7）学校的领导与管理水平如何？（8）学校应该做些什么以取得进一步的提高？（9）学校的特点、资料和数据。（10）在课程规定的各领域、各学科和各门课的教学标准和质量。①

另外，像美国则建立了全国性的教育质量评估机构"全国教育进步评定协会

---

① 高凌飚. 课程与教学质量监控——英国的经验对我们的启示 [J]. 教育研究, 2004, （8）: 37~40.

（NAEP）"，法国于 1979 年在教育部内成立了国家教育评价司。新加坡、哥斯达黎加、埃及、印度尼西亚等国从 20 世纪 90 年代起均建立了不同形式的国家教育质量监控机制，韩国、巴西、巴基斯坦等国均把教育质量监控工作列入了 21 世纪的教育发展规划。

二、教学质量标准监控系统的特点

鉴于此，我们非常有必要根据现今基础教育的实际情况，建立一个适应多数中小学需要的教学质量标准监控系统。这个系统至少具备三个方面的特点。

1. 封闭与开放的结合

学校人才培养是在一个相对封闭的环境里进行的，因此有其封闭的一面，尤其是学科教学，大都在课堂内实施，也就是说教学质量的监控也必定首先满足这个相对封闭的环境需要。但无论是学校管理者，还是广大师生，无一例外都要与社会发生密切的关系。学校的任意一项决策，教师教学内容与方法的确定，学生的学习兴趣与内驱力，也都深受社会的影响。反之，社会的各种习俗、时尚、观念也通过各种途径、各种方法，渗透到学校教育的各个环节：或与教学教育形成合力，促进学校教育的发展，或背逆学校教育方针与目标，成为学校教育发展的阻力。因此，在构建学校教学质量标准监控系统的时候，必须将社会影响作为一个必要的因素考虑进去。

2. 传统与现代的结合

自有学校教育以来，就存在教育质量的评价与监控。只不过教育评价标准的内容与监控的手段、力度、水平等都在发生变化。前人长期的教育实践，为我们留下了宝贵的经验和有效的方法，这些传统的经验与方法，是我们在建立新的教学标准与监控系统时所必须要借鉴与采纳的。

另外，随着现代经济与科技的高速发展，教育面临着巨大的机遇与挑战，教育的每一个部分、每一个环节，都不可能单纯依靠前人的经验和传统的手段来应付。尤其是教育教学的质量标准及其监控，需要有现代教育理念来指导，运用现代教育手段来实施，特别是需要将计算机技术、互联网技术、现代统计技术用之于教学质量的评估与监控。

3. 定性与定量的结合

毫无疑问，传统的教学质量监控主要以定性为主，虽然也有定量的分析，但主要集中在学生考试成绩的统计与分析上，而这也正是基础教育为现代课程论学者所诟病的主要因素。除了对考试分数作量的分析外，其他教学的过程与结果则大多是通过监控者的观察、调查、对比进行质的分析，往往带有较强的主观性，故其监控常常难以服人，也难以落实。而基于各种现代技术与手段的教学质量标准监控，显然具有更大的定量分析的优势。无论是教师的教，还是学生的学，无论是教学设计，还是教学过程，都可进行动态的量的分析。虽然这种定量分析，受数据采集的影响，仍然可能带有一定的主观性，但其相对的公平公正，还是能为更多的师生所认可。

根据上述三大特点，结合现代课程改革的要求与现代教育理念的发展，我们尝试拟制如下通用型教学质量标准监控系统模式图。（见图6-2）

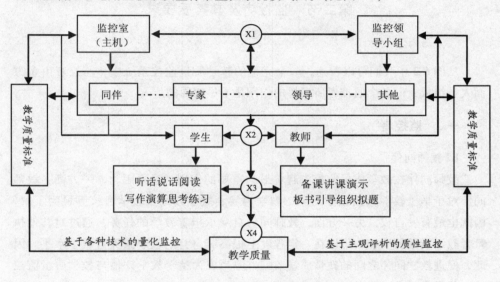

图6-2　通用型教学质量标准监控系统

这个监控系统模型图与其他系统模型图相比有几个明显的不同点：一般的系统模型中，监控具有明显的等级区分，属于级别控制。而本系统中各方监控人员处于平等的地位，而所谓的监控领导小组主要作用与监控室有着相同的职责，即汇总、分析监控信息，起到反馈调节的作用。尤其是监控领导小组，还需要倾听师生的诉求，并指导修正教学质量标准。此监控系统中，教师与学生也不是上下位的关系，而是起着相互监控的作用。图中左右两侧虽然分别侧重于量化与质性两大监控，但它们并非割裂的，而是相互依赖、相互兼容、共同作用的。另外需要对图示中轴上的符号作一说明：Ⓧ①指信息互换，Ⓧ②指信息互动，Ⓧ③指信息共享，Ⓧ④指信息生成。

4. 监控与评价的结合

在上述方案中，监控与评价是相辅相成的，只要有监控，就有评价伴随；而客观的评价又能使被监控者得到一定的启示。评价的作用就是能够及时、客观地反馈监控的效果。评价可以来自领导、专家、同伴、学生，也可以是监控者。

第二节　监控者及其素质要求

从图 6-2 中我们可以看到，一个完整的教学质量监控系统中，监控者由多方面人员组成，但各个监控者所发挥的作用是不尽相同的。

一、　监控者

1. 教师同伴

教师同伴在教学质量监控中起着最为重要的作用，这是因为，一方面，教师同伴对于学校教学包括教学对象、教学内容、教学方式及教学考核等最为了解，因此也最有发言权。另一方面，教师同伴自身承担着教学的任务，通过对其他执教者教学质量的监控，可以在一定程度上提高其自身的教学素养与教学水平。因此，促进教学同伴之间的教学质量监控，应当成为整个教学评估与教学质量监控的一项重要任务。

2. 专家学者

教育专家通常是教学理念的构建者与倡导者，同时也是教学经验的集大成者和新教学技术教学方法的创造者，他们虽然不一定经历过基础教学实践的洗礼，但由于长期的调查研究和观察思考，使他们对基础教学有着更深刻的理解。因此，他们能够把准基础教学的脉搏，并迅速发现基础教育的"病灶"，从而对症下药，开出妙方。在基础教育教学质量评估与监控中，专家学者起着不可替代的作用，他们或直接拟定教学质量标准，或指导学校制定修改教学质量标准。更重要的是，他们不但具有深厚的理论功底，而且与被监控者没有明显、直接的利益关系，因此，能够得出更为客观公正的结论。

3. 教育领导

教育领导主要指学校中层以上领导及教育行政部门的领导。一般说来，教育领导由于受时间、精力的限制，不可能在教学质量监控中，扮演经常性的角色，但他们的特殊身份，决定了他们的评价与监控所产生的作用与影响更大。一般说来，教育专家的评价与监控往往具有理性的说服力，较能使受监控者心悦诚服，但由于其较为软性，因此，其评价监控的成效常常会打折扣。而教育领导的评价与监控虽然有时并不科学，甚至非常外行，受评者或受监控者内心不一定接受，但教育领导掌握着更多的话语权，他们不但可以左右教师的奖金、升迁，甚至影响着教师专业的发展，故而具有一言九鼎之效用。

4. 其他

在学校教育教学过程中，社会上多种因素都有可能渗透进来，对教学质量产生着潜在的影响，因此，学校欲提高教学质量，还必须主动出击，邀请家长、社会名流来校听课观摩，从另外的角度对学校的教学提出一些意见和建议。虽然这些意见和建议也许不具备专业价值，有的甚至比较肤浅片面，但他们的意见和建议代表着社会大众的思想倾向和主流意见，需要学校认真思考对待。

5. 执教者

学科执教者不但是教学质量的被评价与被监控者，同时，他更是教学质量标准的执行者与评判监控者，而且，任何有关其教学质量的评价与监督都仅仅是外来因素，只有教师本身真正认识到了的东西，才有可能在其教学过程中得到真正的落实、实施。因此，执教者不但要根据他人的意见和建议在教学过程中进行必要的调整与改革，同时，他本身还要对学生的学习质量及教学质量的标准提出自己的看法。

另外，有效的自我评价和自我反省也是执教者成长的必由途径，而只有执教者自身的成长才能确保评价监控体制完善。

6. 学生

教师教学质量好坏，最有发言权的当数受教者（学生）。哪个教师教得好，哪节课最有收获，哪张卷子最能体现自己的水平，他们最清楚。因此，在学校教学质量评价与监控系统中，他们是当之无愧的裁决者。这就是不少学校进行"学生评教"活动的重要依据。但我们也必须考虑到，学生毕竟思想单纯，阅历不广，学识有限，容易产生从众心理，认识易受情绪左右，因此，学生的评教常常容易产生偏差，甚至可能出现"颠倒黑白"的现象。这就不可避免地产生这样一种悖论：一方面学生是教学质量评价与标准监控的主力军，一方面学生的评价与监控只能作为一种参考，而不能起到关键作用。

二、监控者素质

虽然教学质量标准监控系统中监控者有多方面人员组成，他们的地位、水平、作用等各不相同，他们在系统内所履行的职责及监控系统对他们的要求自然也不一样。然而，倘若他们要在教学质量标准监控过程中发挥积极的作用，却需要有相同的素质要求。综合起来，有四个方面。

1. 与人为善

教学质量标准的评估与监控目的并非要为难人，而在于促进教学质量的提高，不过，实际上它避免不了人与人之间思想观念的碰撞，甚至群体与群体之间教学话语权的争夺。因此，如果评估、监控者与受监控者之间缺乏起码的信任感，或者受监控者误解评估监控的意思，就容易发生冲突，导致评估监控的负面效应的出现。为此，在进行教学质量标准监控之前，除了对评估者与监控者进行一定的技术指导外，还需要进行必要的心理疏导（即使是专家学者，也需要在自我提升教学评估与监督水平的基础上进行自我心理调适），帮助他们摒除杂念，抱着与人为善的态度，公平公正地进行教学质量的评估与监控，缩小评估、监控者和受监控者之间的心理距离，减少不必要的误解和因此而产生的矛盾冲突。

2. 换位思考

评估、监控者除了应抱有与人为善之心外，还需要经常进行换位思考。因为，评估、监控者与受监控者的位置不同，对问题的看法及其心态也必定会有差异。如果不能进行必要的换位思考，那么，评估监控者的出发点虽好也会发生麻烦，所谓"好心办坏事"的现象就有可能出现。评估、监控者在实施教学质量标准监控时，应当设身处地为受监控者着想，站在他们的立场上思考问题，在寻找问题的同时，能够发现其中的合理成分。只有当评估、监控者所下的结论是从受监控者切身利益出发，充分考虑了他们的所作所为、所思所想，并且确实把准了教学的脉搏，才有可能真正发挥质量监控的效用，同时为受监控者所接受。

3. 多元视点

教学质量标准监控并不是一件只要照着标准逐一对照打分那么简单的事，质量标准往往只是从一个方面甚至一个点来设立，它也许能够衡量教师在某一方面或某个点上达标的情况，但并不一定能真正地全面地反映教师实际教学水平和学生实际的学习水平。教师的教与学生的学是多元的、显隐共存的，而标准则必须是简化的、显性的。因此，一个教学质量监控高手，不可能死守标准教条，而能以标准为基础，从多元视点出发，进行多角度的评价和多方位的监控。

4. 灵活敏捷

与多元视点相适应，一个优秀的教学质量标准监控者还必须具备灵活敏捷的特点。任何一套教学质量标准的出台虽然经过各方论证或实践检验，但毕竟标准是"死"的，而教学是"活"的，教学过程千变万化，各种状况随时都可能出现。如果死抱着标准的教条，就难以作出合理的科学的评判和有效的监控。这就要求监控者能够灵活运用"教学质量标准"，敏捷发现质量标准中各项条款难以评判的亮点与问题，及时给出修正教学质量标准与师生教与学质量的恰当的意见和建议。

第三节　教学质量标准监控的原则和主要内容

一、教学质量标准的监控必须要遵循的几个原则

（一）导向性原则

教学质量监控与评价，要以党和国家的教育方针、政策、法律、法规和相关文件为指导，以课程标准为依据，树立"以人为本"、"发展为本"的现代教育理念，改变传统评价中片面强调"甄别"和"选拔"功能的倾向，充分体现监控与评价的诊断、反馈、促进发展的功能。注重学生创新精神与实践能力的培养，关注教师的专业成长和教育教学水平不断提高，关注学校的可持续发展。通过监控与评价体系的正常运行，积极促进学生成长、教师进步、教学改进、学校发展，促进学生素质教育的全面实施和教育教学质量的稳步提高。

（二）综合性原则

教学质量监控与评价要坚持"全面评价、全程监控、全员参与"的综合性原则。

教学质量监控与评价，不只是简单关注学生的学业成绩以及教师和学校的升学成绩，还要注重学生、教师综合素质的发展状况，关注影响教学质量的各个相关因素和环节。通过多因素、多方位、多指标的综合监控与评价，促进学生、教师和学校全面、和谐、可持续发展。

教学质量监控与评价，不只是简单关注教学质量结果的评价，更要注重过程的监控。要抓源头、抓过程、抓动态监测、抓及时调控，把教学中的问题矫正于始发时期，坚持横向与纵向相结合，动态与静态相结合，使监控和评价更加客观、公正、全面、有效。

在教学质量监控与评价系统中，学校、教师和学生既是监控评价的对象，又是监控评价的主体，在地位上是完全平等的。要充分开发学生和教师主体作用和潜在能力，使每个人、每个部门，都承担自己应该承担的责任，积极促进学生与教师的自我管理、自我教育、自我完善。

（三）实效性原则

教学质量监控与评价，要查实情，重实效，重落实。要对教学质量现状作出实事求是的评价，对影响教学质量的各有关要素进行客观、准确的分析；制订科学合理、切实可行的监控与评价方案，通过监控与评价机制的扎实有效运行，及时发现并解决教学过程中的真实问题，促进教学质量不断提高。教学质量监控与评价，要在保证科学性的前提下，尽可能在质量标准的制定、监控方法的采用、评价手段的使用等方面，做到简便易行、便于操作。

二、语文教学质量监控的内容

如前所述，教学质量监控的对象主要包括执教者、受教者和质量标准三个方面，而具体的内容却十分复杂。综合而言，有五大方面。

（一）教学素养与学习习惯

语文教师的教学素养和学生的学习习惯均是在长期的教与学的过程中逐步形成的，因此，要在短时内有所改观是很困难的。当然，语文教学素养与语文学习习惯是语文教学质量的重要因子，是不可能避而不谈的。也就是说，在教学评估与质量监控中，必须将这两个方面考虑进去。

"教学素养"是一个很宽泛的概念，它包含了多方面内容。1994年，美国西密歇根大学知名学者迈克尔·斯克里文（Michael Scriven）教授在综合各方面文献后指出，要成为一名理想的教师，至少需要具备如下五大方面的教学素养，即：学科知识、教学能力、评估能力、专业修养、对学校及社区的其他责任。[①] 同样，

---

① 刘力. 理想教师的教学素养 ［J］. 教学月刊，2002，（1）：9～10.

良好的学习习惯也由众多要件组成：观察模仿的习惯、自主阅读的习惯、质疑问难的习惯、不动笔墨不看书的习惯、预复习的习惯、讨论交流的习惯等等。

（二）教学目标与学习动机

教学目标是教学的发展方向与结果预期，更明确地说，它是学科教学目的和任务（教学大纲、课程标准要求）的具体化，也是对教学内容的明晰化和能力要求的层次化，最终落实于教学中教与学的双边活动。教学目标有共性的一面（一般由教材编写者建议或确定），也有个性的一面（一般由教师根据教学的实际需要自行确定）。

教学质量标准监控，既要考虑共性化目标的达成与否，也要判断个性化目标的正误优劣。学生的学习动机，与教师的教学目标的定位密切相关。一般说来，高远的教学目标能够引起深刻而强烈的学习动机，但如果目标超越了学生的实际能力，则有可能导致学习动机的减弱甚至消失。而学生学习动机强弱在很大程度上决定了教学效果的高低。

（三）教学内容与学习内容

教学内容不等于教材内容，更不等于文本内容，后两者具有较大的确定性和客观性，为广大师生所共同面对与拥有。而教学内容则是教师根据课程标准、教学对象、教学需要而在教学过程中自行确定的内容。它是教师对文本与教材内容的增删改补，不但具有较强的主观性（取决于教师的学科素养），而且具有一定的生成性（取决于教师的教学素养）。可以说，不同的教师执教同一本教材、同一个文本，会教出不同的内容，有时甚至迥异。

教师的教学内容在一定程度上决定了学生的学习内容，但教学内容不等于学习内容。由于学生具有自主学习的特点，而教师的引导也有优劣高下之分，故不同班级学生的学习内容有很大的差别，即使同一个班级的学生，其学习内容也可能很不一样。教学质量标准监控既要直接从教师教学的内容中作出判断，同时也要根据学生的学习内容加以区别。

（四）教学行为与学习技能

教师的教学行为主要包括两大方面，即：语言行为和非语言行为。西方的许多课堂研究者把课堂看做一种弥散着的语言环境，认为"教师的口头语言行为表示了他所做的全部事情和他要学生所做的全部事情"，因而更多地把注意力集中在教师的口头言语行为上。比利时学者德朗舍尔在他与拜尔合著的《教师怎样教：对课堂中口头语言互动的分析》中，从言语行为职能的角度，将教师的口头语言划分为下列七个不同的范畴：促进课堂组织、强制、促进发展、促进个性化、正反馈、负反馈、具体化材料的利用。① 教师教学的非言语行为，包括了教师教学过程中一切不需要语言表达的行为，例如教学手段的选择、教学方法的优化、肢体动作与表情及板书板画、实验、教学资源的组合等。

教师的教学行为，往往是教师教学理念与思维模式的外化。教师的教学行为，虽然能够影响学生的学习技能，但不可替代。这就是为什么同一个教师教出来的学生，其结果会有天壤之别的重要原因。有的教师自身教学行为虽好，但不注重学生的学法指导和学习技能的培养，那么，能上好课的好教师也未必能培养出优秀学生。

因此，教学质量标准监控必须考虑教和学两个方面。"一方面考察教师的教是为改进学生的学；另一方面教的质量最终反映在学的质量上，为了考察教师的教，在许多情况下必须从学生的学入手，把教师的教同学生的学联系起来考虑，还要注意教师的教和学生的学之间的中介过程。"②

（五）教学质量标准的适切性

教学质量标准监控除了利用质量标准对具体的教学全过程进行质量监控，同时，还涉及教学质量标准本身的监控问题。我们知道，教学质量标准是人们根据教育的基本规律、特定时代及学校教育的需要而制定出来的，带有很强的主观性和不确定性。这也决定了教学质量标准自身也存在着优劣高下的问题，存在着是否适应教学需要的问题，这就同样需要有多方面的监控。要衡量一套教学质量标准的水平，除了看其语言表述、项目设计、权重安排、细则要求等外，更重要的是看这套教学质量标准是否适合某一特定学校的实际，能否适应该校师生的状况。而教学质量标准也应当在教学实践中，在有效的监控下不断修改完善。

第四节　教学质量标准监控的手段与方法

如前所述，良好的教学质量监控应当是量化监控与质性监控相结合，问题在

---

① 柳夕浪．课堂教学临床指导（修订版）［M］．北京：人民教育出版社，1998.7 ~ 8.
② 柳夕浪．课堂教学临床指导（修订版）［M］．北京：人民教育出版社，1998.3.

于，量化监控与质性监控分别采用什么手段与方法。而且，量化监控不可能完全排斥质性监控，同样，质性监控也离不开量化监控。换言之，在任何教学质量监控中，都不可能独立采用单一的手段与方法，一个优秀的监控者都必须掌握并能熟练运用量化监控与质性监控。

一、量化监控

1. 数据的采集

教学质量标准监控过程中，数据的采集主要有机械采集与人工采集两种。

机械采集主要通过计算机与网络技术，监控者通过输入器（可以由电脑分机充当）将自己对特定教学过程的评判（可以是分数，也可以是等级）经由网络传送到终端机（数据库）。这种数据的采集比较适合评教、考试成绩分析、教学调查等。其优势是所采集的数据完备、及时，较少受外界影响，不可控因素小。但这种数据往往易受监控者一时的情绪影响，缺乏深思熟虑，缺乏逻辑推理，有时并不代表监控者的真实意见和想法。

人工采集主要是监控者通过座谈、访谈、调查、讨论，对受监控者的教学情况进行了解，并通过人工的手段进行数据的记录统计。人工数据采集的优势是可以通过追问了解所有监控者的真实思想，避免数据受主观情绪的影响，缺点是费时费力，点的深入有余，面的普及不足。

2. 数据的处理

无论是机械采集还是人工采集来的数据，一般来说都要利用计算机进行处理。只不过机械采集的数据，无须经过人工的输入，而由终端机直接对分机传输过来的数据进行统计分析，在经过必要的信息加工处理后，给出对监控对象的一个量化评价，再通过与数据库已经设定的数据指标进行系统的比对，得出受监控者在教学质量方面需要保持的优势及存在的问题。而人工采集的数据，则需要通过人工输入的方法，传输到终端机，除此之外，和机械采集的数据处理过程相同。

3. 数据的保存

每次教学质量监控所采集到的原始数据，以及经过统计分析后的综合数据，都应保存到大型数据库中，作为受监控者的重要档案。学校应为每个教师和学生建立独立的信息档案库，通过授权和密匙，可以允许受监控者本人、相关教学管理人员进入。如此，既能帮助教学管理人员及时掌握师生教与学的质量状况和发展趋势，更能帮助师生及时了解自己在教与学上存在的问题，以利于改进提高。

4. 数据的反馈

教学质量标准监控所采集到的数据及对数据分析处理的意见和建议，采用三种渠道四种方式反馈。三种渠道是指网络（通过 E-mail、MSN、QQ 等）反馈，纸质（监控室将教学质量监控统计数据打印出来）反馈，口头（通过面谈、电话等）反馈。四种方式是指直接即时反馈（教学结束即直接向受监控者反馈）、间接即时反馈（教学结束即间接向受监控者反馈）、直接延时反馈（在教学结束的较长时间以后再直接予以反馈）和间接延时反馈（在教学结束的较长时间以后再间接予以反馈）。

二、质性监控

1. 教学观察

教学观察是质性监控的重要途径。教学观察不同于一般的听课，听课着重在于课堂上听教师的讲解，包括教师讲什么和怎样讲。听课者在听课之前一般都不必做什么准备，或制订什么计划。教学观察则不同，它不仅要观察课堂上的教与学，也观察课外的教师指导和学生学习。更重要的是，教学观察事前必有充分的准备，包括制订严密的计划，确定观察的时间、地点、次数，根据监控目的确定观察的中心或焦点。此外，还要设计或选择观察记录的方式或工具。课堂教学观察也不仅仅听教师"言"，而要观教师"形"和"神"。教学观察也不像听课那样，只记录教师的课堂语言及板书，而要记录教师与学生在课堂上表现出来的行为模式，包括行为发生的时间、原因、出现的频率，师生言语或非言语活动的内容和形式，此外，还要纪录观察对象其他行为的文字描述以及观察者的现场感受和理解。

2. 监控记录

当然，教学观察也有定量分析，其方法是：预先设置行为的类目，然后对在特定的时间段内出现的类目中的行为作记录。但更多的监控记录都是依靠文字（或语音）描述来进行。一般学校都有听课笔录，但显然用做教学质量标准监控是不够的，需要另行制作教学质量标准监控记录单。

教学质量标准监控记录的形式可以是多方面的，例如从描述的角度看，可从空间、时间、环境、行动者、事件活动、行动、目标、感情等方面进行；从叙述的体系看，可有日记和流水账（diary/running log）、逸事记录（critical incident）、样本描述（specimen description）、田野笔记（field notes）等等；从监控记录的工具看，可有图式记录（map records，即用集团图、环境图的形式直接呈现相关信息）和工艺学记录（technological records，即使用录音带、录像带、照片等电子形式对所需研究的行为事件做现场的永久性记录）。

3. 监控报告

教学质量标准的监控成果，除了监控记录外，大多需要以监控报告的形式来反映。通过教学质量标准监控报告，使监控者对被监控者的行为达到干涉矫正的目的。

教学质量监控报告的写作无定法，但一般要包括以下几个方面：教学质量标准监控的基本状况（包括时间、地点、原因、目的等），教学质量标准监控的过程，汇总收集到的信息并作筛选、甄别，对各类信息的分类与分析，得出的基本结论，提出改进意见和建议等。

4. 监控互动

前面三项都属于单向性教学质量标准监控，即均为监控者的行为。而真正有效的教学质量监控必须是多向互动的，即需要有被监控者的积极参与。这就意味着质性的教学质量标准监控需要加强讨论与对话。而这一方面是目前教学质量标准监控中最为薄弱的一环。我们在教学实践中总结出了一整套教学质量监控互动的方法，并将其构建为如图6-3所示模式图。

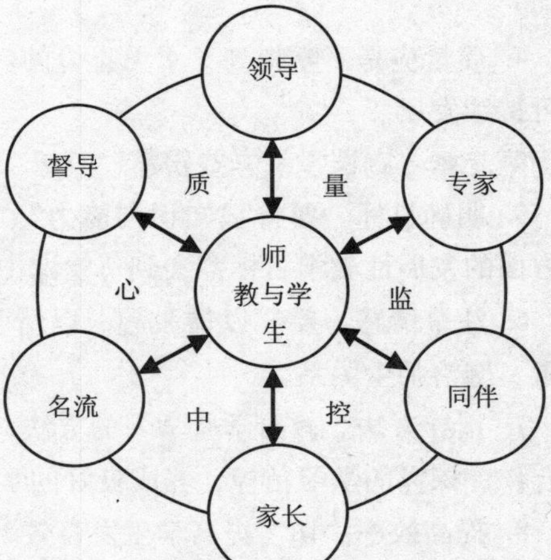

图 6-3　教学质量监控互动模式图

三、实例呈现

以下呈现的是两所实验学校教学质量监控的实例。实例一是《浙江省金华市罗埠高级中学语文教学质量监控实施细则》，实例二是《浙江省嵊州市第二中学语文教学质量监控实施细则》。

［实例一］

浙江省金华市罗埠高级中学语文教学质量监控实施细则

为了贯彻落实《中学语文教学质量标准与目标监控研究》课题组的研究成

果，结合我校实际，进一步强化教育教学管理，大力推进素质教育，全面贯彻教育方针、全面提高教育教学质量，特制定本实施细则：

第一章　树立全面的、可持续提高的教育质量观

1. 质量是教育的生命，学校要以质量求生存、图发展。全校教工要达成"质量立校"共识，做到"人人关心办学质量，人人为提高质量尽力"。

2. 要把握素质教育的实质——面向全体学生，促进学生全面地、生动活泼地、主动地、富有个性地发展——培养学生"学会做人、学会学习、学会健体、学会生活、学会创造"。

3. 不仅需要智育的高质量（在各类考试中取得优异的成绩），而且需要德育、体育、美育、劳动技术教育等方面的高质量（如在各类竞赛中也取得优异的成绩）。

4. 质量应是不断提高又永无止境的。只有这样，才能促进学生、教师、学校的可持续发展。

第二章　向课堂教学要质量

5. 明确目标。要将"知识与能力"、"过程与方法"、"情感态度与价值观"三方面的发展性教学目标落实到每堂课中去。

6. 注重情感。要"以情激趣、以情明理、以情导学、以情促智"，活跃课堂气氛，融洽师生关系。

7. 指导方法。教给学生学习的方法，引导学生生动活泼地、主动地学习，培养合作、探究的学习精神，养成良好的学习习惯。

8. 提高效率。切实提高学生发言效率、练习效率、实践操作效率、预复习效率、电教媒体使用效率。课堂的容量适度，课堂的节奏适宜。

9. 改进教法。"教无定法，贵在得法"，要依据"学法"选择"教法"。有利于学生身心全面发展、教学效果显著的方法，就是好方法。提倡教法多样，鼓励创新。

第三章　向教学过程要质量

10. 抓课前准备。备课是指课堂教学前的一切准备工作。备好课是上好课的前提，是提高课堂教学质量和效率的关键。

（1）教学计划及进度要具体到课时；

（2）要超前一周备课，做到一课一案；

（3）突出"六大"设计（课堂结构设计、提问设计、板书设计、媒体设计、作业或练习设计、语言设计）；

（4）所有的课都必须有教案，繁简各宜，因科而异，注重实用；

（5）提倡电子备课和集体合作备课。

11. 抓课堂教学。课堂教学是素质教育的主阵地，课堂教学的质量决定着学校的教育教学质量。

（1）必须按课表上课，不得随意增减课时、篡课或停课；

（2）必须上满 40 分钟，不得迟到、提前下课或拖堂；

（3）必须有充分的准备，不得无教案、无教具上课；

（4）必须管好课堂纪律，不得放任或撵学生出教室；

（5）按照一堂好课的标准上好每一节课；

（6）指导好每周 1 节的学生阅览课，做好每月 1 次的读书笔记交流。

12. 抓个别辅导。辅导是培养特长生和帮助学习困难学生的重要措施。

（1）三个"优先"：对学习困难的学生要"课堂提问优先、作业批改优先、个别辅导优先"；

（2）对因事、因病、转学而缺课的学生要及时补课；

（3）在班级形成互帮互学等良好学风，不歧视、不放弃每一个"差生"；

（4）"培优"和"转差"都应有计划、有措施、有成效，要与家庭、科任教师配合；

（5）组织好学生社团活动和各类竞赛活动。

13. 抓作业质量。作业是巩固知识、形成技能的重要环节，是反思教学改进教学的重要依据及手段。

（1）作业布置要设计精巧、要求明确、难易适度、形式多样、分量恰当，作业因生而异，体现层次要求，反对"题海战术"和"机械重复"；

（2）对学生的作业要严格要求，书写要工整（每天晚自修前的写字课要由语文老师落实好），格式要规范，做后要检查，错了要订正，养成好的习惯；

（3）要加大课堂作业量，严格控制每日作业总量；

（4）作业批改要正确、及时，全批全改，当天书面作业不过夜，学生习作当周批改并讲评完毕，原则上每 2 周有 1 次作文训练；

（5）每次作业都有记录、有检查、有讲评；对优秀作业予以奖励；不得罚抄罚写罚做，不准粗暴对待学生作业；

（6）督促好学生随笔训练，每学期不少于 15 篇，每篇 600—800 字。

14. 抓平时考核。考核是检查学生学习情况，激励学生学习和教师对自己教学进行反思、改进教学的重要手段，是教学过程中不可或缺的内容。

（1）注重平时成绩的考查：语文每专题一测（课堂 45 分钟进行），根据学校要求每月一考，严格控制考试次数；

（2）努力改进考试形式，注重口试、行为测评、实际操作和"学生成长记录"；

（3）严肃考试纪律，遵守《监考规则》，执行《考场规则》，杜绝考试作弊；

（4）确保考试成绩的真实，实行拉单桌考试、串年级监考、密封交叉流水阅卷；

（5）要如实记录学生的成绩，按时如实填报学生模块成绩，按时如实记录学生平时修习情况，不得编造、随意篡改，也不得由学生填写。

15. 抓质量分析。质量分析的目的是总结经验、找出不足、明确今后努力的方向和改进工作的具体措施；它使教育教学成为一个自足的系统，对维护该系统的"良性循环"起着至关重要的作用。

（1）所有学科、所有考核（包括考试、测验、竞赛等）都要进行质量分析；

（2）质量分析要有层次地进行，先由备课组，再由教研组，最后由年级组进行；

（3）要填好"质量分析表"，找到主要成绩和主要问题，剖析具体实例，写出切实可行的改进措施；

（4）及时召开"质量分析会"，针对考核所提示的问题采取必要的措施。

16. 抓学习过程。在校学生的学习过程包括预习、上课、复习、作业、小结、考试等六大环节，教师要对每一个环节进行指导和训练；尽快让学生掌握正确的学习方法。学校还将对各班的自习、"两操"、课间活动、纪律、卫生、出勤、安全等进行全程监控；努力形成良好的班风、学风、教风和校风。

第四章　建立质量监控机制

17. 教师自我监控机制。

（1）课前准备是否充分？（熟悉教案、准备教具、提倡"候课制"）

（2）上课时身心状态是否良好？（授课应精神饱满，控制暴怒、发泄私愤等不良情绪；不做与教学无关的事，不说与教学无关的话）

（3）学生作业质量如何？（提前设计好作业题、及时批改、记录讲评、督促订正、控制作业量、减少出错频率）

（4）这堂课有何得与失？（提倡写教学后记）

（5）哪些学生需要及时辅导？（确定重点辅导对象、内容，安排辅导时间及方式）

（6）平时测试或单元考试成绩如何？（防止两极分化，提高平均分、及格率、优秀率，发现"异常点"并及时采取措施；其中，要特别控制低分率、不及格人数和成绩下滑的趋势）

（7）学生的学习状态如何？（课堂纪律、学习态度、学习风气、身体及情绪）

（8）教学目标是否"四清"？（课课清、单元清、人人清、项项清）

（9）是否能反思教学？（自己找出自己工作中的不足，使教学更具理性和人性）

18. 年级组监控机制。

（1）有效控制教师教学工作过程。对备、教、辅、改、考、评和析六大环节，每月检查一次；检查要有记录、有评析、有指导；

（2）有效控制学生的纪律、学风。控制各班违纪率、事故发生率，整顿"乱班"；帮助薄弱学科、薄弱班级尽快扭转局面；

（3）组织年级竞赛、考试，每月做一次年级教学工作质量分析，控制平行班之间的成绩差距；

（4）开展集体备课、说课、听课、评课和课题研究等教研活动；

（5）组织符合学生实际的学科活动课、兴趣小组活动以及校级、年级的文体、科技、社会实践等大型活动；

（6）创建"先进教研组"，杜绝体罚或变相体罚学生。对教师的劳动纪律、教学纪律、师德情况进行考核；并一学期进行一次综合考评。

19. 校级监控机制。

（1）成立校级教育教学质量监控领导小组。人员由校长、书记、主任、工会主席和年级组长组成。分管教学副校长全面负责质量监控，教务处落实检测工作；

（2）编班由教务处统一安排。随机分班，尽量使平行班生员相当；

（3）抓好起始年级的教学，注意"初高中衔接教学"；

（4）建立年段把关制度。在教师的调配上，每个年段、每个学科都有把关教师；原则上三年一循环；

（5）抓好毕业班的教学。微调教师，确保高三教学质量；

（6）加大"转化后进生"的力度，做到"不让一个学生掉队"；

（7）完善"八个一"的质量监控制度（即：每月一次教学常规检查、分析和通报；每学期一至两次学科竞赛或抽测；每月一次教育教学业务培训或专题研讨；每周一次教研活动或集体备课；每天一次巡视；每周一天听课；每周深入一个班级、教研组或年级组检查指导工作）；

（8）建立"质量预警制度"。统考学科平均分差距在5—10分的，个别谈话，分析原因；在10分以上的，写出书面说明，落实整改措施；

（9）建立"学生成绩管理系统"和"教师工作质量档案"，继续实行"教师工作质量评估"和"教育教学奖惩制度"。

第五章　质量监控的其他相关措施

20. 继续实施"名师工程"。根据金华市教育局《关于打造浙中教育品牌的实施意见》，把教师队伍建设作为学校永远不变的重点工作来抓，通过提高教师的素质来提高教育质量。试行"师德一票否决制"，树立良好教师形象；开展"校本培训"，提升教师的"专业化"水平。

21. 继续实施"管理工程"。向管理要质量、向管理要效益。坚持"以人为本"，逐步实现管理的制度化、层级化和人格化。

22. 继续实施"创新工程"，切实树立"科研强校、科研兴校"的观念。以民盟金华市委浙江师大总支科研"结对扶贫"为契机，开展经常性的教研活动，大胆进行教育改革，培养学生的创新精神和实践能力，逐步办出学校的特色和品牌。

23. 继续实施"形象工程"。主动请社区、学生家长监督学校教育质量；开好每年1—2次的家长会，不断改进我们的工作，为人人提供合适的教育而努力。

本实施细则自发布之日2005年11月1日起试行，2008年2月10日修订并继续执行。其解释权归校务会。

［实例2］

浙江省嵊州市第二中学语文教学质量监控实施细则

为了更好地实施《普通高中语文课程标准》，规范语文教学行为，引导并帮助每位教师提高专业素养，促进专业发展，有效提升学生的语文素养，根据我校实际，特制定本实施细则。

一、教学过程的监控

（一）教学计划

1. 认真学习《语文课程标准》，正确把握高中阶段的课程目标和实施要求；

独立钻研教材，全面、系统地把握教材体系和知识结构；通读全册教科书，熟知模块的具体目标要求；研究课文内容及其与整套教材、本专题知识能力训练体系的内在联系，进而确定专题教学目标、课文教学目标和每个教时的教学目标。

2. 认真研究任教班级学生现有的语文素养、语文学习能力、语文学习心理，制订好具体可行的学期教学计划。学期计划必须目标明确，任务落实，措施具体，过程清晰，可操作性强，应包括：①学期教学总体目标；②教材内容与学生情况简要分析；③学期教学总体构想、具体措施和课内外学习训练活动安排；④作文教学计划（包括作文教学任务和写作重点，作文次数及要求等）；⑤教学进度安排（包括各专题教学重点、难点、课时分配、时间安排等）。

3. 教研组和备课组分别制订好学期的教研活动计划，包括业务学习和课堂教学研讨计划；各备课组尽量做到统一目标、统一进度、统一测试。

（二）课前准备

1. 独立研读教材。教师要在参考相关教学资料之前，独立研读文本，研究课文内容及其与专题知识能力训练体系的内在联系，形成个人的独特见解，再通过个人思考与参考资料的碰撞，实现教师和语文课程的同步成长。

2. 设计教学方案。认真钻研学材内容，领会编者专题设计意图及课文学习重点，要做到"生课熟备，熟课生备"；备课时要深入研究学生的心理需求、认知水平，既要备教法，更要备学法，因班制宜，因材施教。确定每个专题每篇课文适当、明确、集中的教学目标，选择最恰当的教学方法，设计最佳教学方案，在方案中要体现学生活动设计。

3. 倡导集体备课。同备课组教师在个人认真备课的基础上，在每个专题的教学前，开展有效的集体备课活动。集体备课要做到：①定时间、定地点、定内容、定中心发言人；②每次集体备课活动均要有详细记录并存档备查；③在集体备课的基础上修改自己的教案，集体备课确定的统一内容在个人的教案中要有所反映；④备课同时要体现个人的思考，有个人的特色。

4. 编写规范教案。课时教案内容一般包括：①课题；②教学目标；③教学重点难点；④课时安排；⑤教学构思及手段运用；⑥教学过程（步骤）及学生活动的设计；⑦巩固知识技能、促进感悟体验的练习；⑧教学后记。阅读教学的练习课、复习课也要跟新授课一样认真准备，编写教案；写作教学要准备做前指导教案和做后讲评教案。

（三）课堂教学

1. 倡导绿色课堂，呼唤原生态教学；倡导激情教学，提高课堂教学效益。注重培养学生的人文精神和创新品质。

2. 各个教学环节围绕教学目标展开，学、教、练要一体化。各项学习活动注重实效，提问与讨论要有序、适度，问题要有价值，要相机指点引导；讲授准确，有条理，有重点，有针对性；课堂训练求实、求精、求活、求新。重视学生学习效果的反馈，并根据实际情况及时调整教学。

3. 精心组织小组讨论和大组交流，目的清楚，全员参与；保证学生在课堂上的活动量，让课堂教学成为学生学习、体验的过程。

4. 注重师生平等对话，发挥教师的主导作用，强化学生的主体地位，教师与学生分享彼此的思考与见解，交流彼此的情感与理念，实现教学相长。

5. 注意学习内容的拓展，使课堂教学成为学生课内外学习的交互点，真正做到得法于课内，得益于课外。

6. 课堂评价关注过程，注重激励，中肯适度。努力激发、保护学生学习热情和创想，包容而又不漠视学生的问题与不足，及时指点引导；教师不独享评判权，注意培养学生自评互评的习惯和客观公允的评价能力。

（四）作业训练

1. 紧扣课堂教学目标要求，精心安排与选取练习。平时每次布置的课外书面作业量为 30 分钟左右。

2. 作文每学期不少于 8 篇，当堂完成的作文最好不少于 2 篇；指导学生每周练笔 1 篇，三年中各类练笔不少于 3 万字，把所见所闻所思所感随时写下来，以提高写作能力。

3. 作业批改要讲究实效，并兼顾不同层次有计划地轮流重点批改。作业批改中要重视积累评讲资料。各种作业都要评讲，并要求学生针对存在的问题及时订正或修改。批改方式：①重点作业全收全改；②部分作业精批细改；③个别情况当面批改；④学生自批自改；⑤学生互相批改。

（五）课外辅导

1. 辅导形式可以多样：全班辅导、小组辅导、个别辅导等。辅导要求：既要辅优，又要扶弱。对优秀学生应有计划地引导，充分发挥其特长，挖掘其潜能；对学困生应满怀热情耐心帮助，根据其特点对症下药，个别辅导。

2. 依托教科书，根据实际，因地制宜，积极开展丰富多彩的综合实践活动。

如组织社会调查、读书会、演讲比赛、朗诵比赛、影评活动、文学社团活动以及举办讲座、出墙报、写对联等等。活动要精心筹划，相机指导，发挥学生主体作用，培养学生创新精神。

3. 指导学生阅读课外书刊（特别是文学名著），三年中课外阅读量不少于150万字。

二、教学效果的监控

（一）教师课堂教学评价

1. 课堂教学评价实行教研组长负责制，成立学科评价小组，要求教研组长把好课堂质量评价关，把落实课堂质量标准、提高课堂效率、促进教师专业成长与教研组建设有机地结合在一起。通过听课，及时发现教学中存在的问题。

2. 授课教师要从发展自己、提高自己的角度出发，认真备好、上好每一节课，积极参加说课、评课活动，虚心听取他人的意见和建议，不断改进课堂教学方法，提高课堂教学实效。

3. 所有任课教师，均应接受评价组的听课。

4. 听课方式：由教研组长组织评价组成员听教师常态课。评价小组可根据实际需要在一学年内听评同一任课教师的常态课 1~3 次。按照授课计划听课，审核教案上交教务处；严格遵循课堂评价标准给分，客观公正确定评价等级。

5. 听课次数：每学期评价小组至少完成组内教师人数的 1/2 的听课、评课任务；每学年至少完成一轮听课评课任务。

（二）学生学业评价

1. 每学期实行期中、期末两次学科考试。平时学习效果要及时评价，注重跟踪监控与过程评价。

2. 命题要根据《语文课程标准·评价建议》，突出重点，着重考查学生灵活运用知识的能力。题量与难度要适当，应照顾大多数学生。命题要注意区分度和试题的层次性。

3. 每次检测、考试后，要及时批阅，做好质量分析，并针对问题进行集体评讲或个别辅导，帮助学生掌握知识和技能，使学生学有信心，学有长进。①要认真做好试卷分析，找出教学中存在的主要问题，提出改进教学、提高教学质量的措施；②要做好试卷讲评，一般先对重点对象抽样分析，从中发现学生主要问题，而后重点讲析有价值的问题，最后进行深化与延伸。

三、监控方式

学校建立教师、教研组、教务处三级监控网络。

任课教师一是要自我监控教学过程中各个环节的教学行为是否符合规范，二是要随堂监控学生对重点知识的掌握情况、能力形成状态、存在的倾向性问题，并进行单项或专题为主的口头测试、书面测试。

教研组负责对教师的课堂教学进行监控和评价。

教务处负责对教师教学过程中的各个环节进行整体监控，并在期中和期末对学生学业进行 2 次监控测试，发挥其督察、激励功能，及时调整师生的教学行为，确保教学质量的提高。

监控方式做到"三个结合"：教研组监控与学校监控相结合；全程监控与重点监控相结合；随机监控与定期定点监控相结合。

监控的结果纳入教师工作和学生学业成绩的整体评价之中。

第七章　语文教师课堂评价质量标准

　　教师课堂评价是课堂教学的重要组成部分，其质量的优劣高下不但与教学效果密切相关，而且在很大程度上影响着学生的心理健康与个性发展。另外，教师课堂评价也是教师课堂教学能力、教学水平和教学艺术的集中反映。但目前大家对教师课堂评价的关注较少，即使是对教师课堂评价进行研究，也大多局限于课堂评价的意义、设计、原则、类型、方法等内容，即专注于指导教师如何进行课堂评价。虽然这些研究是十分重要而必要的，但是，如果我们对教师课堂评价的质量没有一个基本的价值判断，没有一个比较具体可操作的衡量标准，也就是说，我们不能帮助一线教师明白课堂评价有着怎样的质量评判（包括效果的好坏，影响的大小等），那么，教师在进行课堂评价时只能凭经验行事，评价将会变得非常随意，即使学会了一些评价的方法和技巧，仍然不可避免地会出现无效甚至是负效的课堂评价，课堂教学的总体成效也将大打折扣。因此，研究教师课堂评价的质量，并在此基础上建立可供操作的质量标准体系，以规范的标准作导引，促进教师课堂评价的发展，应当成为新课程改革的一项重要任务。

第一节　概念解析

　　作为具体的教育行为，教师课堂评价肯定存在一个质量问题，研判教师课堂评价的质量，或者说对教师课堂评价进行评价，这属于元评价（meta-evaluation）的范畴。所谓"元评价"，就是指"对评价技术的质量及其结论进行评价的各种活动"，"就是评价的评价"①。元评价的客体是教师课堂评价，因此，我们首先必须搞清楚教师课堂评价的基本概念；此外，还有必要了解客体实施的目的，即教师为什么要进行课堂评价。

一、语文教师课堂评价

关于教师课堂评价的定义，不同论者会给出不同的阐释，但核心基本相同，那就是指教师在课堂教学过程中，为判断学生的学习情况、了解自己的教学效果、促进学生有效地学习，而对学生的学习信息（包括学习方式与行为、学习技能与水平、学习态度与情绪、学习结果等）进行采集、分析与利用。② 我们所说的教师课堂评价，单指教师对学生课堂表现（听课状态、问题回答、活动研讨等）作出的价值判断，并在言语、神态、行为等方面作出的反应，不包括师生互评、生生互评、小组评价、学生自评等课堂评价形式。

（一）语文教师课堂评价的类型与时机

1. 语文教师课堂评价的类型

语文教师课堂评价由多项子因素组成，可以据此将评价分成不同的类型。从时间来看，有超前评价、即时评价、延时评价等；从评价的手段看，有言语评价、态势评价、媒介评价等；从评价性质看，有肯定性评价、否定性评价、未定性评价等；从评价内容看，有学习行为评价、学习结果评价、发展趋势评价等。当然，在课堂评价过程中，一般不会只局限于某一种的评价，它可以是以一种评价为主，其他评价为辅，或者多种评价相结合，而对评价类型的分析与把握，有助于我们科学地建立并合理地使用教师课堂评价质量标准。

2. 语文教师课堂评价的时机

课堂评价伴随着语文课堂教学过程全程性地存在，但并不是说，语文课堂教学过程的任何一个时段适合任何一种评价。相同的评价，在课堂教学的不同时段出现，其效果不尽相同，甚至全然不同。这就要求教师在进行课堂评价时，必须把握时机，相机而动，见机而评。有时需要当机立断，进行热处理；有的时候则需"视而不见"，采取冷处理；有时则可隔三岔五，随时点拨。

---

① 许建钺等编译. 简明国际教育百科全书·教育测量与评价 ［M］. 北京：教育科学出版社，1992. 65.

② 沈玉顺主编. 课堂评价 ［M］. 北京：北京师范大学出版社，2006. 28～34.

优质的评价必须是在最恰当的时候针对最恰当的对象作出最恰当的反馈。教师准确而及时的评价，是对学生学习情况的表态，是教学进一步深入的导向，是对学生学习兴趣的提升。这样的课堂教学评价，正如春天的及时雨滋润万物，能真正唤醒学生学习的主体意识。对于不同的学生，教师应该抓住时机，提供多角度、多层面的评价信息，以鼓励学生实现对自己的超越。

当中等生犹豫时，我们教师应多肯定鼓励，倾注期待。如果他们一时间回答不上来或部分正确，教师可以给予鼓励性的评价，如，"不要紧张，你是一时答不出，请你再读一读这个段落，相信你会找出好的答案来！""对！相信你自己，大胆地说出自己的看法。"在老师的期待中，学生会放松心情，渐渐变得积极。当后进生胆怯时，教师的课堂教学评价更应把握时机，多为他们提供学习的机会。哪怕学生答错了，我们在帮助纠正错误的同时也应发现他们的闪光点加以表扬，如"你的想法很大胆，只是还差一点没考虑清楚"，"你能够说出自己的想法，这很好，为你的勇气鼓掌"。这样的评价可以逐渐克服学生回答问题时的自卑心理，触动学生的心灵，让他们感受到原来老师一直很在乎自己，自己也有学习的潜力。所以结合课堂教学实际，把握评价时机，课堂便会生机勃勃，散发出别样的光彩。

（二）语文教师课堂评价的过程与方法

1. 语文教师课堂评价的过程

教师课堂评价的过程，实际上就是师生思想碰撞与交锋的过程，这一过程将根据评价的对象、内容、目标而有所不同。有时候课堂评价是一个完整的过程，包含评价的各个环节；有时候评价具有很强的突发性，其过程被省减或浓缩，你甚至还没看清其过程，评价已经结束；有时候评价的过程断断续续，同一个评价可以从课堂教学的起始持续到课堂教学的结束。一般而言，完整的课堂评价包含了五个环节：蓄势—起始—转换—拓展—收束。在课堂教学评价过程中，教师既要"对事"，又要"对人"；既要纵向地比，又要横向地比。一些较容易的问题应尽量让学习基础薄弱的学生回答，如果他们的回答有进步，哪怕是点滴的进步，教师也应抓住契机，进行表扬和鼓励，肯定其努力的过程、认真的程度等。德国教育家第斯多惠说过："教学的艺术不在于传授知识，而在于激励、唤醒和鼓舞。"在评价过程中，对学生应给予更多的呵护。对基础较好的学生进行评价时，则应侧重于评价他学习的方法、思维的创新等。多关注学生的个性，体现评价的差异性。

2. 语文教师课堂评价的方法

课堂评价的方法是教师在课堂教学中，对学生学习信息利用、评判与反馈的具体措施，课堂评价的方法虽然受制于教师教学理念与学科素养，但它具有相当的独立性。换言之，一些教学理念先进、学科素养较高的教师，不一定拥有先进的课堂评价方法，导致课堂评价失效，甚至因评价的不当而造成师生关系紧张。而教师如果不仅具有先进的教学理念和良好的业务素质，而且掌握较好的课堂评价方法，那么他（她）的课堂在很大程度上是有效的。课堂评价是随机的，更应是艺术的。故课堂评价的方法也可以称之为课堂评价的艺术。如"教师组织学生进行组内互评时要及时进行指导，既要向那些课堂表现不错的同学表示赞赏，更要鼓励、调动那些在课堂上表现不自信的同学。从而使课堂氛围始终保持一种融洽、和谐、探究、协调的状态，在学生心中形成一种团结合作的亲和力"。①

常见的教师课堂评价的方法有测验法、学生学习代表习作评价方法、表现性评价、苏格拉底式评价法、观察评价法、活动评价法等。② 这些评价方法往往反映当代先进教育思想的评价理念。如表现性评价，是指在学生完成一项学习任务的过程中，教师对学生在学习活动中表现出来的参与意识、合作精神、探究能力、分析问题的思路、知识技能掌握水平等方面的评价。美国国会技术评价办公室在 1992 年对表现性评价提出了一个概括性定义："它是要求学生创造出答案或产品，以展示其知识或技能的测验。""表现性评价是一种动态的、过程性评价，它关注的是学生做了什么，而不是知道什么。"③ 要对学生已掌握的知识内容、技能水平以及情感等诸方面给予评价。这种评价方法是对传统评价（只关注掌握知识的多少）的很好的反拨，体现了一种全新的教学理念。

二、教师课堂评价的目的

要正确分析教师课堂评价的质量，还必须搞清楚教师课堂评价的目的。根据教学的主客体的不同，教学内容与场景的不同，教学所要达成的目标不同，教师评价的目的就有差异。总的说来，教师的课堂评价主要体现以下五大目的和功能。

---

① 铬林森. 新课程下教师的课堂评价 [J]. 甘肃教育, 2005,（9）: 20.
② 沈玉顺主编. 课堂评价 [M]. 北京: 北京师范大学出版社, 2006. 28～34.
③ 秦功理. 表现性评价在大学语文教学中的运用 [J]. 才智, 2008,（14）: 105.

（一）通过肯否判断，强化知识的传递与接受

教师在课堂教学的过程中，会随时对学生学习表现（包括行为表现与言语表现）进行价值判断，或给予肯定，或表示否定，从而使教师传授知识与能力的过程更流畅，使学生的学习更有目标，知识接受也更为坚定明白。这是教师课堂评价最常见也是最现实的目的。这里需要注意的是，由于受"儿童中心主义"的影响，许多教师怕伤害学生的学习积极性，面对学生的一些不当的行为表现或言语表现，总是给予过分的表扬。试举一例：

教学《赶花》一文时，一教师让学生说说自己想不想成为一个养蜂人，本意是引导学生进一步体会养蜂人工作的艰辛。一学生说："我不想成为一个养蜂人，太苦了，我可受不了！"教师马上鼓励道："很好，你说出了自己的感受。"

作为教师，当然应该尊重学生的感受，但这位学生的感受显然是脱离了文本和作者所要表达的情感，理应及时地引导学生和文本对话，适时作出积极的引导。但教师面对这很明显的情感偏差，却听之任之，未作正确引导，这样便错失了教育时机，不利于学生良好情感的发展。学习心理学认为，学习也是学生不断尝试错误的过程。因此，当学生的理解与发言出现问题时，教师善意的否定性评价也必不可少。①

（二）通过点拨指导，帮助全体学生学会学习

有时候，教师在课堂教学中，不直接对学生的学习进行肯否判断，但教师通过自己的言语和态势加以点拨，让学生自己去揣摩教师的态度，从而获得有效的信息。这种课堂评价方式，比直接的肯否判断要委婉，而且它是建立在进一步教授的基础上，显示教师的宽容与期待，使学生更易接受，效果也更好。如郭初阳老师在上《愚公移山》时有个片段：②

师：我们继续思考下去——愚公移山最后的成功，究竟是因为愚公"子子孙孙无穷匮也""人数"多呢，还是因为有"外援"？

众：（轻声）外援。

师：好，还是这位同学回答好吗？轮到谁就是谁。你认为——

① 张海根. 其实你不懂"我"心——浅谈教师课堂评价语使用误区 [J]. 语文教学通讯，2006，(31)：53~54.

② 郭初阳. 言说抵制沉默 [M]. 上海：华东师范大学出版社，2006.128.

生：愚公移山的成功是因为外援。

师：是因为有天帝的帮助是吗？

生：（点头）

师：好，请坐。愚公是怎么认为的？愚公认为他成功的保障，是有天帝的帮助吗？

生：不是。他认为是子子孙孙无穷无尽而山不加增。

师：愚公显然更相信自己的能力，是吗？

生：（点头）

师：你把愚公那段话给大家朗读一下好吗？我们听。

生：（朗读）

师：非常好，请坐。愚公他坚信自己会子子孙孙无穷尽的，是吧？

……

用委婉的问句介入师生对话，引导点拨学生，但不给学生现成的答案，允许学生有不同的意见，且注重学生的思维过程。这里，老师采用了"追问"的方式，指导学生继续思考作答。郭老师不仅让学生知道了这个问题如何作答，而且逐渐地学会如何学习。

（三）通过评判说理，传达教师的人生价值观

凡抱有此种目的的课堂评价一般具有演说的性质，教师不是一般意义上对学生的学习过程表示赞赏或否定的态度，而是通过直接的说理，帮助学生明白自己对错在何处、努力的方向在哪里。课堂教学中的评判说理需要以教师的人格魅力作基础，要以良好的师生关系作保障，教师的人文素养作基石，而且教师的评判说理必须具有针对性和事实性，否则，学生是不可能入耳入心的。

（四）通过生动的语言，拉近师生之间的距离

课堂上的言语评价是教师采用的最主要课堂评价手段，优秀的教师都会把语言当做心灵的黏合剂，以生动优美或诙谐幽默的语言作媒介，弥补师生之间可能产生的代沟，促进师生之间的心灵沟通。生动丰富、充满鼓励的评价语言可以最大限度地调动学生学习的主动性、积极性，从而活跃课堂气氛；诙谐幽默的评价语则恰到好处地推动了教学过程，使教学信息的对话风趣而高雅。如在识记生字教学时，有位同学将"摧"与"催"混淆了，同学们都笑了，这位同学被笑蒙了，教师没有批评，而是平静地对他说："只是一点小差别，谁让他们的读音相近呢？那怪我们的同学一时眼花，请赶快擦亮眼睛，仔细观察。"老师幽默的话

语转移了学生的注意，既保护了学生的自尊心，又弄清了字形，可谓一举两得。①

可以说，优秀的教师在课堂上都称得上是语言艺术的大师，有时候，教师看似随意的一句话，可以影响学生一辈子。

（五）通过情感激励，促进学生的学习积极性

教师课堂评价离不开情感的因素，将心比心，以情激情，是教师课堂评价的最高境界。教师通过富有激情的课堂评价，触动学生的心灵之弦，最大限度地激发学习积极性，并充分发掘学生的潜能，使学生成为课堂上的成功者。这种课堂评价的目的功利色彩最淡，最能体现教学中的人文精神。

"评价过程要注意融入感情，做到心诚意切，教师的态度、情感直接影响学生的学习情绪。美国课堂上一个例子让人深思。一个学生得出'4+5＝8'的结论，教师用了三句话点评：'很好，很接近，谁还有不同意见？'第一句话是对敢于发表意见的赞赏，第二句话是对学生积极思考的肯定。第三句话则揭示了回答不正确的信息。"②

再看一个教学案例：《永生的眼睛》教学片段

（学习到课文最后一个自然段时）师问："在这一刻，我真正领悟到了父亲留下的并非一副角膜"，这句话你们是怎样理解的？

生：这一刻，我真正领悟到父亲留下的是一颗热爱生命的心，留下的是想极力挽救别人生命的一颗爱心。

师：（摸摸学生的头）好一颗热爱生命的心，这颗心将在你的身体里生根发芽。

生：父亲留下的是无私奉献的精神，留下的是一颗时刻为别人着想的心。

师：你怎么这么会读书呀！把父亲的心全读懂了。

生：父亲留下的是永生的眼睛，留下的更是一个永生的信念。

师：你的回答就是与众不同，真是太精彩了！让老师和你拥抱一下。

生：父亲留下的是一颗让他人能够得到幸福而着想的金子般的心……

师：你和文中的父亲一样，都有着一颗金子般的心，希望这颗心永远地熠熠生辉。

---

① 付德育. 语文课堂教学评价之我见［EB/OL］. http：//www. zge21. com/readnews. asp？ newsid＝8751［2008-12-22］.

② 董国英. 教师课堂评价语言刍议［J］. 河北广播电视大学学报，2007，（1）：77～78.

在上述教例中，教师富有激情的评价如流星划过夜空，虽然短暂，却光彩夺目，它唤醒了学生珍贵的情感，调动起学生的学习积极性。这样的课堂教学评价，学生记住了爱的传递和永恒。古希腊生物学家、散文家普罗塔戈曾经说过："头脑不是一个要被填满的容器，而是一支需被点燃的火把。"教师情感性的评价语言一旦真正进入学生的心灵，就宛如智慧的火种，可以点燃学生创造的火花。

总之，科学有效的课堂评价其目的在于全面了解学生的学习状况，激励学生的学习热情，促进学生全面发展，正如《基础教育课程改革纲要（试行）》中所指出的："评价不仅要关注学生的学业成绩，而且要发现和发展学生多方面的潜能，了解学生发展中的需求，帮助学生认识自我，建立自信。发挥评价的教育功能，促进学生在原有水平上的发展。"[①] 而艺术的课堂评价好比春雨"随风潜入夜，润物细无声"，对学生产生潜移默化的影响。在挥洒自如的课堂教学中，学生的主体地位得到充分的尊重，从而更有效地促进学生的全面发展。

第二节　教师课堂评价质量标准的制定

一、教师课堂评价质量的考量角度

所谓教师课堂评价的质量，实际是指教师课堂评价所产生的效用。质量高的评价，正向效用大，反之则会出现低效用、零效用，如果处理不当，还有可能产生负效用。判断教师课堂评价的质量，除了根据上述提到的评价的类型、时机、过程、方式外，还可以从以下四个方面来思考衡量。

（一）外显的即时反馈

在教师评价过程与评价结束，我们可以直接观察到学生对教师评价的反馈信息，或者会心地一笑，或者口是心非地应承，或者低头不语，或者激烈的言语冲撞，学生这些神态言语上的反映，可以帮助我们判断教师课堂评价所取得

---

① 转引自宋乃庆、徐仲林、靳玉乐编著．中国基础教育新课程的理念与创新［M］．北京：中国人事出版社，2003．

的直接效果，由此可以推断此时评价的质量。如有些老师对学生要求很严，字要求写端正，作业要求整整齐齐；字写不端正的，作业不整齐的，要重做。这时学生可能有几种不同的反应：有的赶紧重新开始书写；有的态度比较怠慢，找借口待会儿再做；有的也许和老师的严格要求发生冲突……这些外显的即时反馈，可以较好地反映出教师课堂教学评价的优劣，以及这种评价带来的种种教学影响。

（二）外显的延时反馈

有时候，我们不能马上从学生的神情姿态和言语中得到学生反馈信息，我们不能马上判断学生对教师评价的态度。但往往在课堂外学生之间的闲谈中，从学生的日记中，从学生对父母亲友的反映中，我们可以间接判断教师某次评价对学生心灵的影响，而且这种延时反馈的信息更强烈地表现出教师课堂评价效用。

比如有高二年级的一个学生，其学习成绩在班级上算是很差的，他自己对学习的态度也很消极。当时教师就把他列为重点关注的对象，从各个方面调动其学习积极性，想方设法帮助他树立学习的信心。尤其是在上公开课时，老师有意识地把相对来说难度不大的问题抛给他，这位学生有点惊讶，又有点羞涩，最终作出了积极的回应。在教师激励性的言语评价的鼓舞下，他开始尝试思考。在以后的周记中，这位学生提到那次老师的关注让他感到了自己的存在，原来他没有被放弃。所以，他一定尽自己最大的努力好好听课，参与课堂。这就是比较典型的外显的延时反馈，一开始这位学生可能和平时没什么区别，但从以后学习生活的接触和交往中，老师和同学都发现他有了微妙的变化，而这种微妙的变化正是教育者所期待的，也正是公开课时教师的言语和体态评价所带来的积极效应。

（三）内隐的情感变化

教师课堂评价对学生的情感影响是很大的，尤其是刺激强度较大的课堂评价，会导致学生情感、态度、价值观的变化。但这种情感的变化往往不是外显的，而是内隐的，我们无法观察到。这就需要通过座谈、讨论、调查、测量等手段，比较学生前后认知、体验及感受的变化，由此推断教师课堂评价在学生心灵世界所引起的反应。刺激强度较大的课堂评价，如果是正面的，那它可能带给学生的是积极健康的情感、态度、价值观的变化；反之，则可能带给学生长期乃至一辈子的负面影响。所以，教师的评价关乎学生的情感、态度、价值观的健康，而对教师评价的检测更显得必要。尤其是教师评价所引起的学生内隐的情感变化，更是值得教育者高度关注。而这种学生内隐的情感变化有其独特性，它需要教育者的细心、耐心和恒心。比如，氛围轻松的座谈，各抒己见的讨论，让学生内隐的情感变化自然地浮出水面，主动地与他人交流，从而为良好有效的教育提供第一手材料。

（四）内隐的情趣反应

情趣与情感都是心理学上的重要概念，情感是指一个人对外界刺激肯定或否定的心理反应，而情趣是指一个人的性情志趣和情调趣味，它是人的感受性、领悟性、发现力和理解力的综合反映。教师评价可以对学生的情趣产生影响，而这种影响，也不是直接可以观察到的，只有通过经常性接触，才能隐约感受到。当然，我们也可以通过学生阅读、写作、谈吐、交友等的变化来判断他的情趣状态。学生在高中三年的学习生活中，教师的评价可以对学生的情趣产生潜移默化的影响。俗话说：有怎样的教师就有怎样的学生。《学记》中也说到，"亲其师，信其道"。教师的言行、爱好关系着学生认知中最积极、最活跃的因素。而教师的评价更是直接影响着学生的健康成长。这种成长的轨迹可以在学生的情趣中窥见一斑。

在高中三年的学习生活中，他们的情趣变化可能是隐隐约约的，断断续续的。而这种隐隐约约、断断续续的情趣反映往往需要教育者细心的观察，真心的呵护。一个学生在高一时非常喜欢读台湾的一些通俗言情小说，在写作练习中也经常编写一些以情节取胜的爱情故事。在语文老师三年有意识的课堂评价下，这位学生的阅读视野得到很好的拓展，在写作上逐渐从关注情节转向关注语言。在这个过程中，教师评价的有效性是不能在短时间内显现的，也不能只从学生外显的一些变化看出来。当学生有了健康的情趣、高雅的品位、高尚的人格，我们教师的评价质量自然让人心悦诚服。

除了上述考量角度外，还必须强调，作为评价者，要判断教师课堂评价的质量如何，最直接也是最显性、最可靠的方法还是角色换位与自悟自省，即当评价者听到教师的课堂评价后，立即进行角色转换，把自己置于学生的位置，然后体验作为一名学生听到教师某些课堂评价后的感受。

例如，在钱老师（钱梦龙）的课堂上，当学生没有听懂时，他常常会这样鼓励对方："试试看！""还没有准备好？""还有没有要补充的？""还能不能再完善些？"……这些富有人文关怀的话语，成为激发学生积极参与、努力学习的催化剂。钱老师还经常用"你怎么知道的"（惊喜地）"你（你们）真聪明""有道理，不要笑""对！对！你比老师高明"等洋溢赞美之情的语言来调动学生的学习热情。[①] 如果评价者置于钱梦龙老师的学生的位置，定会感受到钱老师对"人"的关切，对"人"的心灵的关切。面对这样的教师课堂评价，相信我们也会如沐春风，不会感到课堂的局促，相反，我们更多地体验到自己的存在，以及这种存在的不可替代性。所以，作为学生，在这样的课堂上，至少会尽力燃起自己的学习主动性和积极性，这样的课堂成就了有效的教学，这样的教师课堂评价也正是优质的评价。

二、语文教师课堂评价质量标准的制定

我们可以从上述四个方面来研判教师课堂评价的质量高下，但这些研判大都属于主观感受与非理性判断，这种感受与判断还必须与具体的、细化的标准结合起来，如此，才能科学正确地分析教师课堂评价的质量。

（一）语文教师课堂评价质量标准制定的原则

制定教师课堂评价质量标准是一项开创性工作，没有参照物或可依据的样本。这就需要明确一些质量标准制定的原则。原则可以有很多，例如层次性原则、合理性原则、权威性原则、简明性原则、可接受性原则等等，但下面四条原则是我们在制定课堂评价质量标准时所必须考虑的。

1. 可操作性原则

课堂评价质量标准每一项每一条都应考虑实用有效，能够为执教教师与评教者共同掌握并在实际中加以运用。即标准应具体而不抽象，明确而不模糊，扼要而不烦琐。一般说来，在标准制定中，先考虑量化标准，再考虑质性标准。课堂评价质量标准只有可操作，才能真实有效地发挥它的功用。否则，课堂评价质量标准依旧是主观性的，不能科学地进行评测。

2. 教学统一原则

课堂评价质量标准的制定不但要考虑教师教的因素，也要考虑学生学的因素。

教学是教与学的统一，对教师评价进行评测，也不能仅仅从教师角度出发；

---

① 雷玲 . 中学语文名师教学艺术［M］. 上海：华东师范大学出版社，2008.

学生也是课堂的主人，学生学什么，怎么学，学得怎么样，这些都是课堂评价质量标准首先要考虑的。换言之，标准的制定应当从教与学双向出发，对教与学起着共同的促进作用，而不应教与学分离，更不能教与学对立。

3. 公正可信原则

课堂评价标准不是针对某个人来设计，而是从教育的基本规律与心理规律出发，适应每个教师的教学实际，能够为广大教师所认可并接受。它即使不出于权威或行政部门之手，但在教师的心目中它是公正可信的，具有相当的权威性。在执行的过程中，更要奉行公正可信的原则，不然，所谓的教师课堂评价质量标准也不过是一纸空文，在教学实践中可能还会产生很多负面的影响。

4. 稳定性原则

作为新制定的标准，需要经常性的修订并不为奇，但其主体应当是基本稳定的，能够长期遵循执行。因此，在标准出台之前，宜广泛征求意见，从教师和学生等不同的角度进行设计，尽可能注意到各种可能存在的问题，从而使标准能在实践中稳步推行，而非朝令夕改，没有统一的评判指标，令教师无所适从。

（二）语文教师课堂评价质量标准权重

多数中小学校，都有自己的课堂教学质量评价标准，并且确定了各项标准的权重，但这种评价主要是针对教师课堂教学的整体情况，而不是专对教师课堂评价，即教师课堂评价的质量经常不在教学评价考虑范围之内。因此，不能借用现行的课堂教学评价标准来实施，而需要有其独立的评价标准，并确定各项指标的权重。

1. 课堂评价观念的体现，权重 0.05

教师课堂评价观念是指教师在进行课堂评价时所持有的理论基础、思想意识及对事物的基本态度。可以说，观念支配人的行动，课堂评价的观念直接影响着教师的课堂评价。

例如钱梦龙老师执教朱自清的《背影》时，曾遇到这样的情形：有位学生在读课文后，主要的"发现"是"父亲违反交通规则"。面对学生这样的"独特体验"，教师要不要引导？这时，钱老师没有简单地尊重学生的"发现"，而是引导学生继续读课文，引导学生在领会、阐释文本的过程中，学会与文本对话。钱老师认为，对《背影》这类"一看就懂"的文章，缺乏阅读经验的学生最容易"一看而过"，忽略了文本丰富的隐含信息。那位除了看到父亲"违反交通规则"之外一无所得的学生，就因为"读"得太草率，不动脑筋地一眼扫过，才形成了这种"阐释"。①所以钱老师采用了这样一种评价方法。当然有的评价者可以从另外的角度对学生的这一课堂反应作出完全不同的评价，这就是评价观念的差异。

由于教师的课堂评价观念是隐性的，主要通过各种显性的行为体现出来，通过课堂评价观念对教师的课堂评价质量作出评价，往往带有更多的主观色彩，故将其权重适当降低。

2. 课堂评价时机的把握，权重 0.10

对学生的课堂表现该何时作出评价，这反映了教师的教学水平与教学机智，又因课堂评价时机因人而异，故还需要教师具有敏锐的观察力和心理分析能力。可以说，它是教师课堂控制能力的集中反映。有时评价要及时，有时评价需延时，有时可能还得进行二次评价。课堂教学中教师应及时把握和利用课堂动态生成因素，对学生发表的不同意见，进行恰如其分地评价。对于不同的学生，教师应该抓住时机，进行不同的评价，并提供多角度、多层面的评价信息。而对于有些学生的发言，不能过早地给予评价，可适时适度、机智巧妙地运用延时评价，留出充裕的时间，还给学生一个自由的空间，让学生在宽松和谐的学习氛围中畅所欲言，以获得更多的灵感，从而使学生的个性思维得到充分的发展。

特别值得一提的是教师经常采用的评价方式——批评。批评可在私下单独面对面进行，因为批评的目的是为了取得良好的效果，并不是使学生自我退缩，灭学生威风。即使批评的出发点完全正确，希望学生能够改正错误，也不能忽略其接受方式。这里评价的时机就显得尤为重要了。因为不论指责如何正确无误，只要有第三者在场，都容易令被批评者产生怨恨、反感的情绪，使他觉得自尊心受损、颜面尽失，而且也会让他没有回应与澄清的机会。只有正确把握时机，才能使评价的效果达到最大化，也有利于课堂结构的优化。

3. 课堂评价内容的确立，权重 0.30

所谓评价内容，不是指教师课堂上说些什么，而是指教师在课堂上针对什么而评。有人曾对此作过专门的调查，发现在 370 次评价中，教师对学生陈述性知识的评价有 250 次，占 67.6%，对程序性知识的评价有 90 次，占 24.3%。也就

---

① 雷玲.中学语文名师教学艺术［M］.上海：华东师范大学出版社，2008.

是说教师对学生评价的主要内容是基本知识的掌握，所考察的也是简单知识的再现。而对于思维、技能、品质、作品等对于学生具有启发性的方面没有评价。[①]其实，课堂评价内容的确定最能反映教师的课程理念、职业素养与教学技巧，是教师课堂评价的核心，故设立高权重。

课程标准倡导"以学生的发展为本"，教师课堂评价的内容应更多地关注学生，即关注学生在学习过程中的参与状态、交往状态、思维状态、情绪状态和学习生成状态。

关注学生在学习过程中的参与状态，要看学生参与的积极性与主动性。我们应逐步改变以教师为中心、课堂为中心和书本为中心的传统的教学模式，促进学生创新意识和实践能力的发展。

关注学生在学习过程中的交往状态，即关注师生间的交往和生生间的交往。教学过程本质上是交往过程。教师要积极引导、形成良性的师生及生生的交往关系。在交往中要关注师生之间、生生之间是否有较多的信息交流和信息反馈；交往是否处于互相尊重互相信任的状态；交往的气氛是否民主宽松和谐；学生的好奇心和自信心是否得到保护；学生在交往中是否能大胆发言、提出问题和不同观点；等等。

关注学生在学习过程中的思维状态，即关注学生在课堂上有没有充分地思考，是否敢于质疑，敢于提出具有挑战性和独创性的问题并展开讨论；学生思维是否活跃，是否具有创造性等。

关注学生在学习过程中的情绪状态，即关注学生的整个课堂精神面貌，包括智力因素和非智力因素情况。在课堂行为中，不可忽视非智力因素的重要性。我们的课堂教学，不仅要关注学生的知识、能力等是不是得到了发展，更重要的是还要关注学生在知识和能力获取过程中的情感体验。

关注学生在学习过程中的学习生成状态，即给予学生充分的时间和空间，构建动态生成的课堂。从而让学生去实践、去探索、去发现，使他们有机会绽放智慧火花，表现自己的创新才能。

4. 课堂评价语言的表达，权重 0.25

语言是教师课堂评价最常用的工具，教师通过语言的表达向学生显示自己对

---

① 赵明仁、王嘉毅. 促进学生发展的课堂教学评价 [J]. 教育理论与实践，2001，21（10）：41~44.

其学习过程与行为的肯否态度。教师评价语言的技艺、方式、容量等等，也直接影响到学生对教师评价的接受。如果教师采用的是优质的评价语言，即使是挨批评，学生也能心悦诚服地接受；反之，即使是表扬，也会导致学生的抵触情绪。另外，我们这里所指的课堂评价语言，还包括了体态语，即教师在评价时的体态语言，尤其是以眼神为主的面部表情。有时候，教师的一个眼神可以左右学生一天的情绪。优质的评价语言需要真诚、求实、因势利导。我们来看两位教师执教《将相和》的教学片段：①

[片段一：教师甲教学过程]

师：学习了这篇课文，你喜欢课文中的哪个人物？

生1：我喜欢蔺相如，因为他机智、勇敢、聪明。

师：（语气平淡）嗯，还有吗？

生2：我喜欢廉颇，因为他知错就改。

师：（称赞）很好，还有其他的吗？

生：……

师：你们说得很棒。

[片段二：教师乙教学过程]

师：学习了这篇课文，选择你喜欢的人物对他们说上几句话。

生1：蔺相如，你为了国家利益不计较个人得失，我以后要向你学习。

师：（面带微笑）看来蔺相如高尚的人格魅力影响了你！

生2：赵王，你善于发现人才，利用人才，还能"不拘一格""用"人才。

师：（竖起大拇指）你的回答很有个性，你还会创造性地使用诗句。可见你也是人才，因为你读懂了赵王会用人才。

生3：廉颇，我佩服你的勇气，佩服你的心胸，佩服你知错就改的品质。

师：你能使用"排比"修辞手法回答问题，很有诗意！……

比较上述两位老师不同的评价语言，我们不难发现，在教师乙的教学过程中，有学生喜欢上"赵王"，这是很少见的，教师抓住这个契机，因势利导，实事求是地夸奖他，"你也是人才，因为你读懂了赵王会用人才"，起到了较好的教学效果。而教师甲的评价语言就逊色得多。如果教者单纯以"哦、嗯、不错、好

---

① 吴康宁等著. 课堂教学社会学［M］. 南京：南京师范大学出版社，2004.42.

的、很好"来回应，这样的评价语言就相对单一薄弱，学生学习激情的调动也会受影响。从中可见评价语言的积极效用，故课堂评价言语的表达重要性仅次于课堂评价内容。

5. 课堂评价频度的考虑，权重 0.10

课堂评价的频度是指教师在一堂课里对学生进行评价的次数，包括对具体个体的次数和对全体学生评价的总次数。评价频度过低，甚至不评价，等于放弃了教师的引导作用，不利于学生的学习发展和个性成长，如有的教师为了充分体现新课改以学生为主体、充分尊重学生的理念，放任多元课堂反应的评价；但评价频度过高，而评价的针对性不强、质量不高，更易使学生产生逆反心理，如有的教师一味地用类似的语言进行评价："不错、是的、还好"。故教师在课堂评价时，必须注意数量的控制，特别是不能对某个个体评价过密，或经常性忽略某些个体。这就需要教师在真正意义上充分尊重学生，关怀学生，理解学生。教学的艺术不是刻意追求的，教学更主要的是教师用自己的心贴近学生的心，充分传达对学生心灵的关切，从而促进学生健康、幸福地成长。

6. 课堂评价形式的设计，权重 0.20

课堂评价的形式是教师课堂评价中最为显性的部分，也是教师最容易创新的部分。有时候，课堂评价形式的好坏能直接决定某次评价的成败。课堂评价形式还包括了各种媒介的运用，例如，有的教师准备了各种小红花、红五星、糖果等实物，用以奖励课堂表现出色的学生，这比较适合小学生尤其是低年级的学生。有的通过多媒体技术，以模拟掌声、叹息声、图像、音乐等，对学生的课堂回答进行评价。在高中阶段，教师评价的形式显得更理性些，体现了对学生意志的考验。如表现出色加 3 分，违反纪律扣 3 分，每一周或每一月作出统计，对高分者以书籍加以奖励，对低分者可以进行"温馨提示"。有时，教师的体态语更能起到言语所不能达到的效果。任何一个评价者，对教师课堂评价的形式较易作出客观正确的判断，故提高其权重。

（三）教师课堂评价质量评估量表

根据上述内容，我们制订了一份具有广普性的教师课堂评价质量评估量表。此量表包含了质量标准的 6 大主项（Ⅰ级），每项均设置 3 个层级，每项原始分值均为 100 分，其中 A 层级为 80~100 分，B 层级为 60~79 分，C 层级为 40~59 分，具体给几分，由评价者把握。此外大项下设子项，共设 12 个子项（Ⅱ级），为保证评价的便捷简洁，克服烦琐化带来的弊病，12 个子项不再独立设计分值，作为评价者进行教师课堂教学评价时的专项评价参考。此外，为防止执教教师的主观情感偏向——例如对学科优秀生或班干部较多使用民主性的、肯定性的、引导性的、建议性的评价，而对差生或一般学生则多采用专断的、否定性的、封闭式、指令性的语气等——设立总体印象分，原始分值也是 100 分，权重设为 0.2。（见表 7-1）

表 7-1　教师课堂评价质量评估量表

评价项目 I级	评价项目 II级	权重	层级	具 体 标 准	得分
评价观念	学生观 人才观	0.05	A	坚持学生主体观、发展观和多元智力观，尊重学生的人格尊严，保护学生的成人感，重视学生的成功体验，理解学生的课堂表现。	
			B	具有一定的学生主体意识，能够从不同的方面看待学生的学习，能够较为平等地对待学生，能给予学生一定的成功体验。	
			C	以教师为中心，不注重学生的多元智力，喜欢作单一的评价，不注重学生的个性发展，对学生的成功表现不太关心。	
评价时机	探测 评价	0.10	A	探测发问与评价时机把握恰到好处，并能对不同的学生作不同的调整，前置、即时或顺延应用合理。	
			B	探测发问与评价能体现一定的时机感，但针对性不强，时机把握上容易出错。	
			C	不注重评价时机的把握，喜欢凭个人感觉行事。	
评价内容	陈述性知识 程序性知识	0.30	A	注重课堂评价时对两类知识关注的均衡，能够根据需要作出调整，在评价过程中能够将两者结合起来，体现全面发展观。	
			B	在评价过程中能注意对两类知识评价的均衡性，但经常轻重失度，而且评价时两者容易分离，在一定程度上体现多元智力观。	
			C	不注意对两类知识的均衡评价，特别喜欢对陈述性知识进行评价，甚至完全忽略对程序性知识的评价，反映出应试教育观。	
评价语言	声音语言 体态语言	0.25	A	注重评价时声音语言的优美、贴切、富有说服力，语调、语速控制恰当，神态自然大方，充满感情，具有亲和力。	
			B	评价时声音语言合乎语法、逻辑规范，但语言个性化与针对性不强，有一定的体态语作配合，但有时不够得体。	
			C	评价时语言机械僵化，缺乏美感，甚至会出现语法、修辞、逻辑方面的毛病，不能使用体态语，或体态语使用不当。	
评价频度	个体评价 集体评价	0.10	A	评价频度适宜，对各层次学生评价频度基本相当，对学生的肯否定比例得当，个别评价和集体评价频度均衡。	
			B	总体上评价频度尚可，但在对待不同层次学生、肯否定比例、单一评价与综合评价等方面控制不是很准确。	
			C	评价频度不当，或不评价、或评价过滥，评价中有明显的个人喜恶情感倾向，肯否失调较为严重。	

评价项目		权重	层级	具 体 标 准	得分
Ⅰ级	Ⅱ级				
评价形式	基本形式	0.20	A	形式丰富多样，经常有创意，评价方法多样，能够较好利用身边各种媒介物，使课堂评价具有寓教于乐的功能。	
			B	评价形式有所变化，能综合使用一些评价方法，偶尔能够使用一些媒介物，课堂评价体现出一定的艺术性。	
	介入媒体		C	评价形式与方法机械单调，毫无创意，不能使用其他媒介物，通常采用言语表达式，但言语变化很少，枯燥单一，不忍卒听。	
总体印象		0.2	A	总体上符合新课改精神和现代教育的规律，公平公正，能给人自然、流畅、真诚、如沐春风之感。	
			B	基本符合课堂评价的要求，有一定的公正性，基本符合新课改的精神，总体上给人的感觉较为贴切，有一定的新意。	
			C	基本上不符合现代教育要求，与新课改精神有一定的抵牾，评价的针对性不强，随意性较明显，且有较明显的情感偏向。	

（四）教师课堂评价质量评估量表的使用

教师课堂评价质量评估量表是课堂教学单项评价表，专用于对教师课堂评价情况研判，特别适用于教研组开展课堂评价或教育研究工作者的专项教学研究与调查分析。此外，教师平时在教学过程中，也可有意识地使用本表进行自我评价，比如《教师课堂评价质量评估量表》的评价语言有三个层次：（1）注重评价时声音语言的优美、贴切、富有说服力，语调、语速控制恰当，神态自然大方，充满感情，具有亲和力。（2）评价时声音语言合乎语法、逻辑规范，但语言个性化与针对性不强，有一定的体态语作配合，但有时不够得体。（3）评价时语言机械僵化，缺乏美感，甚至会出现语法、修辞、逻辑方面的毛病，不能使用体态语，或体态语使用不当。如果将其与录音录像配合使用，效果更佳。

如果我们要从总体上对教师教学作出评价，则此量表显然不具代表性，也就是说不能直接通过此量表来全面评价一个教师一堂课的教学质量；而欲将其与别的课堂教学评价量表合在一起使用，则又显得繁复。故此表不宜替代目前广泛使用的课堂教学质量评价表。

我们认为学校领导、教师同伴、教育研究人员在对教师课堂教学质量进行全面评价时，可适当参考本表内容，也可将本表中的"总体印象"根据特定的教学评价要求，以适度的权重计入课堂教学质量评价的总成绩中。

需要指出的是，我们这项研究工作，还在起步阶段，仅在小范围进行实验，故无论是评价的指标还是量表的设计，都必定存在或潜在这样那样的问题，有待广大教师在实践中自行修正、改进，以使自身的课堂评价工作做得更加完善有效，同时，对其他教师课堂评价的评价走向科学规范也会产生积极效用。

第八章 阅读教学质量评价标准研究

第一节 传统的阅读教学质量标准及弊端

一、教师阅读教学质量传统评价标准及弊端

（一）从评价的目的与目标看

1. 仅以考试成绩来评价，目的狭窄

在传统的阅读教学测量中，无论是教师的教还是学生的学，都是根据考试成绩作出评价的。分数不但成为教师教学的法宝，更是师生共同的命根。一个语文教师，无论他的表现多么出色，只要他所执教的班级考试成绩不够理想，他就不可能获得领导、同事的认同。毫无疑问，考试成绩是当前中学考核教师工作能力的主要做法，考试成绩也是上级教育部门考核学校教学质量的主要依据。面对不断量化不断细化的"质量"考核，平均分、优秀率、班级排名、年级排名、分数段的人数等条条框框成了教师们追求的终极甚至是唯一目标，教师片面追求学生的成绩而忽视了学生能力的发展。

2. 仅考核认知任务的达成，目标单一

在考核目标上，传统的考核任务限定在片面地考核认知目标的完成情况，并以此作为质量标准。毫无疑问，认知目标的达成确实是衡量阅读教学质量的一项重要标准，教师是否能完成先前设计的阅读教学认知目标，也是教师在教学组织中的一项紧要任务。但问题是仅关注认知目标，而不注重认知能力以外的多元能

力的整体发展，结果是学生走向了褊狭的道路，全面发展也成了一句空话。

这种目标单一的考核，对于语文阅读教学的负面影响是很大的。例如，许多学校在听完语文教师的课以后，往往会发给学生一张测试卷，上面基本是一些工具性知识，考查学生的识记能力，并以此来判断教师有无达成目标。为了适应这种测试，教师在阅读教学中就不得不把自己的注意力集中在这种知识的机械传授上。也有一些较优秀的语文教师，他们在阅读教学过程中设置了一些问题情境，师生之间、生生之间有问有答，从表面上看教师将课堂组织得很热闹，老师将学生调动得很有兴致，但实际上学生实际掌握阅读知识和形成阅读能力的结果却并不理想。原因就在于，教师在备课时，未抓住达成该阅读教学目标的关键条件。总之，仅仅以完成认知目标来评价阅读教学质量是远远不够的，因为这极大地限制了教师对学生认知能力以外的其他能力整体发展的关注。

众所周知，阅读教学除了要培养学生的认知能力以外，还要注重学生的发展，学生的发展也包括情感、态度、价值观及各种能力和个性的发展。阅读教学需要完成认知性任务，但这个任务并不是所有课堂教学的唯一目的，如果仅仅是为了完成认知性任务，忽视学生情感，抹杀了学生的创造性，它就不可能是一堂好课。因此，教学质量标准必须强调在阅读教学过程中既关注知识的传递，又注重学生的创造性想法，不要因为担心完不成认知性目标，或是担心影响教学进度，而无视或忽视学生思想的火花，应当努力依靠学生的创造性思想来加深对知识的深刻理解。

（二）从评价的方式方法看

1. 仅注重阅读教学步骤，方法简单

阅读教学需要有一定的步骤，缺失基本步骤的阅读教学就会乱套。但一堂课的优劣是不能够仅以阅读教学步骤来评价的，那种以僵化死板的阅读教学设计、阅读教学步骤为质量标准，严重束缚了教学的灵活性和变通性。传统的阅读教学评课质量标准，往往强调教学进程要环环相扣，教学环节要滴水不漏、无懈可击，结果阅读课就变成了表演课。例如，为了在评教中获得好评，多数阅读教学观摩课，教师都不敢把自己的课堂教学常态展示给大家，因为他们担心听课老师说他们设计的水平低。这样的课不是为学生上的，而是上给那些听课老师看的。于是，课堂变成了一个秀场，教师是这个舞台的主角，学生是配合表演的配角。更糟糕的是学生成为了"牵线木偶"，教师尽量让学生朝着预设和期望的答案"靠拢"，当学生有和教师设计不一样的地方，即便是有可能碰撞出火花的地方，教师一般都采取忽略或回避的态度。在这样的课堂上，自然就没有了灵性，没有了活力，也没有了悬念，它就像一杯蒸馏水，令人索然无味，收效全无。

2. 刻意追求面面俱到，方式刻板

我们的阅读教学的目的是为学生服务的，以学生为主体，让学生真正地参与到阅读中来，培养他们的阅读兴趣，提高阅读能力。因此根据学生的个性，开展针对性阅读教学就显得特别重要。而我们传统的阅读教学评价指标体系却是十分的完备，每项指标的要求也都十分完备而明确，从"教学目标"到"教学进程"，从"多媒体运用"到"板书设计"，从"课堂提问"到"教态语言"等等，都定出了分值、权重。为了避免失分或被人抓漏洞，诸多教师甚至是名师，在开设阅读教学公开课的时候都不敢越雷池一步，不敢脱离这个评价标准。所以他们的课堂教学设计相当的精细，面面俱到。而学生的实际需要却往往被忽略了，学生并没有真正地参与到学习中来，培养和提高能力就更谈不上了。我们的多媒体课件设计得再漂亮，教师的板书再美观，内容再丰富，但是学生就像一个观看表演的观众，这样的课又有什么实际意义呢？

二、学生阅读质量评价的标准及弊端

（一）"三重三轻" 对学生的误导

1. "重求同轻存异"的质量标准，限制了学生个性潜能最大限度的发挥

传统的语文阅读教学评价往往是"一种答案定对错"，也就是所谓的"标准答案"。然而就是这种对"标准答案"的强调，使得大多数学生"课上记答案，下课背答案，考试填答案"。这样模具加工般的教学，使学生思维品质的灵活性、自主性、创造性、发展性遭到了严重扼杀，学生的自由发展更无从谈起，背离了语文素质教育的层次性原则。

2. "重主导轻主体"的评价过程，无法有效激发学生阅读的积极性

传统的语文阅读评价还是"一家之言分好坏"，也就是以往的阅读评价权被老师掌握。老师说好就好，老师说差就差，使得学生被动接受评价，这就忽视了阅读过程中学生的自主意识，造成学生应试的恐惧心理，达不到激发学生学习积极性的目的，背离了素质教育的主体性原则。

3. "重终结轻形成"的评价方式，背离语文素质教育的动态性原则

传统的语文阅读评价是"一场考试论成败"，忽视了教学过程中孩子的成长是一个不断发展变化的动态过程这一事实，背离了语文素质教育的动态性原则。

（二）缺乏对阅读环境的科学评判

1. 将阅读仅仅视为个体行为

一方面，教师在阅读教学时，往往只注重阅读的共性，而忽略阅读的个体性特征，导致学生在阅读中的修改潜能受到限制。但另一方面，教师又把阅读仅仅视为学生个人的事，把学生阅读中存在的种种问题，仅归因于学生的兴趣淡漠、缺乏内驱力、缺乏阅读技巧、缺少阅读量等等；而没有意识到，学校中的阅读已不是纯粹的个人活动，而是与学生周边的人事及环境密切相关。如果不注意对环境的评判与改造，要提高学生的阅读质量是很困难的。

2. 将阅读仅仅看做一种技能

阅读是一种技能，但绝不仅仅是一种技能，更重要的，阅读是一种心理行为、一种习惯，甚至是一种社会伦理。阅读与我们的生活及周边的环境密切关联，如果仅仅视做技能，那么，我们在评判阅读能力、阅读教学质量的时候，就会单纯采用知识测试的手段，这也正是目前我们的阅读教学始终处于高耗低效的重要原因。我们观察到，同样一位教师，在不同的班级进行阅读教学，其收效是大不一样的。我们通常是从学生的智力水平、能力基础去分析这种现象的。但事实上，学生的总体智力水平、能力基础是持平的，无明显差异。后来造成的差距，完全与一个班级的学习氛围、阅读环境相关。有的班级处处充满书香气息，洋溢着阅读的热情。而有的班级所能看到的只有一些凌乱破旧的书报，班级整体氛围是低级趣味的，除了网络游戏、流行歌曲、言情小说等等，毫无真正的阅读热情。正是这些看似次要的"外在"因素，影响甚至决定了阅读教学的效益。

第二节　阅读教学质量评价的因素

一、阅读教学质量评价的根本因素是学生

教师的阅读教学是为了提高学生的阅读能力，教师的阅读教学效果都是通过学生体现出来。根据课标理念，学生是课堂的主体，阅读的真正主人。学生阅读质量评价的因素主要有以下几方面。

（一）兴趣与习惯

兴趣与习惯属于阅读的心理范畴，难以量化检测，但学生的阅读兴趣与习惯却与阅读教学质量存在着正相关。看一个教师的阅读教学课成功与否、高效与否，考试成绩只是一个方面，学生的兴趣是否得到激发，良好的阅读习惯是否养成是其中的主要标准。

1. 学生阅读兴趣

提高学生阅读兴趣是提高阅读教学质量的前提因素，只有学生对阅读感兴趣，才能激发阅读热情，养成良好阅读习惯，自觉提高自身的阅读能力。

2. 学生阅读习惯

学生良好阅读习惯的养成，能提高阅读速度，也将使其终生受益。阅读习惯分为泛读习惯、精读习惯等。

（二）阅读结构与阅读面

阅读教学对学生的阅读结构的形成与阅读面的拓展有着很大的影响，教师进行阅读教学除了要教会学生语言知识、文化知识及各种阅读欣赏的知识及能力外，有一个很重要的功能，就是培养学生的阅读境界，包括学生的阅读目的、阅读指向，而这一切都可以从学生的阅读结构和阅读面中反映出来。

1. 学生阅读结构

阅读结构指学生喜欢读哪一类书籍，如名著类、报刊类、杂志类、武侠类、言情类、文言类等，还包括各类别中在总体阅读书籍占据的比例。

2. 学生的阅读面

学生的阅读面也是影响阅读质量的主要因素。阅读面广，相应阅读能力也高，阅读面狭窄，相应阅读能力也低。

（三）阅读方法与教学参与度

教会方法其实是阅读教学的一个最为显性的目标，也是目前阅读教学中最为关注的，所谓"授之以鱼，不如教之以渔"，就是这个道理。另一方面，阅读教学是否体现出新课程所倡导的学生为主体的思想也是十分重要的内容。而学生的主体地位最主要的就表现在学生的课堂教学参与度。

1. 学生阅读方法

学生的阅读方法直接决定阅读水平，是影响阅读质量的关键因素。阅读方法有很多，国内外都有大量的专著或研究论文出现。例如被视为经典阅读法的有：目标阅读法、强记阅读法、检视阅读法、争鸣式探究性阅读法、三步阅读法、六步读书法、十步阅读法、探测性阅读法、比较阅读法、小组合作式探究性阅读法、择优读书法、跳读阅读法、三勤阅读法、勾画阅读法等等。至于名人阅读法就更多，几乎一个名人就是一种阅读方法。在实际教学时也不能拘泥，须视具体情境与个体差异灵活对待。

2. 学生在阅读教学中的参与度

学生在阅读课堂教学中的参与度往往与阅读教学质量和成效成正比。所谓学生阅读教学的参与度，主要是指学生在阅读教学中所占用的活动时间、学生对阅读内容的自主选择权、学生在阅读教学中的评价权等等。

二、在阅读教学质量评价中，教师是主导

教师正确的引导和传授对学生阅读产生以下几个方面的影响。

（一）阅读理念更新与目标提升

1. 阅读理念更新

理念是人的行动指南，有什么样的阅读理念就会有什么样的阅读行为。因此，教师要提高阅读教学成效，就要努力培养学生科学先进的阅读理念，而要做到这一点，教师自己应先有进步、前沿的阅读教学理论。这里包括树立以学生为主体阅读教学理念，珍视学生阅读的独特感受和体验，强调阅读是一种对话过程。如此，语文教师才能摆脱局限于阅读方法、解题方法的传授指导的枷锁，树立起大语文阅读的观念。

2. 阅读目标提升

在先进的阅读理念指导下，教师应有意识地引导学生提升阅读目标境界，从应试型、消遣型的阅读教学目标，转向应用型、陶冶型的教学目标。从而确保学生在任何情况下，都能保持强劲的学习内趋力。

（二）激发兴趣与培养习惯

1. 激发学生阅读兴趣

前面我们已经提到，学生阅读效果一个重要的评价因素就是阅读的兴趣是否得到激发。那么，与之相适应，教师阅读教学的一个主要任务，就是要激发学生的阅读兴趣。让学生愿意去读，主动去读，喜欢去读。只有这样，才能从根本上提高学生阅读能力，甚至深刻影响写作水平。

2. 培养学生阅读良好习惯

与激发兴趣相应，教师阅读教学还要致力于养成学生良好的阅读习惯，其中

包括不提笔墨不读书、边读边思、读前猜读后写等。总之，良好习惯可以影响阅读速度、解题能力、解题正确率等。

（三）调整阅读结构与扩大阅读面

1. 调整阅读结构

在实际调查中我们发现，不少学生的阅读结构是畸形的。到高中阶段，少数学生还没有读过一本名著，对报刊视而不见；部分学生只喜欢武侠小说或言情小说。因此，调整学生的阅读结构也是教师阅读教学的任务之一。

2. 扩大学生阅读面

教师要通过推荐、介绍、提供文本等方法，引导学生多读泛读，培养良好的阅读趣味。

第三节 阅读教学质量标准制定的原则与方法

阅读教学质量评价标准应遵循科学的原则，注重统一与弹性相结合。

阅读教学质量评价要有统一而多样的标准，包括备课、教学过程、作业完成、阅读速度、阅读量等都有一整套统一的标准。但阅读教学也是弹性的教学，它不是一成不变的。

一、阅读教学质量标准制定的原则

（一）对教师的阅读教学质量评价

1. 体现学生的主体性

教师的阅读教学效果都是通过学生体现出来的，教师的一切活动都围绕学生来展开，因此，教学评价要体现学生的主体性、学生的参与度。

2. 阶段性与发展性相结合

阶段性与发展性的统一是指把基础目标评价和发展目标评价相结合；也就是注意在完成现阶段学习目标评价的同时，还要着眼于未来的发展，在阶段评价中预伏超前性评价。尤其对年轻教师的评价不能只看一时，而应该用发展的眼光去看待，学生各方面能力都处于成长过程中。

3. 清晰性与模糊性相结合

清晰性与模糊性的结合，是指把答案评价的标准化和答案评价的多样化结合起来，把定量的分数评价和定性的等级评价结合起来。互动的课堂阅读教学特点不仅充分显示了教学过程中以学生发展为本的价值取向，而且决定了对该课堂教学的评价必定由单向、静态走向多向、动态，由封闭走向开放。此外，《语文课程标准》明确提出："语文课程评价的目的不仅是为了考查学生实现课程目标的程度，更是为了检验和改进学生的语文学习和教师的教学，改善课程设计，完善教学过程，从而有效地促进学生的发展。"将清晰性与模糊性相结合，正是突出地体现了课标的教学要求。

（二）教师对学生的课堂阅读质量评价

1. 导向性

课堂教学中，教师的评价不是简单的肯定或表扬，应该在正确处激发潜力，在错误处激发信心，为学生指明前进的方向。例如：在教学《雷雨》一文时，教师让学生通过阅读剧本来探讨"周朴园对鲁侍萍是否有真正的感情"这一问题。同学们结合文本各抒己见，所持观点不一，充分表达了对该问题的不同见解。教师要肯定学生的探究精神，并针对学生的观点作必要的引导点拨，使学生懂得在阅读过程中对文本理解的多向性。通过课堂的评价，为学生指出探究性解读文本的方向。

2. 适时性

课堂教学中，教师的评价激励要抓住最佳时机，才能产生最佳效果，起到"表扬一个而教育全体"的作用。阅读是学生与文本进行对话的过程，学生的知识积累、生活阅历直接影响到阅读的效果。在课堂阅读教学中，学生经常会在阅读过程中闪烁出思想的火花。教师要学会发现学生的闪光点，适时进行评价，充分肯定学生的阅读成果。这样，受肯定的学生会有成就感，其他同学也会以此为榜样努力进取。

3. 过程性

教师对学生的评价要讲究方式方法，以增强评价的教育效果。教师是课堂教学的组织者，也是学生课堂学习的观察者。教师对学生的课堂评价要贯穿课堂的过程，这就要求教师要善于通过对学生的课堂观察来对学生作出评价。①

---

① 邬昌玲. 新课标下高中语文阅读课堂教学的评价［EB/OL］. http：//www. zxywz. com/lunwen/jx/200708/3356. html.

二、阅读教学质量标准制定的方法

（一）内容的确立

阅读教学质量标准的制定，首先要明确的是"评什么"，即标准的内容是什么。这一点我们将在第四节具体指标中予以重点阐述。

（二）前期准备

在制定阅读教学质量标准之前，首先要做好一些准备工作，主要包括以下几个方面。

1. 调查分析

要搞清楚目前阅读教学中存在的问题是什么，学生对阅读教学有些什么看法，教师在阅读教学中有些什么困惑，学生喜欢什么样的阅读教学等等。只有通过广泛的调查，并在调查的基础上作好认真的分析，才有可能制定出科学的质量标准。

2. 分析学生和教师

我们自然可以制定一个通用型的阅读教学质量标准，但那只能是一个最低要求的标准。不同层次的学校，其教师和学生的阅读水平起点是完全不同的，因此，不同的学校、不同的教师，有必要根据学校自身的特点，制定符合本校实际的阅读教学质量标准。这就需要制定者对学校的学生与教师进行认真的分析。

（三）形式的预设

采用什么样的阅读教学质量标准，对于阅读教学质量评判与质量监控影响很大，但一般来说，质量标准无外乎三种形式。

1. 纯文字表述

这种质量标准容量大，表述可以做到细致而准确，包容度大，阅读教学的各个方面都可纳入。其缺点是容易叠床加屋，重复性比例较高，特别是层次不清，主观性较大，只适宜于粗略的评判。

2. 纯表格型

完全通过表格的方式，将评判的内容分成几个等级，然后，根据表格所列等级去衡量学生的阅读效果和教师的教学质量。优点是层次清楚，使用方便，量化方式容易减少主观性，使人一目了然。缺点是容量较小，层级过粗，难以分清优劣。

3. 表格文字混合型

即在表格打分或分等级的基础上，再用文字加以描述，从而最大限度地避免评判的粗糙与不公。但这种评价方式对于评价者来说，工作量较大。

第四节　阅读教学质量标准的质性描述与量化表征

一、课堂阅读教学质量评价标准的指标

（一）同行或领导评价

具体评价一堂阅读课的教学质量，主要有以下六大方面的指标，每一方面又有具体的指标。

1. 教学目标

△以学生为主体，充分考虑学生心理特点与认知水平，针对学生的个体差异，遵循语文课程标准提出的相关要求，特别重视知识与能力、过程与方法、情感态度与价值观方面。

△强调可操作性：教学目标需要明确、具体，层次要分明，要切实可行，具备可操作性。

2. 学生活动

△学生参与活动的态度：参与活动积极主动，关注问题情境。

△学生参与活动的深度：提出问题具有一定意义，有个人独特见解，能按要求正确操作，学会倾听、协作、分享。

△学生参与活动的广度：参与学习活动的学生人数较多，活动的方式多样，且活动时间充分。

3. 学习活动的指导与调控

△阅读指导的范围和有效程度：为每个学生提供平等参与学习的机会；对学生的学习活动进行有针对性的有效指导；根据学习方式创设恰当的问题情境；采取积极、多样的评价方式。此外，教师的语言要求准确，有激励性和启发性。

△阅读教学过程调控的有效程度：能够根据反馈信息，对阅读教学进程、难度进行适当调整，合理应对临时出现的各种问题。

4. 学习条件

△学习环境：创设良好的学习环境，必须遵循三个原则：第一，具有适宜的阅读氛围；第二，要满足学生身心健康的要求；第三，有利于阅读教学目标的实现。

△学习资源：恰当地开发、科学地选择和适度地处理学习内容，选择适当的阅读教学手段，准备充足的与学习活动相关的材料。

5. 课堂氛围

课堂气氛不一定要十分活泼，但要求宽松，使学生的人格受到尊重，让学生的讨论和回答得到鼓励，阅读中质疑问题得到鼓励，师生交流平等、积极。

6. 教学效果

△目标达成度：较好地实现阅读教学目标；多数学生能完成学习任务；每个学生都有不同程度的收获。

△解决问题的灵活性：学生能灵活解决阅读教学任务中的诸多问题。

△教师和学生的精神状态：教师情绪饱满、热情；学生体验到学习和成功的愉悦，从而产生进一步学习的愿望。

根据以上评价指标，可以制订评价表来对阅读课堂教学进行评价。这一评价方案可用于互评，或自我评价。该方案为任课教师、同科教师、教学管理人员评价课堂教学提供了基本依据，体现了对课堂评价的几个原则：以人为本，过程评价，侧重评学，体现开放性等。

（二）学生评教

除此之外，我们也可以制订评价表格，由学生来对阅读课堂教学进行评价。

表8-1　学生问卷调查表

项　　目	选择仅一项	答案
教学内容能否调动我的积极性	1. 积极　2. 一般　3. 不积极	
老师教学语言对我的吸引力	1. 很有魅力　2. 还行　3. 无味	
我是否认真听课	1. 认真　2. 一般　3. 不认真	
我是否积极发言讨论	1. 积极　2. 一般　3. 不积极	
老师教学能否引发我阅读的兴趣	1. 很有兴趣　2. 有点兴趣　3. 毫无兴趣	
老师教学是否有效地进行阅读方法指导	1. 很有效　2. 有方法但不想用　3. 毫无章法	
老师教学能否对我的不良的阅读习惯加以纠正	1. 已经纠正　2. 有点纠正　3. 没有影响	
课堂中我是否愿意与他人合作	1. 能　2. 一般　3. 不足	

二、有效阅读课堂教学质量评价标准研究

（一）高质量阅读课堂教学评价标准之一： 学生对知识的主动建构

1. 考查学习效果

评价一堂阅读课，首先应考查学生的学习效果。因为知识是学生通过主动建构获得的，而不是教师单向、呆板的灌输形成的，只有学生主动意识下的学习才能取得最佳效果。所以要看阅读课堂是否高质量，首先就得考查学生在阅读学习感悟过程中是否主动参与了阅读知识与方法的建构。要达到这样的教学效果，要求教师对学生学习积极性的有效调动。

学生对知识的主动建构主要反映在两个方面：首先，让学习者主动参与阅读目标的生成。这有助于学习者形成清晰的自我行为目标，有利于阅读学习的进行。因此，在阅读教学中让学生参与学习目标的制定，是阅读教学质量评价的重要标准之一。

但这并不意味着总目标和子目标都由学生自己提出和确立。学生参与目标的制定，需要教师的引导作为前提。在教师课前设计好各种任务和课题的基础上，教师引导学生在这些任务和课题中建立自己的子任务和子课题，再确立相应的子目标。在这些主动生成的子目标指引下，学生才有可能探索符合独立个性特征的方法与途径。除此之外，教师在教学过程中还要不断引导学生，根据学习现状对初始的阅读目标进行分解或修正。

2. 强调"做中学"

让学生在"做"中学习，即让学生带着问题去学习，并在解决问题的过程中调动积极性来实现教学目标。在我们传统的阅读教学中，教师总是先传授阅读方法技巧，然后让学生将抽象的概念运用到阅读实践中去，即先学后做，学与做是分离的两个过程。而现代教学理念倡导学生边做边学，通过具体操作过程来掌握阅读概念和原理。"做中学"的优势在于，学生在解决问题的过程中会充分调动起原有经验，综合运用各方面资源来服务于最后形成的解决方案。这样的方案带有学生明显的自我特色，从而有利于建构其自我特色的知识经验。

（二）高质量阅读教学评价标准之二： 师生间的有效互动

人的本体价值是在关系之中实现的，阅读课堂中存在的重要关系，不仅指教师与学生之间的关系，还指学生与学生之间的关系。因为个人对知

识经验的建构往往存在着局限性和片面性，只有通过社会性的意义共享和协调，才能取得准确、多视角、丰富形式的知识经验。且教与学本来就是一对并存的关系，不存在主次之分，学习是教与学两者相互作用合作生成的结果。

因此，我们应该坚决摒弃传统教学中"教师讲、学生听"的单向交流方式，使阅读教学中师生、生生间的交流形式多样化；摒弃教师权威型或命令型的角色扮演，努力在阅读教学中成为学生的指导者、合作者。具体表现在教师以协商的姿态参与学生阅读讨论和练习的过程，不强硬干扰学生的学习行为，但又不任其随意发展，而是指导学生进入有意义的问题情境中，启发学生思维，提供必要线索。最后，教师的提炼与概括尤其重要，旨在帮助学生建构起更明确、更系统的知识。而作为合作者，是指教师和学生一起进行学习，敢于承认自己不如学生的地方，并在互动过程中实现教师的自我提升。实现师生间的有效互动也是高质量阅读教学评价重要标准之一。

（三）高质量阅读教学评价标准之三： 主动为学生提供阅读资源

学生要实现"做中学"，需要一定的操作对象，这就要求教师在阅读教学过程中为学生提供合适的阅读资源。学生阅读资源指的是阅读学习材料和充足的学习时间。首先，教师要提供给学生大量取材于现实生活领域的阅读材料，使学生置身于真实且复杂的学习情境中，让问题的解决尽可能地与现实情境联系在一起。因为，只有真实化的情境才能让学生切身体会到问题的存在。此外，还要提供不同的问题情境，实现学生实际阅读能力的有效迁移。

其次，在教学过程中要提供学生充足的时间进行阅读知识的建构，包括保证讨论、交流、反思的时间量。因为，当学习者在阅读过程中遇到一个新的问题时，必然先要求进行独立的分析与思考，在形成一定的想法后，开始尝试运用资源来构建解决对策并尝试解决。最后，还要根据尝试的结果，与他人交流信息，达成认识的完善。在这一环节中又要求一系列的回顾与反思，如需要反思自己与他人在解题策略上的差异，通过比较两种策略形成的过程和结果来找出证据与理由，解释导致两者差别的原因，从而改进问题解决策略，优化解题认识并形成系统的知识经验。

这些环节都是学生在阅读学习中必不可少的。因此，这是一个时间持续较长、较为系统的过程，不能简单化地处理阅读材料或者流于形式的应付，需要教师为学生学习时间提供保障。

（四）高质量阅读教学评价标准的根本：学生能力的真正提高

好的阅读教学能够达成学生对知识真正理解和能力真正提高的效果，而不是肤浅的表面理解。学生对知识的深层次把握主要表现在以下几个方面：对所学的阅读知识建构了自我系统的理解；能够运用学到的阅读知识和阅读方法去解决实际阅读问题；解决复杂问题时，能综合调动各方面的知识经验；能将所学的阅读知识进行广泛的迁移；等等。

教师可以通过以上几个方面来判断学生是否真正理解了知识，真正提高了阅读能力。考查可以通过提问或者联系的方式进行，且该方面的考查不只是在阅读教学后进行，更为重要的是，也要在阅读教学过程中进行不间断的考查。现代教学观念注重"形成性"，不仅强调学习成效，还强调对学习过程的关注。决定学习成效与否的因素往往体现在学习过程中，因此，只有关注学生是如何阅读，才能把握住促进学习者能力真正提高的关键。

三、阅读教学质量评价标准的具体实践

根据上述研究成果，课题组从五个方面进行了具体的实践：

（一）学生浓厚的阅读兴趣

1. 由于学生的阅读兴趣培养是阅读教学高效率的第一步，因此，课题组在子课题学校进行了多方面尝试。有的学校还设立了实验班和对照班进行比较研究。研究表明，如果在阅读教学中，能够充分考虑学生的主体地位，引导学生积极主动地探索，加强对学生阅读过程中的信息反馈，同时注意语文资源的拓展，帮助学生拓宽视野，就有可能培养起学生浓厚的阅读兴趣。

表 8-2 《人生的境界》课堂情况统计

项目 班级	学习兴趣	主体参与	教学方式	信息反馈	拓展练习
实验班	高	全体	老师点拨、学生查询讨论	非常及时	多
对照班	一般	部分	老师讲解为主	部分课后	少

2. 学生阅读兴趣的提高，直接促进了注意力的优化配置，下面仍以《人生的境界》为例，实验班和对照班的学生的注意力分布如下：

（二）学生合理的阅读结构

课题组对学生的阅读结构进行调查和引导调整，促使学生的阅读结构发生了

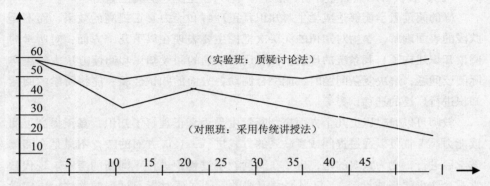

注：横轴为课堂教学进展的时间（可简称教学时间），竖轴为注意力水平。

图8-1　学生阅读注意力分布曲线图

显著的变化。具体见表3：

表8-3　学生阅读结构的变化

喜爱图书类别 \ 调查时间（所占比例）	起始阶段	第一阶段	第二阶段
名著类	5.2%	17.5%	43%
当代青年另类小说	26.3%	17.5%	14%
武侠小说	14%	5.2%	0
言情小说	12.2%	3.5%	1.7%
作文选	12.2%	17.5%	40.3%
文摘类	43%	47.3%	47.3%
体育类	8.7%	5.2%	7%
文娱类	17.5%	5.2%	3.5%
社科类	3.5%	12.2%	21%
散文类	10.5%	29.8%	38.5%
科技类	1.7%	12.2%	19.2%
文言类	0	3.5%	5.2%
新闻类	19.2%	21%	28%
其他	1.7%	0	1.7%

（三）学生高效的阅读速度

阅读对于人的发展实在是太重要了，因为它是人们获得知识与素养的主要手段。可是，一般人们每分钟只能读 400—600 字。"一目十行，过目成诵"是历代读书人追求的理想境界。因为，阅读的速度快，掌握的相关信息就多。通过课外新闻广播活动的开展与能力的提高，能使学生提高阅读速度，在相应的时间内读更多的材料，获取更多的知识，从而进一步提高阅读能力。学生的平均阅读速度达到了 1200—1800 字/分，有效速度是 900—1500 字/分，当然，这是一般的文章。我们在实施阅读教学质量监察时，强调了对阅读速度的评价。师生对阅读速度的重视，不但提高了阅读的速度，而且也提高了学生的理解力，使阅读教学取得显著成效。下面是对照班和实验班在阅读教学实验后，以罗素的《我为什么而活着》一文为材料进行的测试，总字数 460 个。

表 8-4　阅读速度测试

班级	平均用时（分）	阅读速度（字/分）	理解率
实验班	0.5	920	78.6%
对照班	0.9	511	60%

（四）学生良好的阅读习惯和方法

为提高阅读教学的质量和效率，课题组特别强调教学中对学生良好习惯的培养和阅读方法的养成。实践证明，目标明确，质量监控落实，就能取得较好的效果。下面是课题组的一个检测结果。检测内容为"《名人传》（节选）"，检测目标为阅读习惯、方法对于阅读理解的影响，检测对象为高二年级实验班和对照班，各 57 人，检测时间为 2007 年 3 月。从表 5 对比中明显看出实验班学生的阅读习惯、方法和理解能力都强于对照班，阅读成绩也很突出。

表 8-5　阅读习惯与方法测试

项目　　　正确率　班级	自觉标画		概括全文		确定恰当的解答范围		筛选信息		解答 10 分	
	人数	百分比	人数	百分比	人数	百分比	人数	百分比	人数	百分比
实验班 57 人	55	96.5	48	84	55	96.5	40	70	51	89
对照班 57 人	30	52.6	32	56	43	75.4	25	44	30	53

第九章　作文评改及其质量标准研究

　　人们对中小学作文教学质量的不满与诟病，大都集中在教师的指导不力与不当上，这是可以理解的，毕竟作文指导是作文教学的核心。但是，如果仅仅将眼光聚焦在作文指导上，就不可能使作文教学有真正意义上的突破。考察作文教学名师的成功之道，我们可以发现，他们之所以成为名师，除了作文指导的功力深厚外，还得力于其高质量的评改。下面我们将要探讨的就是作文评改的内容、功能及其质量标准的制定。

第一节　作文评分标准与评改质量之关系

　　目前，任何一项语文考试中，都会有一个作文评分标准，而且，这种评分标准正呈现越来越细化的倾向。以高考为例，几乎每隔几年，作文评分标准就会有所变化。例如，1977年阅卷老师归纳的优秀作文的标准是：字数较多，结构基本完整，内容基本符合题目，能记住报刊上的一些流行词语，而且能把这些词语写得连贯，错别字较少。而当前优秀作文的标准是：文题相符，清楚达意，语言流畅，能够体现自己的长处，思想深刻，有创新、有个性、有文采。① 显然，30年后高考作文的优秀要求远高于30年前。

　　另一方面，30年前作文评分基本上属于综合评定（总体印象评分），1986年

---

① 姚奕. 1977年高考作文评分标准：把词语写连贯可加分［OL］. 中国教育新闻网，http：//www. jyb. com. cn/ks/gk/jlgk/t20070607_ 89561. htm，2007-6-7.

有研究者提出分解流水评分的初步构想，即将一篇作文审题立意、选材结构、语言表达、文风和其他综合评定五大项，每项规定分数比分别为：20%、20%、30%、10%、20%。① 其后，有关分类评定作文成绩的研究成果大量涌现，这些成果不同程度地被高考评分所采用。随着高考作文评分实践经验的积累与研究的深化，高考作文评分标准至今已变成了一套较为完善与复杂的系统。下面展示的是最近几年采用的高考作文评分标准（各自主命题的省市略有不同）。

表9-1　高考作文评分双向细目表

类别		一类文（20~17分）	二类文（16~12分）	三类文（11~7分）	四类文（6~0分）
基础等级	内容 20分	①切合题意 ②中心突出 ③内容充实 ④感情真挚	①符合题意 ②中心明确 ③内容较充实 ④感情真实	①基本符合题意 ②中心基本明确 ③内容单薄 ④感情基本真实	①偏离题意 ②中心不明或立意不当 ③没有什么内容 ④感情虚假
基础等级	表达 20分	①符合文体要求 ②结构严谨 ③语言流畅 ④字体工整	①基本符合文体要求 ②结构完整 ③语言通顺 ④字体较工整	①大体符合文体要求 ②结构基本完整 ③语言基本通顺 ④字迹清楚	①不符合文体要求 ②结构混乱 ③语言不通顺，病多 ④字迹潦草难辨
发展等级	特征 20分	①深刻 ②丰富 ③有文采 ④有创意	①较深刻 ②较丰富 ③较有文采 ④较有创意	①略显深刻 ②略显丰富 ③略显文采 ④略显创意	①个别语句有点深刻 ②个别语句例子较好 ③个别语句较精彩 ④略显个性

为保证评改标准的落实，防止阅卷教师理解偏差而导致评分误差，专家组还专门根据以上指标设计了一套更为复杂的评分说明，详细说明了各指标的具体标志。例如"基础等级·内容"中一类文的标志是：

切合题意：凡是在整体上围绕主题行文，既写出明显的反差又显示内在联系的可视为"切合题意"。

中心突出：凡是紧紧围绕主题构思行文的可视为"中心突出"。

内容充实：凡是材料丰富能够充分表现主题的可视为"内容充实"。

感情真挚：凡是行文真诚、恳切、感人的即可视为"感情真挚"。

按理说，初、高中教师的作文评改，只要根据中、高考评分标准来实施评改，应该属于符合质量标准要求的评改。但事实并非如此简单。因为，虽然这份

---

① 刘贻青、马东震. 高考作文评分构想［J］. 宁夏教育，1986，（11）：17~19.

细目表中的各项内容较之以往的评分标准要细，但仍然难以全面体现一篇作文的实际情况。例如，某教师将一篇作文定为"优等"或者定为"差等"，是否只要将标准中一类卷或四类卷的描述写上去就行了呢？如果这样，对学生的指导启发意义将会少得可怜。因为学生看到"①切合题意②中心突出③内容充实④感情真挚"之类的评语和看到"①偏离题意②中心不明或立意不当③没有什么内容④感情虚假"之类的评语一样毫无感觉。究竟什么是感情真挚或虚假？如何判定感情真假？是某些地方真挚或虚假还是通篇真挚或虚假？真挚或虚假的程度如何？真挚是否提升或虚假是否影响文章整体品质？别的同学虚构的故事却被认定感情真挚，为何自己表达的是一个客观事实，表露的是真情实意却被判成是感情虚假？……所有这些问题，如果不能给学生一个满意的解答，那么，教师的评改与指导就不可能获得预期的效果。

由此可见，评分标准与评改质量之间是导向与具体操作的关系，它们相互依存，相互促进，而相互之间又具有相对独立性。高质量的评分标准，为高质量的评改奠定基础，但它不能保证每个语文教师都能因此进行高质量的评改；同样，高质量的评改为评分标准的改进提供实践依据，但它不能左右评分标准的制定。一个优秀的语文教师，对相关的评分标准肯定能够了如指掌，但他在评价一篇作文的时候，却绝对不会拘泥于评分标准。

教师的评改究竟包括哪些内容与类型，需要遵循怎样的原则，教师评改的质量标准可从哪些方面去考察？下面我们将着重从教师评改的内容与质量标准的制定两个方面加以阐述。

第二节　教师作文评改的内容

作文评改，顾名思义，包含两方面内容：作文的"评"与作文的"改"。它包括教师对学生作文的评改，也包括生生之间的相互评改，这里我们主要探讨的是前者。

一、作文评语

作文的"评"，是指教师对学生的作文进行客观公正的评价，它包括作文评语与作文讲评。前者是指教师给学生作文写出的评价性文字，后者是在前者的基础上，通过教学语言对评语内容进行拓展深化。作文评语可以看做教师对学生作品的二度创作，成为学生习作的一个延伸。但由于作文评语的拟写存在诸多问题，效果不佳，因此，屡遭非议。有的教师认为"老师花去大量的时间，效果又怎么样呢？事实是作文本发下去以后，很多同学只是看看分数，就束之高阁，根本不去考虑教师要如此修改的道理"。① 而教师越俎代庖的结果往往是束缚了学生的思想，遏制了学生的主动性。而要改变这种现象，就必须"以学生为主体，教师要把评改的主动权交还给学生"。② 这些话听起来颇有道理，而且以学生为主体，发挥学生的主动性也是课程改革的重要目标，把评改权还给学生，正是从一个方面实践了语文课程新理念。但这里有两个问题需要作进一步探究：一是教师的评语对学生写作的影响真是微乎其微吗？二是让学生自己去评去改，真的比教师评改更有效吗？事实给出的是否定答案。

我们先来看一看，教师的作文评语对学生存在怎样的影响？

（一）作文评语对学生心理的影响

1. 评语能够影响学生的心灵世界

中小学生正处在人生观与世界观形成的关键时期，作文从某种程度上表明了他们对人生对世界的看法。如果教师能够把评语看做一个能与学生推心置腹地交谈的平台，就有可能进入到学生的心灵世界，实现与学生精神的沟通与思想的交流。因为作文评语本身也是教师心灵世界的反映，是教师个性、人格、学养的浓缩。故教师通过评语，可以以情动人、以理喻人，好的评语能令学生刻骨铭心，有时教师寥寥数句（字）评语，都有可能改变学生对这个世界与对未来的看法，有可能引领学生走出封闭、灰暗的空间，走向开阔的光明的天地。反之，如果教师无视作文评语的这种功能，就有可能一语伤人，对学生的心灵健康产生危害。据《内蒙古晨报》报道，一名教师在学生的作业本上写了"真恶心"三个字，教师草率的评语，伤害了孩子的幼小的心灵，导致其抑郁自闭。③

2. 评语能够激发或抑制学生写作兴趣

我们曾经做过作文教学调查，发现喜欢写作的学生无不受过教师评语的鼓

① 张蕊娥. 评改作文要让学生处于主动地位［J］. 科技信息（学术研究），2007，16：506.
② 朱建国. 把评改作文的主动权还给学生［J］. 云南教育·基础教育，2006（1～2）：37-38.
③ 武艺. 60多岁教师写评语"真恶心"令小学生伤心［OL］. 中华网新闻，http：//news. china. com/2005-06-01 01：41：30.

励，而对写作极度厌倦的学生中，则大多数没有从教师那里得到过令自己激动的评语。在平行班中也存在这种情况，一般说来，注重评语写作的教师的班级，写作热情相对较高，作文成绩提高也较明显。其实我们只要看一看下面两则名人故事，就可知道作文评语在激发学生写作内驱力方面的功效——

毛泽东在学生时代，练就了一手好文章。他后来回忆说："我能写古文，颇得力于袁吉六先生。"1936年，毛泽东在延安同美国记者埃德加·斯诺的谈话中，回忆到自己学生时代的生活，很有风趣地说了下面一段话——"学校里有一个国文教员，学生给他起了'袁大胡子'的绰号。他嘲笑我的作文，说是新闻记者的手笔。他看不起我视为楷模的梁启超，认为半通不通。我只得改变文风，我钻研韩愈的文章，学会了古文体。所以多亏袁大胡子，今天我在必要时仍然能够写出一篇过得去的文言文。"①

著名作家茅盾读小学时，他的语文老师曾在其作文上批下如下评语："好笔力，好见地，读史有眼，立论有识，小子可造。其竭力用功，勉成大器"、"慷慨而谈，旁若无人，气势雄伟，笔锋锐利，正有王郎拔剑斫地之概"。② 这些评语也许多少有点言过其实，可是令少年作者永记不忘。茅盾最终走上文学创作之路，并成长为一代文豪，少年时代语文教师的热情评语，肯定发挥了极为重要的积极作用。

（二）作文评语对学生写作能力的影响

1. 教师的评语能够丰富学生写作知识

作文评语，无论是眉批还是尾批，从某种意义上来说，就是一种写作的指导。除非是毫无责任心或毫无审美能力的教师，否则或多或少会在评语中涉及一定的写作知识，透露自己的写作观和写作修养。下面试举二例：

例一：文章反其道而行之，立意新颖独特。这是我所批阅的作文当中较为独特的一种见解，从这个角度看问题，别开生面。全文起承转合，不一般化，看得出你费了一番心思。修辞运用妥当，并且有新意。望继续努力，成功并不遥远。③

这是目前较为常见的评语写法。此段评语涉及立意、结构、修辞三项写作知识，学生读后当有所启发，知道自己的作文所长，有利于其特点的强化，并有可

① 胡光曙. 斯人育天下英才——毛泽东的老师袁仲谦［J］. 文史天地，2005，(7)：4～8.
② 李广德. 一代文豪：茅盾的一生［M］. 上海：上海文艺出版社，1988. 16.
③ 袁君. 让艺术性在作文评语中闪光［J］. 承德民族职业技术学院学报，2005，(2)：45～46.

能在今后的写作中发扬光大。当然，这则评语的缺点是没有对三项知识作必要的细化。比如，应该指出文中用得最好的一二处修辞，说明其妥当的理由，而不是泛泛概述。

例二：文中二次都是写的（"二次"当为"三次"之误；"的"为衍文，或"写的"调到"都是"前面——引者注）小女孩瞪大了眼睛。但是从文章内容看，小女孩的心情第一次是惊讶，第二次是激动，第三次是感激。因此，三次的神态肯定不一样。如果你能把每次眼神的特点写清楚就更好了。试试看？①

这则评语实际上告诉学生描写方面的知识，要求学生尝试对同一事物的多样化描写。通过这段评语，学生能够掌握眼神描写的方法，即能够根据人物的心情、神态的变化来刻画人物的眼神特点。这段评语朴实而有针对性，如果能适当使用一些知识性词汇或典型的术语，或许会显得更有概括性，对学生写作知识的建构也更有帮助。

2. 教师的评语能够提升学生写作技巧

写无定法，而有一定之法。虽然写作技巧具有很强的个性化特征，掌握写作技巧不一定就能写出好文章；但拥有写作技巧无疑可以增强学生的写作信心，奠定学生的写作基础，保证学生的写作具有一定质量。这是在学习写作知识的基础上所作的进一步提升。例如教师在学生写作的观点提炼、主旨突出、角度选择、结构安排、材料取舍、语言运用等方面给予针对性的指导，学生就能较为快速地进入作文之门。试举二例：

例一：三个事例，有详有略、有主有次，且紧扣中心，选得非常精透。但三个事例之间有着一定的逻辑关系，排列不能随意，想想看，如果按照生活的过程，即时间的先后，这三个事例应作怎样的调整？

例一主要是从选例的次序编排着手，来指导学生的写作技巧。帮助学生学会如何根据生活的需要，按照逻辑的要求来安排事例的先后。

例二：你的作文语言始终保持着抒情性特点，优美典雅，富有情趣；但通篇抒情又容易使人产生情感疲劳，反而把你的动情点给削弱了。能否考虑在文中多用一些叙述性语句，将故事比较完整、流畅地叙述出来，使读者对整个故事的来龙去脉有一个比较清醒的认识。另外，适当使用一些哲理性语句，比如"每个人

---

① 李树源．作文评语研究集粹·作文批语的"四要四不要"[J]．四川教育，1998，(12)：23.

都有潜在的能量，只是很容易被习惯所掩盖，被时间所迷离，被惰性所消磨"、"当幻想和现实面对时，总是很痛苦的。要么你被痛苦击倒，要么你把痛苦踩在脚下"等等，这会使你的文章显得更大气，主题更突出，也更有说服力。

例二主要从语言入手进行指导，这段评语可使学生充分了解自己作文的长处和弱点，以及通过什么方法使自己的写作能够扬长避短。在评语中，教师还进行适当举例，这对于学生语言技能的掌握是很有帮助的。因为，学生写作说到底仍然是一种模仿，只有给出明确的例子，学生才能快速理解，并在仿效中掌握要领，从而实现提升。

二、作文讲评

（一）作文讲评与作文评语的共性

1. 目的相同

作文讲评与作文评语的目的与目标是一致的，都是为着指出作文的高下优劣，提出修改的意见及努力的方向等。

2. 对象相同

作文讲评与作文评语都是指向学生言语产品，并通过言语产品复原学生的写作过程，从而对学生的写作行为进行剖析、指点。

3. 手段相近

作文讲评与作文评语大都是通过教师的分析判断、点拨引导来达成目标的。因此，教师对学生作文的理解、教师的鉴赏能力与语言表达水平，决定着讲评与评语的成败。

（二）作文讲评的优势

由于作文讲评的手段与方法不同于作文评语，故其效果可能会更好，或能在一定程度上弥补评语的不足。我们可以从以下四个方面的比较中看出来：

1. 作文评语机械单一，作文讲评机动灵活

作文评语只有一种形式，即教师在学生的作文上用文字符号来表达自己的看法，故受到的限制很多。而且教师一般是看一篇写一篇，故缺乏全局性与比较性。而作文讲评是在教师对学生的作文写下评语甚至作过修改后进行的，因此，教师对学生某次作文有比较全面的了解；又因为是口语的表达，不受书面表达的种种限制。换言之，作文讲评课中教师既可以一点突破，也可以面面俱到；既可以讲全班总的情况，也可以就某几位同学的典型问题进行讲评；既可以在课内进

行，也可在课外展开；等等。

此外，作文讲评可以引入各种教学元素，例如可以通过网络开展作文讲评，可以通过投影仪、多媒体等进行作文讲评，这自然是作文评语所做不到的。而且，作文讲评还可将学生先前的作文情况随机结合进来，也可纵横交叉地开展作文比较，在比较中分析优劣，寻找规律。

作文讲评甚至还可以通过"诵读"的方式来进行。有的作文，其问题或妙处，光靠眼看学生不一定看得出来，如果教师通过或夸张，或富有感情，或强调重点的诵读加以凸显，则学生容易理解与把握教师对一篇作文的意见及态度。

特别值得一提的是，口头表达具有很强的修正性，教师讲过的东西可以随时补充修正。总之，作文讲评机动灵活的特点，使其教学的有效性显得更为突出。

2. 作文评语属单向交流，作文讲评属多向互动

作文评语无论写得多么漂亮，对学生来说，总是隔了一层，师生之间的交流往往是单向式的，学生难以就教师的评语进行进一步的交流，学生的疑问往往得不到及时的解决。

而作文讲评，无论是一对一，还是一对几或一对数十，它都是面对面进行的。教师讲评过程中，学生可以随时提问甚至反驳争论，教师也可根据学生现场的反应，对讲评的内容、重点及讲评的形式等及时作出相应的调整。讲评中，学生还可以通过讨论，求同存异。总之，只要教师在讲评中发扬民主教学的精神，注重学生的知识与能力的实际水平，尊重学生的情感态度价值观，那么，课堂上就很容易出现对话碰撞、思维共振的场面。

3. 作文评语高耗低效，作文讲评低耗高效

写评语固然针对性强，容易写出个性，但概括性不强，容易做重复无效的劳动；而且，作文评语需要笔头表达，这将消耗教师大量的时间和精力。由于要顾及一个班四五十本作文，教师只能选择自己认为最关键的东西来写，因此其传达的信息量十分有限。故评语存在两大明显的弱点，即受益面十分狭窄，操作效率较低。事实上，我们也看到，学生能够进行作文评语交流的很少，一般都只关注自己的评语，而不太留意别人的评语。查阅学生的作文评语，类似"主题突出"或"主题不够显明"，"语言优美流畅"或"用语较为简单"，"结构清楚，逻辑严密"或"结构散漫，逻辑不清"之类的雷同评语比比皆是。此外，有的教师如对某篇作文特别有感觉，可能写下洋洋数千言的评语，这势必占去其对别的作文关注的时间，因此，可能出现教学不公平。

作文讲评则不同，教师一般都选择每次作文中的典型问题来分析，重点突出，不会重复，信息输送量大；讲评的作文虽然可以少至三五篇，但由于面向全体学生进行，故受益面甚广。在讲评课中，学生可以通过质疑问难，探讨辩论，既留意自己的作文，也关注到同伴作文。虽然教师不可能拿全班学生的作文作例文讲评，但一般教师在评析学生作文时都是匿名进行的，教师的意见和建议并不仅仅限于所评作文，而是针对全班学生的，故能够体现教学的平等性及普适性。

三、作文的修改

"改"是在"评"的基础上进行的，但相对作文评语的写作，作文的修改也许更为复杂、更耗时间，对教师个人素质的要求也更高，即所谓"说说容易做做难"。能找到毛病是一种本领，找到毛病以后，能够对症下药，是一种更高的本领。而能把文章修改好，所产生的效果应当比评语和讲评更好。因为，教师的修改从某种意义上说，就是一种手把手的写作示范。作文的修改主要涉及两大方面：改什么和怎么改，即修改的内容与方法。这里，我们主要针对作文修改的内容作一番阐述。

（一）关于作文修改内容的一些观点

作文修改的内容难有定论，不同的教师根据自己的爱好、特长、习惯会有不同的看法。例如于高峰老师提出修改作文的四项原则："一、妙笔生花，雕琢龙头凤尾。二、水落石出，突出文章主体。三、提纲挈领，做到眉清目秀。四、风行水上，平淡亦是神奇。"[①] 这四项原则实际上概括了修改的四项内容：开头与结尾，文章内容，文章结构，语言表达。胡高清教师通过一篇学生的作文，从主题、语言、材料的选取三个方面提出了详尽的修改意见。[②] 万安老师提出考场作文修改的四个方面：题目是否恰当、新颖、精彩；结构是否清晰、合理；语言是否顺畅，是否有表现力、有文采；首尾要讲究，开篇要能吸引人，掩卷要能让人回味无穷。[③] 这虽然是万老师对考生的几点建议，但也表明其对作文内容方面进行修改的基本看法。

---

① 于高峰．作文修改实例分析［J］．作文世界（高中），2005，（3）：90～92.
② 胡高清．明明白白我的心——关于一篇学生作文的修改意见［J］．语文教学通讯，2006，（30）：49～50.
③ 万安．作文修改 ABC［J］．中学生，2006，（Z2）：22～23.

在我们所搜集到的关于作文修改内容的论述中，孙建龙老师的一些提法虽然简洁，但最有学术气息。他认为，小学生作文的修改，从显性目标和结果看，改的是语言和文章形式；从隐性的又是根本性的目标和结果看，改的是思想。当然，他所强调的仍然是教师指导学生改些什么，即提出一些要求。例如：要求学生学会辨析文章意图，能够自己发现"意图文章"（意想中的文章）与"实际文章"（已写成的文字文章）之间的不一致，并根据意图进行修改；要求小学生学会能够从读者的角度，即所期望的对读者产生的影响与实际效果是否达到的角度，进行修改；要求小学生学会在修改过程中对自己想要表达的思想、情感有自觉的意识并能做进一步的反省，并学会反思自己要表达的观点或情感是否清晰而明确；学会在文章修改过程中不断建立对读者负责的写作态度；等等。①

从上述论述可以看出，教师或学者们对作文修改内容比较一致的看法是：作文结构重首尾；文章主体重思想（或主旨）；材料选择重恰当；语言表达重文采与流畅。

（二）重建作文修改内容体系

毋庸置疑，众多一线教师与专家学者的见解都是很有见地的，对作文教学质量标准的研制具有积极的启发作用。但必须指出，我们所能见到的种种论述，都比较零碎，也比较表面，缺少具体深刻的内容体系的构建，这会使教师在具体的教学中陷入无的、无序、无度的尴尬中。因此，我们有必要在众多研究成果的基础上，作进一步的深化研究，以期重建作文修改的内容体系，为广大教师的作文教学实践提供有益的借鉴与启迪。

我们认为，确定作文修改的内容，重建作文修改内容系统，有必要从"纵、横、表、里"四个维度着手进行。

所谓"纵"，即历时性考察，指教师通过综合考查某学生一段时期的作文，来确定本次作文需要加强哪些方面的修改。所谓"横"，即共时性比较，指教师将当次所有学生的作文集中考查，通过横向比较，发现共同存在的问题，进行集体修改。对个性化很强的问题，则在作文本上进行个别修改。

所谓"表"，即表面、表层，是对能够直接观察到的作文硬伤的修改，例如错别字、误用标点、病句、修辞不当、结构与逻辑混乱、文面糊涂等等。所谓

---

① 孙建龙. 作文修改改什么 [J]. 小学教学研究，2005，(12)：12~13.

"里"，即难以直接观察到的作文的一些本质性的问题，这些问题需要经过教师深入的思考分析才能发现。例如思想意识有误、对事物认知发生偏差、情感态度虚假、观点见解似是而非等等。

这四个方面相互组合，构成四组关系。

1. 纵与表的结合

从历时的角度，分析学生在作文形式上存在的痼疾，而非偶或的笔误与失误。例如有的学生始终分不清"的、得、地"，有的学生不会使用标点符号，经常一逗到底，等等。

2. 纵与里的结合

从历时的角度，分析学生在写作的本质上存在的顽疾，而非一时糊涂发生的偏差。例如有的学生始终认为人是自私的动物，人的本质是利己；也有的认同"有恩报恩，有怨报怨，为朋友两肋插刀"的江湖义气；有的因家庭遭遇变故，而在作文里表现出来的社会与生活都是灰色的认识；等等。

3. 横与表的结合

通过共时比较，分析班级学生在作文形式上共同存在的问题，而非个别现象，从而将个别修改与集体订正结合起来，帮助学生修正错误。例如，某教师的一次命题作文《我最爱这里的风景》，发现学生普遍写的是"我爱这里的风景"，没有突出"最"字，因此，教师在修改时，聚焦在"最"字上，能改的直接在作文上改，往往改动几字，"最"的意味立显，不能直接改的就在讲评时作集体修改指导。

4. 横与里的结合

通过共时比较，分析班级学生在作文情感、态度与价值观方面共同存在的问题，即发生整体性偏差，而非一两个学生有认识错误。这时候如果不宜在作文上直接修改，就需要针对共同的错误进行集体修改指导。例如某次命题作文《跌倒了也要从地上抓一把沙》，本来此题题旨强调人应该从挫折与失败中吸取教训，但班里多数学生理解为"贪婪是人的本质"，故有强调"做人就要多捞好处"的，有为"人不为己，天诛地灭"正名的，更有甚者，竟然为贪官"鸣冤叫屈"，认为有"贪"才有"发展"，并举例说"一只抓五只老鼠自己吃掉两只的猫要比只抓一只老鼠自己不吃的猫要好"。这就不是一般性的问题，而是在人生观、世界观与价值观的是非问题发生严重偏差，因此，在修改与讲评过程中，老师应特别对此予以强调。

第三节　作文评改的质量标准

根据作文评改的内容，参考高考作文评分标准，我们可以制定合乎科学规范、具有一定的针对性和可操作性的作文评改质量标准。在此，我们试从质性描述与量化表征两个方面对写、讲、改三项内容加以阐述。

一、作文评改质量标准的质性描述

（一）"写" 的质量描述

写，主要指教师的评语，包括眉批、尾批、段批、夹批四种形式。虽然它们各有特点，但为评价方便起见，我们将这些内容加以综合，共分为四个等级来分别阐述。

1. 优等：针对性强，富有个性化；表述明确具体，富有启发性；言语诚恳得体，易为学生接受；表达生动活泼，有理有趣；评语内容充实，感情充沛，能够以情激情；言语形式富有变化，充满艺术感染力；语言流畅规范，具有示范性；书写整洁美观，给人愉悦感。

2. 良等：针对性较强，较有个性；表述有一定的概括性和启发性；言语较符合学生心理，能为学生接受；表达较为生动，具有一定的理趣或情趣；言语内容较有感情，能够打动学生；言语形式较有变化，能够吸引学生的注意；语言较为流畅，无论语法、修辞还是逻辑都合乎规范；书写清楚，较为整洁美观。

3. 中等：针对性一般，偶尔显示出个性；表述较为简单，启发性不大；言语套话较多，学生关注度不高；表达不够生动，情趣不足；就事论事，情感较为平淡；言语形式较为单一，艺术感不强；语言流畅性不足，有时会出现一些错别字、病句、逻辑混乱等硬伤；书写较为随意，不够美观。

4. 差等：缺乏针对性，毫无个性；表述极其简单，语焉不详，甚至不知所云；言语不符合学生的心理特征，容易伤害学生的自尊与信心；表达机械，内容空洞；言语形式简单，缺乏言语艺术性；语言艰涩，难以卒读，语言规范性存在严重问题；书写潦草稚劣，难以辨认。

（二）"讲" 的质量描述

讲，包括学生写作之前教师给予的作文指导和作文写好以后的讲评，我们这里主要指后者。讲的质量可以参照各校制订的课堂教学评估表，但"讲"作文与"讲"课文还是有区别的。作文讲评常见的有常规性讲评、专项讲评、个别讲评、集体讲评等多种形式，我们同样加以综合，分为四个等级进行阐述。

1. 优等：准备工作充分，有高质量的讲评教案；讲评例文选择得当，典型性强；讲评内容重点突出，针对性强；讲评过程中互动性较强，学生参与度高；讲评时情绪饱满，情感性强；注重对学生兴趣的培养与写作积极性的保护；讲评过程注重学生反应，随时调整讲评内容与方式；讲评中不仅注意知识的传递，更注重作文规律的引导与能力的培养；注重艺术审美与思想教育高度融合。

2. 良等：准备工作较充分，有完整的讲评教案；讲评例文从数量控制到类型把握都较恰当；讲评注重重点与针对性的把握；讲评中注意到学生的主体地位，能引导学生参与到讲评中；讲评较有情感性，能在一定程度上打动学生；对学生写作心理有较好的把握，能关注学生的写作兴趣与写作积极性；讲评较有灵活性，能根据需要对讲评内容作一定的调整；讲评中知识与能力、审美与思想渗透的结合处理较好。

3. 中等：有一定的准备，但缺乏完整有效的讲评教案；讲评有例文，例文选择虽不一定典型，但多少能够说明一些问题；讲评中对学生的互动参与还不够关注，较多的时候以教师讲解为主；能在一定程度上注意到学生的写作兴趣与积极性，但调动与保护都不够充分；讲评不够灵活，很少在讲评中根据教学实际调整讲评内容；讲评中较多注意知识与技巧的传授，而较少关注学生的审美能力与思想认识的提高。

4. 差等：讲评前毫无准备，无计划，无教案，无目标；讲评中不使用例文或例文选择不当，例文使用的随意性较大；讲评无重点，缺乏针对性，甚至另起炉灶，自说自话；讲评中完全无视学生的主体地位，搞"一刀切、满堂灌"，把学生置身于讲评活动之外；讲评缺乏情感性或乱使性子，不注意对学生写作兴趣的激发和积极性的保护；讲评刻板机械，内容空洞无聊；讲评知识不实，甚至发生常识性错误；缺乏对学生审美能力培养与思想认识教育。

（三）"改" 的质量描述

改，即教师在学生的作文上直接进行具体修改，而不是提出一般性抽象的建议。教师的改一般分为增、删、调、换四个方面。所谓"增",即在学生不够充实或有疏漏的地方,增补一些内容;所谓"删",即删去学生写作中重复啰唆的地方;所谓"调",即调整学生写作中一些混乱的语(包括词和句)序、段序;所谓"换",即对学生写作中用词不当或不够贴切的地方用其他的词语加以掉换。我们还是用四个等级来进行整体阐述。

1. 优等:对修改点(关键点)的判断正确,只修改必改的地方;对修改的内容把握准确,修改力度得当;修改具有明确的规律性,示范性高,可供学生参照模仿;修改符号规范正确,一目了然。

2. 良等:修改重点把握较好,基本能找出必改的地方;对修改的内容把握较准确,力度较适当;修改有一定的规律性和示范性,对学生写作能力的提高帮助较大;能较好地使用一些修改符号。

3. 中等:能把握部分修改重点,有些必改的地方不能找到;对修改内容的把握一般,有时候力度失调,或大包大揽,或简单忽略;修改的规律性、示范性不高,对学生的启发性不大;修改符号的使用还不很科学规范。

4. 差等:把握不住修改重点,经常出现该改的地方不改,不需要改的地方大动手术;修改随意性很大,经常把握不住修改的力度;修改缺乏规律性,甚至出现误改,不但以错改错,甚至以错改对,从而误导学生;不能使用必要的修改符号,或乱用修改符号,让学生摸不着头脑。

上述质性描述可以帮助我们粗略判断教师作文评改质量,且操作较为简单方便。缺点是难以作精细推论,主观性较强,容易产生误判。故我们还需要尽可能地对作文评改质量标准进行量化。

二、作文评改质量标准的量化表征

作文评改质量标准的量化表征,一般都需要我们事先作出量的规定,根据统一的量的规定,可对教师的评改质量打出较为公平的分数,通过分数来判断教师作文评改质量,既醒目,又能为多数人接受。与质性描述一样,我们也从写、讲、改三个方面列出一些因子,并作出相应的量的规定。

(一)"写" 的质量量表

1. 量表内容

关于教师评语的质量,我们将从时间、总字数、规范性(有无错别字及语病)、指错率、确指率、重复率六个方面给出一些量化指标。

表 9-2　教师评语质量标准量表

内容＼等级	优等	良等	中等	差等
时间	当天	1～2 天	3～4 天	5 天以上
总字数	85 字以上	70～84 字	40～69 字	39 字以下
规范性	0 个错别字	1 个错别字	2 个错别字	3 个以上错别字
	0 句语病	1 句语病	2 句语病	3 句以上语病
指错率	85% 以上	75%～84%	55%～74%	54% 以下
确指率	85% 以上	75%～84%	55%～74%	54% 以下
重复率	15% 以下	16%～25%	26%～35%	36% 以上

2. 量表说明

学生作文的评语是有很强的时效性的，一篇作文如果上交多时，最终连学生自己都忘记写过什么，那么，等学生拿到评语，其心理感受力已大打折扣，有的甚至不再关注，把发回的作文本塞进抽屉了事。实践证明，作文当天的评语效果最佳，然后随时间的推移，其效果逐渐下降。

评语的质量并不决定字数，有的精当的评语（如金圣叹评十大才子书中的诸多批语），寥寥数字就可给人深刻的启迪。但问题是，目前语文教师评语苟简成为通病，有的教师只给学生的作文写一个"阅"，甚至只打一个钩了事，令学生感觉"很受伤"。学生从教师那例行公事的用语中感觉到的是教师对其作文的冷漠和对工作的不负责任。有的甚至认为是对他们写作能力绝望的表现，从而激起他们对教师的极大不信任感以及自卑感，从感情上疏远教师，疏远作文，厌恶作文。从这个角度出发，我们对评语的字数作出量上的规定。

教师的评语从某种意义上是给学生书写与写作的一个样板，如果教师自己的评语中都是错别字、病句连篇，上行下效，就不可能要求我们的学生做到书写正确、表达规范。因此，优秀的评语必须确保不出现一个错别字、一句语病，通篇整洁干净，赏心悦目。

教师指出学生作文错误的能力，是作文评语优劣的最重要的因素。如要判断教师评语的质量，可将抽查到的学生作文进行细读，然后梳理出学生作文中各方面的问题，再比对教师的评语，可以计算出该教师作文评语指错率的大致情况。

教师的评语如果具有针对性和个性化，就不应该出现重复性的语句。但目前的实际情况是，教师对学生的作文所写的评语大量使用"中心突出"、"主题鲜明"、"结构严谨"、"层次分明"、"材料丰富"、"语言流畅"、"详略得当"之类的套语，这种"八股式"的评语，时间长了，只会导致学生产生厌烦情绪，尤其在对一个学生的多篇作文较多出现此种重复情况的时候更是如此。当然，我们不否认，出现一些重复有时是不可避免的，甚至作为一种强调是必要的，但必须有所控制。我们认为，教师的某次评语与其先前所写的评语重复率控制在35%以内是正常的，如控制在15%以内，则可算得上是优秀的。

（二）"讲"的质量量表

1. 量表内容

关于教师课堂作文讲评的质量，我们可以从例文选择的数量与范围、规范性（有无念错字及读破句的情况）、学生参与率、解决问题数、学生改正率、学生满意率等几个方面进行量化。

表9-3　教师课堂讲评质量标准量表

内容 ＼ 等级	优等	良等	中等	差等
例文选择	10 篇以上	6~9 篇	3~5 篇	1~2 篇
	3 类学生兼顾	偏重二类，有时涉及三类	偏重一类，偶尔涉及二类	始终只顾一类
规范性	0 处念错	1 处念错	2 处念错	3 处以上念错
	0 个破句	1 个破句	2 个破句	3 个以上破句
学生参与率	55% 以上	36%~54%	16%~35%	15% 以下
解决问题数	6 个以上	3~5 个	1~2 个	0 个
学生改正率	80% 以上	65%~79%	45%~64%	44% 以下
学生满意率	90% 以上	80%~89%	65%~79%	64% 以下

2. 量表说明

例文选择除了典型性、针对性外，还需要考虑例文的数量及涉及的范围。虽然我们承认，重点分析一篇习作对学生也会有一定的启发性，但对多数学生的激励作用会削弱。当然，一节课不可能将全班四五十篇学生的习作都拿来讲解，但至少每次讲个三五篇，而且最好能兼顾上中下各类学生，而不能只盯着一类甚至一两个学生不放。

与写评语一样，教师的讲评语言也是一种言语示范，必须十分谨慎，尽可能避免出现念错别字、读破句之类的硬伤。如果一个语文教师经常出现念白字、读破句的情况，那么，即使他的思辨能力再强、鉴赏水平再高，也称不上是合格的语文教师。

学生参与率包括三个方面：一是讲评课中学生言说时间的比例，二是学生参与面，三是学生参与总人次。一堂优秀的作文讲评课，不但要让学生有更多的言说时间，有更多人次的学生参与讨论发言，而且参与互动的面要大。如果只有一两个学生发言，即使他们说的时间、次数很多，也算不得高参与率。

一节讲评课总要解决一些问题，有时候重点解决一两个，再辅助解决几个问题，学生将会有较大的受益。但有的作文讲评比较糟糕，一节课下来，几乎没能有效解决任何问题，学生只听到教师说一些套话、废话，白白浪费学生的时间。

教师讲评质量如何，可以作快速检测，即当场要求学生根据教师的讲评修改自己的文章。如果学生修改正确的数量能达到所有问题的一半左右，那基本算是合格；而能达到80%以上，那教师的讲评效果应当是非常之好了。

而教师讲评得如何，学生是最有发言权的。因此，学生对教师讲评的满意度，可以大体反映出教师讲评的质量。从实际教学情况看，学生对作文讲评的满意率要比阅读教学的满意率低，故我们对各等级满意率下降5个百分点。一般而言，有70%以上的学生满意，就可称为合格。

（三）"改" 的质量量表

1. 量表内容

教师修改的情况与写评语、作讲评有许多共通的地方。但是，"说易行难"。有时候要指出学生习作中的问题是容易的，但要将问题改正过来就比较困难。因此，在确定改的质量量表时，我们主要从时间、修改率、规范性（书写可辨认情况）、改错率、准确率（是否有不必改而改或错改错、对改错等情况，包括有无错别字、病句等情况）等几个方面进行量化。

表9-4　教师修改质量标准量表

内容 \ 等级	优等	良等	中等	差等
时间	当天	1~2 天	3~4 天	5 天以上
修改率	55% 以上	36%~54%	16%~35%	15% 以下
规范性	0 处不可分辨	1 处不可分辨	2 处不可分辨	3 处以上不可分辨
改错率	55% 以上	35%~54%	15%~34%	14% 以下

等级 内容	优等	良等	中等	差等
准确率	0 处不必改而改，其他无	1 处不必改而改，其他无	2 处不必改而改，或 1 处以错改错	3 处以上不必改而改，或 2 处以上以错改错，或 1 处以错改对
	0 个错别字	1 个错别字	2 个错别字	3 个以上错别字
	0 句语病	1 句语病	2 句语病	3 句以上语病

2. 量表说明

与写评语一样，修改也特别讲究时效性，以当天修改特别是面批面改为最佳，如拖上五六天，则效果大减，直至零效乃至负效。

修改率包含两个方面，一指教师修改学生作文占学生数的比率，二指教师对某一学生作文修改占其所有作文数的比率。教师对学生作文的修改要面向全体，有的教师经常只对几个"得意门生"的作文进行修改，一方面这类作文易改，另一方面，改好以后可以投稿发表，名利兼得。相反，在他们看来差生的作文问题多多，难以修改，改了也无多大效果。因此，修改率既反映了教师的水平，也体现了教师的教学观与学生观。此外，教师对某一学生作文的修改也应有一定的比率，偶尔改一改，收效也很有限。

教师对学生有问题的地方进行直接的修改，需要字迹端正清楚，如果过于潦草，对学生的影响较坏。一则学生辨认不清，只能猜谜，浪费时间与精力；二则学生容易模仿，导致不良书写习惯。

改错率指某一作文中存在的问题和教师实际作出修改的问题之间的比率。当然，这种比率不一定越高越好，毕竟教师不能越俎代庖，以自己的修改替代学生的修改。但如果不对改错率作一些硬性的规定，则有可能导致教师对学生习作中的问题视而不见，或习惯于指手画脚，却没有改错的能力与实际行动。故量表中既对比率作了规定，但又将此比率控制在相对较低的量上。

准确率是教师对学生作文习作修改质量最重要的指标，欲使学生作文有所长进，不但需要教师指出问题，而且需要教师对一些疑难问题的修改作必要的示范。但问题是，有的教师虽然作了修改，但经常出现不必改而改的情况。问题更严重的教师，虽然找到了学生的问题，但修改后仍然是错的，即以错改错。最糟糕的情况是，学生作文是对的，教师却把它改错了，这种误导在教学中是致命的。

第十章 听说能力教学的质量标准与监控

第一节 听说能力与听说教学概说

一、听说的基本概念

（一）听力的特征及要素

听力，顾名思义是指人的倾听能力。听力活动是指人借助听觉分析器官，接受语言信息并通过思维加以理解、消化的过程。它是将人的外部语言转化为内部语言的过程，也是一种以理解语言为中心的复杂的生理和心理的过程。

听力，它本身具有以下五个方面的特征：

1. 及时性：言语声波留给听者的时间是极其短暂的，虽然通过询问可以重新获得，但是，这种重复并不方便而且往往出现信息的变化。

2. 不可控制性：对方要讲什么，是不受听者控制的，甚至不能用常理或逻辑来进行推理。

3. 意向性：要求听者进入语言环境，注意力高度集中。

4. 感知性：听（感）必伴随着知，要求听者在听的同时积极进行思维，进入话语的理解场。

5. 松散性：除非是说话者在读或背已经准备好的材料，否则，听者听到的话就不可能像读到的文章那样有条理、有系统。

也正是听力的以上特征，致使掌握理想的听话能力并非易事。一般而言，良好的听话能力一般包括以下几个要素：

1. 敏锐的感知力。听力首先是感知语音、分辨语调。具体指分辨语音的序列，辨识音节的声母、韵母及声调；辨别句子的重音和停顿，据上下文辨析同音词和近音词，感知不同感情色彩和不同风格语言；从语调的高低、缓急来领会并把握话语的表意功能和弦外之音。

2. 高度的注意力。注意力是构成听力的重要因素。人们的一切认识活动都必须有注意力的参加，它是通向知识宝库的门户，而听的活动是瞬间即逝的，尤其需要学生集中注意力。注意力包括两个方面，即注意的稳定性和注意的分配，前者是能持续注意地倾听别人的说话，后者指能将注意力分配到两个及两个以上同时发生的事物上，在持续地关注别人的同时，也可以注意到其他方面。

3. 快速的记忆力。俄国生理学家谢切诺夫说："一切智慧的源泉都在于记忆，记忆是整个心理生活的基本条件。"记忆力是一切知识经验积累的前提条件，而记忆力是有速度的，有的人记得又快又好，对于过耳之声能够快速把握，牢记于心；而有的人缺少瞬时记忆的能力，因而不但不能理解对方说话的声音，而且也不能保存任何信息。

4. 深刻的理解力。这里的理解力是指语义的理解力，对音节所代表的概念有准确的认识，具体是指能正确地掌握说话人所要表达的主要观点和主要内容，能对言语信息进行梳理和筛选，从而了解说话人的讲话目的。具有深刻理解力的人，才能掌握说话人的表面意义和潜在意义，把握句与句的内在逻辑关系。

5. 正确的品评力。品评力是指在理解对象话语语义的基础上，根据一定的标准对对话进行正确评判的能力。具体是指能对话语信息的是非、曲直进行科学辨析，能对言语行为的美丑、真伪，语言技巧的优劣进行有效比较，能对说话效果的好坏以及说话人的立场、观点、风度等进行正确的辨别，从而决定对言语信息的选择取舍。

6. 较强的迁移能力。一个善于掌握知识的人都具有较强的迁移能力，因为只有具备较强的迁移力，才能在听的时候举一反三、触类旁通，才能将新旧知识融合在一起，从而引发新的认识、新思想，这样才能在听的过程中获得更多的知识。当然迁移能力又是和丰富的想象能力联系在一起的，从听力中产生想象和联想，才能形成必要的迁移。

（二）口说的结构与特征

"说"属于信息的输出部分，是传递信息的重要载体，是使用频率最高、使用范围最广的社会交际手段。有关统计资料表明，在社会交际活动中，口语占有率为90%，书面语占有率为10%。而心理实验则表明，在听、说、读、写四种语言活动中，说的思维效率是最高的。

从宏观上来看，口说包括外部口说能力和内部口说能力这两大方面。

外部口说能力，主要指与人的先天素质有关的以及非声音语言因素的内容，主要包括声音要素（音色、音长、音高、音量等）和非语言因素（体态语、表情语等）。这里需要强调一点，非语言交流也是口说能力的一个重要尺度。

内部口说能力主要指与人的思维素质及智力因素有关的语言表达能力，主要包括组织内部言语（主旨、内容、情调、反应、方法等），快速选词组句（词汇、语法、逻辑、语意、修辞），运用语音表情达意（语音、音节、重音等）。

根据口说的组成结构，我们可以看出，口说具有以下典型特征。

1. 综合性。口说者应当具备丰富的综合性知识和较强的综合能力。要使口头表达精彩动人，具有说服力，口说者力求做到上知天文、下晓地理，于士农工商，各行各业，皆有所知晓。这也正是大语文教学观的一个实践基础。

2. 敏捷性。口说不仅仅是口头表达者有准备的单向演说或者朗读，更多的是双向乃至多向的互动。也即是说，一般性的交谈、讨论、辩论是生活中最常见的口说形式，而这一切都需要口说者有即兴表达的能力，能够在极短的时间内快速反应。

3. 协调性。口头表达与听别人说话在形式上的本质差别在于，后者是静态的，前者是动态的。也就是说，口说不仅仅在于发出声音，更要注意身体各部位的动作，做到口说的内容与音高、音调、语速相和谐，而且要与身体行动相协调。

4. 非修正性。虽然说错了话可以事后再作更正，但是，已说错的话语却是无法收回的。你瞬时的思维、你个人的观点、你不想表露的实际意图，都有可能通过你的口误透露出来。也就是说，相比书面表达，口头表达更需要慎重，所谓"祸从口出"、"言多必失"，即是这个理。

二、听说的能力要求

（一）听力的要求

著名学者高曼士认为："听的能力的训练，不仅有利于阅读能力的提高，而且可以促进思维的敏捷。"演讲专家李燕杰说得更是斩截："听是说的一半"。作为教师，在听力方面，更加要有自身的优势。

就从宏观而言，听话能力主要包括以下几个方面：

1. 辨音识义的能力。所谓辨音识义，是要求听话主体能通过说话人发出的语音形式识记其语义内容。这是听知活动中最起码的能力。心理学研究证明：感知言语时首先发出语音，有声言语是说话人所发出的和听话人所听到的声音作为物质形式而存在的，说话者把言语的声音作为刺激而感知。语音是言语的物质外壳，而言语的交际交流作用是通过代表一定意义的语音来实现的，听话人必须快速地接受、敏捷地辨析说话人发出的语音信息，才能正确地把握说话人所要表达的语义内容和真实意图。

2. 理解语义的能力。辨音识义是理解语意的基础，但要真正理解说话人发出的言语信息的全部意思，只辨别单个的语音形式是不够的。而实现言语的真正交流就要理解这些组合在一起的单个的语音形式所要表达的完整的意思，所以，理解语义的能力是听知能力的基础与核心。

3. 组合语义的能力。口语的特点是即时性、随意性、偶发性，因此，经常会出现一些破句、重复、脱节、插说、无义与口误等现象，此外，说话者经常借助手势、表情等来表达自己的想法，因此，口头表达语言简单、语法不连贯也就不足为奇了。这就需要听话者具有较强的语义组合能力，即对听到的言语信息进行迅速地分析、综合、演绎、归纳，使之条理化，融杂乱、粗糙、不连贯的语义内容为一体，从而真正把握说话者的意图与目的。

4. 品评话语的能力。品评是在理解基础上的更高一级的能力。即听话者在理解了说话者的语义内容的基础上，突破一般性的认知，并能够按照一定的评判标准对说话者的内容进行是非、曲直、善美的判断，以便对说话的内容作出取舍判断。

当然，这些能力，同样要付诸教学之中，最主要的就是要"听懂学生"，这是教师这一特殊群体的特殊"本领"。

（二）口说能力的一般要求

作为教学活动的组织者，教师要善于组织内部语言，善于快速选词组句，善于运用语音来表情达意，尽量做到表达自然而不做作、简洁而不啰唆、明快而不含糊，达到说话的创新层级的要求。

具体而言，语音表达上有三大要求：首先是发音正确。如果一个人的发音是错误的或者不符合普通话的语音标准，那么，他的交流就会很困难；因此普通话标准是发音正确的核心。当然，除了普通话标准外，一个口说能力强的人还必须做到吐字清晰，咬字得体，音强适度，能根据对象、场合与表达内容进行适当的调控。其次是语速适当。语速过快或过慢一则影响听者的心理感受，二则妨碍信息的传递。优秀的教师必须能够根据表情达意的需要对语速作适当调节，做到疾徐有致，增强表达效果。再次是语调要富有变化。即教师不是用平直的类似机器人的语言进行说教，而是根据表达的需要，使语调发生变化，在抑扬顿挫中，使学生感受到语言的魅力，并通过重音的变化传达丰富的思想感情。最后是语态和手势语的良好运用。在与人对话时，能够注视对方的眼睛；与很多人交流时，要适当地环视；坐着或站着说话时，姿态视线要自然。

表达内容上要注意以下几点：一是得体。表达的内容要看场合、对象、时间，根据不同的情况，采用相应的称谓、相应的表达方法，或直接，或含蓄，或委婉，或机智。二是充实。要在有限的时间和特定的环境中向听者提供尽可能多的有价值的信息。三是生动。尽量选用恰当的口语词汇、句式，采用适当的修辞方法，选用自然亲切幽默的语言，并注意发挥个性。

放在课堂上的话，我们教师的口说能力要符合以下几点：

1. 语言规范化。语言规范是对语文教师的起码要求。如果一个语文教师说起话来含混不清，讲课时口头禅如天女散花，方言土语一大堆，不但影响教学效果，而且对学生信息的获得、知识的掌握也会产生明显的消极影响。因此，语言要规范化，也就是说，语文教师在教学过程中的语言要准确、恰当，而且最好用那些词义鲜明的词语，对于那些生僻、难懂、易产生歧义的词语尽量少用，力争不用。同时要在教学中准确地使用教学术语，少用或尽量不出现多余的口头禅。

2. 讲解条理化。有些人说话杂乱无章，前后没有内在联系，说明问题时没有逻辑性，作为语文教师，切不可如此。好的语文教师的教学语言是条理清晰的，总是由一条有形或无形的线系串联起来的。一般来说，教师的讲授是按认识规律逐步向前发展的，由浅入深，由此及彼，由外及内，不可随意颠倒；即使是在进行提问时，各问题之间，都要有内在联系，环环相扣，逐层深入，便于学生清晰地把握。

3. 把握技巧美。技巧是一种创造，同样内容的话语，在不同情况下，在不同的人口中，常有不同的说法。语言技巧越高，表达越灵活自如，越能展现语言多姿多彩、风格各异的美。技巧美是说话内容和形式的最佳搭配。教师要在强化角色意识的基础上，把握说话的技巧美。

三、我国听说教学的状况

人类语言信息交流的基本形式是听说和读写两大系统。听说是基础，读写是发展，二者互相渗透、互相影响、互相制约。而传统的语文教学有意无意地重视了读写、忽视了听说，在很大程度上违背了科学的教学规律。理论认识的长期偏差，造成实践上多有偏废的严重后果。

对于听说能力的教学，我国教育史上曾走过极大的弯路。

不要说我国几千年的封建社会教育，即便是现代语文教育中，对于受教育者的听说能力的培养一直没有得到应有的重视。无论是科举制度还是今天的高考，从来就没有听说能力的测试，读文、写文成为考试重要的甚至是唯一的内容，而听说能力因为不便测试而被放弃。结果导致教育者都只是关注受教育者的读写能力，很少重视在考试中没有任何分数比重的受教育者的听说能力，结果，听、说的教学几乎是完全被忽略了。

进入 20 世纪，情况有所改观，但听说教学并未得到应有的重视。虽然在新中国成立初期，人们对听说教学有了比较清楚的认识，比如在统编的语文教材中对听说提出过一些具体的要求，但是在其后的语文教学实践中并没有得到落实。原因就在于我们前面提到过的它们不便于测试，也就难以排队，就"显示"不出教师的教学水平和学生的学习能力。因此，无论语文课程与教学如何改革，重视读和写，忽视听说几乎成为语文传统教育的基本特征。

可以说，我国的语文教学一直比较忽视听说教学。在应试教育愈演愈烈的今天，课堂专项的听说教学活动几近绝迹，几千年的传统教育使得语文教学形成了一种思维定势：语文学习就是读写的学习，听说不是语文教育之内的事情。所以，不论是我们的语文教材，考试命题，还是课堂教学，都只是在做阅读和写作两件事情，听说则完全被忽视了，于是便出现了现在的令人担忧的听说教学现状。

近年来，听说能力的培养逐渐被重视起来，并且听说训练也被列入教学大纲。在新颁行的《语文课程标准》中，"口语交际能力"的重要地位进一步得到肯定。

不过，在具体的实践中，并没有系统而有针对性的有关听说教学的教材和教学评价标准。因此，有些富有责任感的教育工作者，很想提升学生的表达能力，但迫于没有合适的教材可教，也没有合理的标准可循，亦没有明确目标可以努力，从而造成听说教学的状况仍没有很大的改变。

那么，造成此种"残疾"现状的原因在哪里呢？我们不妨从客观和主观两方面加以分析。

从客观因素来看，首先是教育导向上的失误。我国现行升学体制仍是"一卷定终生"，语文考试都以考查基础知识、阅读和写作能力的"笔试"为主，至今没有听说能力的直接测试。其次是教材本身的缺陷。"听说训练"直到1994年才首次入编中专语文教材，现行教材虽在逐步增加训练内容，但比例仍偏小，而且尚无一种系统专门的训练教材。最后是检测标准的不足。至今没有一套语文听说能力层级与水平标准，也没有什么标准对教师的听说能力提出明确的要求；教学大纲和课程标准虽然都提出了一些原则性的要求，却往往在要求上失之粗疏，在对实际操作的指导与规范方面难以发挥应有的效用。

从主观上看，"重读写，轻听说"这一传统教育观念以及"应试教育"这一实际情况，对社会造成了莫大的影响。就学校而言，学校在教育教学方向上出现了偏差，往往把工作重点放在读写相关的课程上，开设听力课的寥寥无几，更不要说购置或者编写专用听说教材。就教师而言，不少语文教师对培养学生听说能力的重要性认识不够深刻，在制订教学计划、备课、讲课中只注重读写教学，却忽视了听说教学；部分教师甚至认为听说是在自然的交往中形成的，无须进行专门训练。也有部分教师虽在认识上明白语文能力是语文综合能力的有机组成部分，但是在教学实践中，由于深受应试教育思想的影响和升学的重压，把读、写教学视为"硬件"，而视听、说教学为"软件"。就家长而言，他们把重心放在子女考试成绩的提高上，对与成绩看似无关的听说教学置之不理。如此一来，学校与教师也就缺少开展听说教学、提高自身听说能力的意愿与动力。就学生而言，目前各中学的课程排得很满，作业量很大，学生基本上处于超负荷的学习状态，也就不可能自觉地去加强自身的听说能力了，而升学压力也使得他们有意无意地怠慢甚至牺牲了"听说"。

四、重视听说教学的必要性

进入21世纪，现代科技的迅猛发展，促进人类文化、经济的空前繁荣，世界的形势已发生了翻天覆地的变化，口语交际成为信息时代必不可少的能力之一。而承担培养人才重任的教育部门发现，当今社会形势如果还只重读写、轻听说的话，那将会对人才的培养带来极为有害的影响。因此，为培养出适应社会需求的人才，听说教学的加强就成为现代新课程改革的一项重要内容。作为教师，更是要有开展听说教学、提升听说素质的危机感与使命感。

口语交际能力是现代人才的基本能力，许多国外的教科书都明确地编入听话说话训练的内容。如美国语文的听说教育，注重学生在生活活动中培养听力、想象和发展思维的能力（"舌头"被美国列为"三大战略武器"之首）；日本、俄罗斯等许多学校的教科书中就有听话、说话、发言、演讲等方面的内容，不少还安排了口头作文课；英国的语文教学以听说读写相结合，作为学生语言水平达标的标志；法国的语文考试，根据教学大纲的规定，有口语和听说两种能力的考试；韩国的语文教学内容由六部分组成：听、说、读、写、过程和知识、听与说，尤其是听说能力在实践中的运用备受重视；在新加坡，对学生的汉语口语的听说考试也十分重视，学生的听说考试有十分明确的目标……通过对各国语文教育对听说教学和考试的研究可以发现，他们的教学目标对学生口语交际的听说能力培养十分重视，教学中更是把听说能力看成衡量语文教学的一个重要的尺度，考试的评价正逐渐从纸笔测试向听说考试评价过渡。

而反观我国的语文教学，"听、说、读、写"本该是语文课堂教学共成一体的基本任务，但遗憾的是，我国教育的"听、说"已被严重忽视了——听说教学目标被忽视，听说教学内容被忽视，听说教学评价被忽视。

随着素质教育思想的深入和大语文教育观的完善，我国对听说能力的培养也逐渐加大了力度，不论是在理论上还是在实践中都获得了一定的发展；但由于种种主客观因素的影响，听说教学现状仍不尽如人意。

我国正处在社会主义现代化建设的关键时期，语文教学要同现代化建设接轨，就是要同社会主义市场经济需要接轨，跟信息时代的需要接轨。社会主义市场经济的发展，使得社会交往日趋频繁，各种各样的工作联系、业务洽谈、技术咨询、广告推销、法庭辩论等相继出现，口头语言的运用量大大增加。信息是活跃市场经济、促进社会主义现代化建设的重要手段；科学技术的发展，特别是传声技术的飞速发展，使得言语信息传递的手段更加先进，依靠声音交流信息的机会愈来愈多，这就要求人们的听说能力要发展得更快、更好，达到更高的水平，能准确、迅速地接受、处理和输出有声语言信息。可以说，社会的发展，已向语文听说能力培养的滞后现状提出了挑战。

我们应重视时代前进、社会进步对高层次听说能力的呼唤，从听说能力的实质性特点和听说教学的实质性要求入手探索听说教学，查漏补缺，并致力于推动听说教学方法以教学规程的形式出现，以物化的、技巧性的操作细则的形式出现，将原则转换成可模仿可重现的程序、组织形式和方法。

张志公先生在谈到语文教学忽略听说训练时作过生动的比喻——"语文首先是口耳之事，因此练口耳是基础。"叶圣陶说："不善听未必善读，不善于说未必善学，故应当一把抓。"

语文教学中的听与说，融入生活中就是人际交往中的倾听与交流。学会倾听，能使人成为有教养的人、有涵养的人；学会交流，能使人成为睿智的人、健谈的人。在现代交际中，是否能说，是否会说，以及与言谈交际相关知识能力的多寡，对于一个人的成功或失败产生着至关重要的影响。

作为培养未来人才的教师，应深刻地意识到听说能力的重要性，不仅要加强训练，提高自身听说素质，更是要把提高学生听说能力为己任，采取科学有效的手段，培养出全面的适应社会发展的人才。

五、实施听说教学的方向

让人庆幸的是，在教学改革浪潮中，教育主管部门与许多教师已认识到了培养听说能力的重要意义。国家颁布的《语文教学大纲》，以及各种报刊登载的论述语文教学的文章，都已将听说能力的培养作为语文课程的一个重要方面，这是非常符合现代语文教学要求的，是符合未来人才素质需求的。在新颁布的义务教育与高中《语文课程标准》里，开始明确提出了"口语交际"的要求，有了具体的听说教学目标。在教育部制定的《全日制义务教育语文课程标准（实验稿）》和《上海市全日制义务教育语文课程标准（试行稿）》中，都规定了口语交际的总目标。

新课标制订的"以人的发展为本位"的听说教学理念，涉及了知、情、意、行等许多个侧面，突出强调了听说这一关键的要素，这充分体现了语文教学改革和课程改革的新理念，而且也提出了相对明确的改革方向与具体措施。

1. 循序渐进，建立体系。教学工作的一个重要原则是循序渐进，这个"序"就是教学体系。教学计划的制订、教材的编写、教法的设计，都是在整个教学体系内进行的。教学体系又是由各自相对独立又有密切联系的分支组成的，其中哪一部分不完备或游离于大体系之外，都会影响这一分支的教学。

2. 改进序列，编写教材。新教学大纲虽规定了听说训练的序列，但教学目标不具体，课题之间缺乏联系，缺少测试手段、方法的说明，因此，编写系统、专门的听说训练教材是当务之急。

3. 转变观念，拨正导向。教师首先在认识上要纠正"重读写，轻听说"的错误观念，教育并引导学生进行听说训练。其次要改革试卷命题方式，增加听说检测试题的比例。

4. 认识自我，完善提高。教师要对自己听说能力有一个客观的认识和评价，并能根据自己的弱点进行有针对性的培训，力求提高本身专业素质。

5. 多管齐下，讲求实效。①结合教材序列，强化听说训练。现行中学教材，都增设了较完整的听说训练序列，在阅读教材的课后练习中，也有部分听说训练题目，教师应予以高度重视，指导学生圆满完成。②遵循学生个性，设计听说教学。要根据学生认知发展的规律，按不同年级、不同学生设计听说教学，因人而异，有效地培养提高学生的听说能力。③开展多种活动，激发听说兴趣。为了激发学生进行听说训练的主动性和积极性，开展各种活动、采取多种训练方式是十分必要的；适当的时候，还可以利用电教设备进行辅助训练。④依托读写教学，培养听说能力。在阅读教学中，无论是认字释词、句段分析、文章评论，还是能力培养、习惯养成、方法指导，都贯穿着听说活动，让听说能力完全在阅读教学中得到全面训练。在教学中，要充分发挥听说教学与读写教学的整体效应，求得语文教学效益的最大化。

6. 设计标准，考核成绩。听说能力的培养之所以难以落实，还有一个非常重要的客观原因，就是各级各类考试中都没有对此项内容的考核。现在有的教材中虽然列入了听说内容，但如何考核则没有明确规定。当然，在原有听说教学十分薄弱的基础上形成科学的测试体系是难于很快实现的，但在加强研究的同时，必须逐步将考核纳入听说教学之中，否则，听说教学就不免成为空谈。

第二节　听说能力标准的制定

听说能力是人在交际生活中使用的最主要的能力，也是学生的一项基本学习能力。早在古典的考试时期，教育评价就已采用口头提问的形式来检查学生。且语文听说读写四大基础能力中，听说排前，可见其重要性。当前，各国在评价学生语文能力方面，开始重视口语交际的听与说的评价，这已成为新时期教育测评的趋势，且只有全面评价学生的语文能力，才能维护教育测评的效度和信度。

在对学生听说能力进行考查时，我们需要依据一定的标准对此进行测量。标准是我们教学评价的尺度，要求做到客观化、标准化及定型化。从标准制定的理论依据来看，制定方法现有许多种：有结合社会语言学、语言学知识、发展心理语言学制定的标准；有利用认知心理学开发的"表现性评估测评技术"制定的标准；也有用行为主义的方法测量外显的语文技能的评价标准等。但最为大众所接受并推广使用的是从目标分类学角度制定的标准，即从认知、情感态度和技能领域方面入手，提出分级标准，如《中学生语文水平标准研究》① 一书中，结合目标分类学、心理语言学等制定的听话、说话能力层级标准经历了很好的实践验证。

综合以上各类测评标准现状来看，当代听说能力评价的重心，正在从狭隘的语言要素的评价转向语言实际运用能力的评价。如英国的听说评价十分重视学生在各种情境中的语言表达，法国的口语和听说考试需考查对语言材料的分析力，韩国对于听说评价更是作了十分细化的规定。以上的"标准"都以"交际"为核心，强调了情感态度的重要性，表现出人际交往的文明态度和语言修养的重要性。② 对于这一新趋势，我国中学语文的新课标也作出了相应的回应，口头表达与交流的总目标强调"人际交往能力"这一根本。"它既侧重于情感、态度，但同时也视人际交往为学生诸种能力（特别是各种非智力因素）的综合体现。"③因此，针对教学目标中对"人际交往能力"的强调，我们的评价标准，也应作出相应的重心转变。

一、听话能力评价标准

吕叔湘先生说过："使用语文（学习结果）是一种技能。"有人认为评价技能的标准，也就是该技能的概念和原则。此类看法有一定参考性，因为，只有在弄清技能概念和原则基础上，才能确定学生掌握哪些内容就意味着懂得了一门语言。听话能力评价，首先要弄清听力理解的概念和结构要素，但同时又不能过分追求能力包含的琐碎元素，避免检测标准因过于详细致使成为一个理想模式。

"听话"是一个很复杂的信息转换过程，是人们利用听觉器官接受各种语言信息，然后解码的过程，反映了人们对言语信号进行感受、辨听、吸收、反馈的能力。其结构要素，在心理语言学上分为语言因素与非语言因素两大块，细分为

① 张先亮，张继定，蔡伟. 中学生语文水平标准研究 ［M］. 长春：吉林人民出版社，2003.
② 吴逸敏. 语文听说能力测评的研究与思考 ［J］. 当代教育科学，2007（3～4）：75.
③ 教育部基础教育司组织. 语文课程标准研修 ［M］. 北京：高等教育出版社，2004.72.

预测作用、补充作用、对信息选择性加工三个方面。杨惠元在《汉语听力说话教学法》里详细提出了汉语听力的八种微技能：辨别分析能力、记忆储存能力、联想猜测能力、快速反应力、边听边记能力、后模仿能力、检索监听能力和概括总结能力。① 结合以上理论及对我国中学生"人际交往"提出的要求，我们认为，可以从以下要素来考查听力能力。

1. 语言因素

与语言因素相关的能力主要从三方面来检测：听辨力、解析力和评判力。听辨力就是听觉器官接收到言语信号后进行辨音，然后作出初步反应的过程，主要考查辨音与反应能力。辨音即对语言信号在语音、语法、语义三个层面进行感知。能够准确辨识字词句、语气语调、断句和修辞手法，并初步领会句意。反应能力主要检测四个方面：感知目的语的听辨能力、可感应性词汇量、可使用性的语法规则、跟目的语有关的社会文化知识。因为言语信号是转瞬即逝的，这就要求快速地接受和解码，这些过程与储存在大脑中的言语信号（经验成分）密切相关：可感知的词汇、语法、文化知识越多，反应速度也就越快。

解析能力主要包括记忆储存、信息检索加工和联想推理三个方面。听话是一个边听边记的过程，经历这样一个顺序：感觉记忆—短时记忆—长时记忆；只有把新感知的言语信号存入记忆中变成经验成分，这样才能感知更新的信号。信息检索加工指的是能够理解言语信息的中心、主旨和情感基调；联想推理能力是指运用想象联想力补全语料、挖掘潜在或双关意义，作出适当的逻辑推理。

听话的最后一步就是对言语信息作出独立的价值判断，从概括总结能力、延展能力两方面来考查，即能对言语信息进行再创造，提出个人创见性的意见。

2. 非语言因素

新课标对口头表达与交流提出了"仪态大方、善于倾听"的要求。听话需要重视即时性、现场感。对说话人理应作出情感性的回应，这不仅展现了较高的个人素养，同时也能促进与说话人的情感交流。所以考核学生的听说能力，还应考核表情、动作等非语言因素。

由此制定出以下中学生听力评价标准：

---

① 杨惠元. 汉语听力说话教学法［M］. 北京：北京语言学院出版社，1996.

表 10-1　中学生听力评价标准

评价体系	评价指标	评价内容	具 体 指 标	评价等级 A	B	C	D
语言因素	听辨能力	辨音	能准确且快速辨识语音、语气、语调，判断出断句、修辞手法等，并初步领会句意				
		反应	有较强的感知目的语的听辨能力				
			可感应性词汇量大				
			掌握较多的可使用性的语法规则				
			存储有大量跟目的语有关的社会文化知识				
	解析能力	记忆储存	边听边记能力强，能在理解基础上复述言语信息大部分内容				
		信息检索加工	能快速检索出关键词句，并准确理解言语信息的中心、主旨和情感基调				
		联想推理	能运用想象联想力补全语料、挖掘潜在或双关意义，并作出适当的逻辑推理				
	评判能力	概括总结	能对言语信息作出独立的价值判断				
		延展	能对言语信息再创造，并提出创新性意见				
非语言因素	情态	表情动作	表情动作自然大方，能很好地促进情感的交流				

注：表格制作参考我们前期课题成果《中学生语文水平标准研究》中的听说能力标准表的制订，下表同。

二、说话能力评价标准

说话，也是一个编码、发码、传递、接收、解码的过程，是一种人与其周围世界沟通的能力。说话的基本规律有两个：适应语境和切合语体。《中学生语文水平标准》中将说话的结构要素归纳为语音、语脉、语量、语用四大块。杨惠元认为，口头表达包括四个微技能：高速组织语言内容的能力、正确选句组段的能力、恰当选取表达方式的能力、善于运用声音技巧的能力。[1] 而传统语言测试（尤指第二语言测试），则从语法、语音、流利性、词汇和理解力几个方面来评价口语水平。这几种评价重心各有所不同。而针对新课标对口头表达能力提出的"人际交往"这一根本，评价标准可尝试转移这一重心。国际著名语言测试专家

---

[1] 杨惠元. 汉语听力说话教学法 [M]. 北京：北京语言学院出版社，1996.42.

Lyle F. Bachman 提出的交际性语言能力（Communicative Language Ability，CLA）①模型对此比较适用。他认为交际性语言能力由这几部分组成：

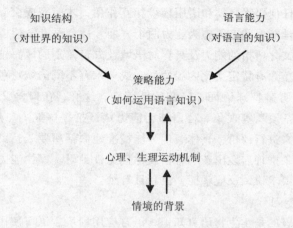

图 10-1　CLA 模型

Bachman 的 CLA 模型，考虑到了语言交际过程中涉及的语言学知识、社会语言学知识以及心理语言学的因素，体现了多学科的交叉，是迄今对语言结构要素分析最少片面性的一种模型，很适合作为口语评价标准的理论参照。

总结上述几种口语能力结构要素的分析，结合 Bachman 的 CLA 模型，我们认为可从以下要素着眼来考查说话能力。

（一）组织能力

组织能力就是组织语言交际中的语言符号并使其与所指按一定方式结合起来的能力。可通过语法能力、成段话语能力来检测。语法能力包括语音、词汇、句法三个方面，是口语能力的基础层面。要求能够在声音四要素（音色、音长、音高、音量）及语调上有良好发挥，可表达性词汇量大，且句法规范，富有变化。只有掌握这些基础层面，说话才能流利顺畅。成段话语能力主要体现在修辞组织和连贯上，适宜地使用修辞，使得口语体现一定艺术表现力，同时又保证语言在语义、逻辑上的连贯性。

① ［英］Lyle F. Bachman，Andrew D. Cohen. 第二语言习得与语言测试研究的接口 ［M］. 北京：外语教学与研究出版社，2002.

（二）语用能力

语用能力指的是在特定情境中发出和理解语言使用常规的可接受性言语的能力。说话能力的任何要素必须和语用环境相互作用，才能完成交际功能。语用能力包括社会语言学能力和言语施为能力两个方面。社会语言学能力在口语交际中特指使用和理解文化所指的能力及具有对语域及方言差别的敏感性。我们在实际说话中常会碰到蕴含有特定文化内涵的词，或夹带有不同语域特色的语言，这就要求说话者具有听辨特殊语词、口音的敏感性，这样，在口语交际中才能避免"误解"、"思维停顿"等现象。言语施为能力从概括提炼能力、想象启发能力、操作能力三方面来进行评价，具体表现为能精准地概括所要表达话语的主旨、中心，并能通过想象推理启发出新思维，表达创见性见解。操作能力是言语施为能力的重要保障，要求说话反应敏捷，流利且自然。

（三）策略能力

策略能力考查的是学生将语言知识、语言应用情境、语言使用者的知识结构联系起来的能力。要求学生具有语境适应能力、语体切合能力与语态表现能力。能根据不同的言语对象、言语场合、言语目的，使用不同特色的口语；根据不同的表达需要，灵活采用或家常、或正式、或典雅的不同语体。此外，语态表现能力是口语交际的重要辅助，因为表情、手势等非言语因素的自然配合，能有效缩短交际双方的心理距离，实现情绪交流。①

表 10-2   中学生口语评价标准

评价体系	评价指标	评价内容	具 体 指 标	评价等级			
				A	B	C	D
组织能力	语法能力	语音	声音四要素（音色、音长、音高、音量）体现恰当，语调、重音和音节把握正确，普通话标准且流利				
		词汇	可表达性词汇量大，能灵活表达				
		句法	句法规范，且富有变化				
	成段话语能力	修辞组织	修辞格使用恰当，使口语体现艺术表现力				
		连贯	话语内容上下连贯，具有逻辑性				

① 教育部基础教育司组织．语文课程标准研修［M］．北京：高等教育出版社，2004.72.

评价体系	评价指标	评价内容	具 体 指 标	评价等级			
				A	B	C	D
语用能力	社会语言学能力	使用和理解文化所指的能力	能自如应用并准确理解特定文化专用词、句等				
		对语域及方言差别的敏感性	敏锐判断交际语言的语域、方言类别,大致根据其特点领会语意,使交流顺畅				
	言语施为能力	概括提炼能力	所表达话语能精准提炼概括出主旨内容,目的明确,中心突出				
		想象启发能力	能通过联想推理启发出新思维,表达创见性见解				
		操作能力	反应敏捷,应答流利且语言自然				
策略能力	语境适应能力	适应言语对象	会根据言语对象采用尊敬、关爱、和善或友好等不同说话口气				
		适应言语场合	会根据言语对象采用庄重、随意、诙谐或谨慎等不同说话方式				
		适应言语目的	会根据言语目的采取说明性、解释性、交流性等不同说话方式				
	语体切合能力	切合语体	会根据场合、对象、目的需要选择或家常、或正式、或典雅的语体				
	语态表现能力	体态表情	表情、手势动作与说话自然配合,能促进情绪交流				

第三节　教师听说教学质量标准的制定

　　这一节是我们研究的重点,前面两节内容最终都要落实到这一节的每个部分。如前所述,我国听说教学一直滞后的重要原因在于评价方法的落后与评价体系的缺失,因此,能否制定一个较为科学合理的听说教学质量标准,成为我们突破听说教学瓶颈的关键。但遗憾的是,我们所能找到的一些比较经典的听说教学方面的论著,例如张鸿苓的《中国当代听说理论与听说教学》、潘友根的《教学基本功、口语表达技巧》、李珉的《普通话口语交际》等都没有这方面的内容阐述。

一、听说教学质量的评判内容

要制定一个科学合理的听说教学质量标准，首先必须搞清楚听说教学质量标准需要从哪些方面加以评判。

（一）内在要素

1. 教学态度

语文学科的性质在《语文课程标准》中是这样表述的："语文是最重要的交际工具，是人类文化的重要组成部分。"口语交际教学是实现语文交际工具性的重要组成部分，在明确了语文学科的性质后，我们教师的教学态度也应与此相对应，在听说教学中，树立正确的教学态度。

（1）更新观念

要使听说教学有所发展，作为主导教学的关键人物——教师的观念更新至关重要。教师首先要冲破"升学教育"压力下过分重视读写知识教学观念的束缚，转而重视语文能力的实际运用，支持新课程改革，切实遵循新课程纲要精神，实实在在地在听说教学上下工夫，纠正重读写、轻听说教学的传统观念。而要使听说教学与读写教学处于平等地位，只有执行者自己的观念不断更新，才有可能改变听说教育长期不受重视的现状。

（2）讲究实效

有些教师认为如若进行专门的听说教学，那就会割占大量的读写教学的时间，从而影响到整体的教学效果。这是一种十分片面的想法。听说活动在我们日常生活中无处不在，教师时时刻刻都可以利用不同的教学环境进行听说教学。成功的听说教学不但不会影响常规的教学，还会起到促进推动作用，关键在于教师自己善于把握机遇、营造氛围，归根结底就是讲究实效。如课堂上，教师提问题本身就是对学生的一种"听"的训练，学生在课上的发言、讨论等就是一种"说"的训练，讲究实效的教师就会重视课上一问一答的过程，提高学生课堂上听和说的意识，把学生从只注重内容的听和说的状态，引导到有意识关注自己听说能力的自觉状态上来。教师引导学生不仅关注听说内容的准确与否，而且要重视听说条理、逻辑及存在问题。这种课堂上听说自觉状态的实现，将大大提高听说教学的效率。

（3）持之以恒

教学活动是由若干子系统组成的一个大系统，系统中的各因素互相影响，相辅相成。听说教学也是一个有目的、有计划、有步骤、有指导、有评价的教学活动，因此听说教学必然是一个长期的教学过程，不可能一步达成教学目标，也不可能在短期内实现学生听说能力的切实提高。有的教师认为完成了教材中课后的听说教学题目就是完成了听说教学的任务，或者期待通过几课时的听说教学就能提高学生的口语交际能力，这种想法明显违背了教学规律。听说教学要求教师拥有持之以恒的教学态度，对学生听说能力的培养要严密策划、精心组织并认真引导，教学活动不仅要成系列，而且更要注重科学性，需要按照教学规律开展。教师只要形成这样持之以恒的教学态度，相信铁杵必然磨成针。

2. 教学内容

前文制定的中学生听说能力评价标准中所反映的内容，是教师听说教学内容的最好参照。

在听力教学方面，从语言因素和非语言因素两方面进行教学，语言因素的教学从听辨能力、解析能力、评判能力三方面教学目标着手。其中听辨能力的教学内容是语音、语气、语调、修辞、语法、句法及相应的社会文化知识，使学生通过这些方面内容的学习，获得较强的辨音及对语义的反应能力；解析能力的教学内容是培养学生复述能力、信息检索和联想推理能力，教会学生深入地领会语言材料；评判能力的教学内容是引导学生对言语信息作出正确的价值判断，并能够从所得信息中衍生出创新性意义。非语言因素的教学内容主要是对学生表情动作的指引，教师在日常教学中不仅要将此视做一个重要的教学点，而且要以身示范，教导学生在听他人说话时表情动作自然大方。

在说话能力教学方面，参照中学生口语评价标准，主要从组织能力、语用能力、策略能力三个方面进行教学。组织能力的教学内容是教给学生以语法和修辞组织等知识，使学生系统掌握声音四要素、词汇及句法、修辞格的运用等，教给学生以标准且流利的普通话；语用能力的教学内容包括使学生理解文化所指、对语域及方言差别具有敏感性，并培养其概括提炼、想象启发及敏捷的应答能力；策略能力的教学内容是教导学生根据不同的言语对象、言语场合及言语目的采用不同的说话方式和语体，语态表现自然。

归纳以上听说能力教学内容的具体目标，要实现的总体教学内容是：

（1）工具性教学内容

此项教学内容包括两大方面，一方面是有助于提高学生实际人际协调能力的教学内容，这主要指的是知识性内容，如词汇量的扩大，语音、语调、语气的掌握等；另一方面是能促进学生思维发展的教学内容，如联想推理、听说中对语料信息的评判能力的教学。语言学界根据言语的表现形式，把言语分成无声无形的内部言语和有声有形的外部言语。在整个口语交际过程中，始终处于核心地位的是双方的内部言语活动，没有了这种内部思维加工，语言的编码、解码几乎是不可能的。[1] 能促进学生思维发展的教学内容，正是提供给学生言语内部思维加工的方式、途径。这不仅对提高学生的思维能力大有裨益，而且有助于促进学生形成敏捷、灵活等优秀的思维品质。

（2）人文性教学内容

此项教学内容也包括两大方面，一个是能丰厚学生文化积淀的教学内容，包括对学生口语交际中礼仪、文化的训练。因为口语交际活动是文化的渗透，因此教以口语交际相关的传统文化和现代文化至关重要。另一个是能丰富学生情感体验的教学内容。听说活动是一项人与人之间情感交流的活动，要使听说活动顺畅地进行，关键在于交流者之间情感的共鸣。这就要求学生能够学会适当地控制自己的感情，学会倾听，会构建和谐的人际交往环境。与此相关的教学内容正是达成人文性教学内容的关键之一。

3. 教学素养

（1）扎实的听说能力

人们常说，"榜样的作用是无穷的"、"身教重于言教"。所以，在语文教学中，"师说"的示范性至关重要。语文教师准确、生动、环环相扣的教学语言，不仅能使学生在掌握知识的同时得到美的享受，且对教师的崇拜、欣赏，更能激起他们对拥有一副好口才的渴望。反之，如果教师不善言辞，课堂上说来说去就是那么几句套话，或者只是照本宣科、人云亦云，势必无法激起学生对"说"的兴趣、对"说"的渴望，更不要说提高他们的说话能力了。[2] 语文教师扎实的听说素质包括语言流畅、敏捷灵活、善于辨析、普通话标准，等等。语言能展现出良好的艺术修养，这是语文教师在考取教师资格证时，其要求的级别高于其他科目教师的原因所在。

（2）深厚的文化素养

语文知识包罗万象，涉及内容极为广泛。况且听说活动是一项蕴涵文化的活

---

① 李丽丽. 培养口语交际能力与语文教育目标的实现［J］. 语文学刊，2006（10）.
② 付常琴. 语文教学要重视口语的培养［J］. 吉林教育，2007（4）.

动，这就要求语文教师拥有深厚的文化素养。这首先体现在教师拥有大量跟听说有关的社会文化知识的储备，有丰富的社会语言学知识；另一个是语文教师拥有丰富的其他课外知识。语文老师若没有有关汉语教学及学生认知心理特点的常识，就不会懂得科学地组织听说教学；若没有丰富的知识，怎能口若悬河、滔滔不绝，令学生油然而生敬佩？

（3）得体的教学体态

在对学生进行听说教学时，对学生语态表现能力及听话时的情态因素的训练，也是一个重要环节。这就要求教师本人拥有相应较高的素质，与学生对话时表情自然大方，且手势动作与说话自然配合，能很好地促进师生间情感的交流。

（4）良好的组织能力

首先，听说教学不是一项仅限于课堂内的活动，因此，教师需要取得各方面力量的广泛配合。如其他学科的教师、家长、校外辅导员等。这就要求教师有良好的组织能力，能通过宣传培养学生口语交际能力的重要意义，来争取他们为学生创设口语交际情境，提供口语交际锻炼的机会。其次，提供给学生听说实践的机会是教学中的一个重要环节，这就要求教师有组织开展各类语文活动的能力，能够精心策划一些课外口语交际实践活动，并给予实践指导。

（二）外在要素

1. 教学手段

（1）利用一切语文素材启发思维

过去的口语交际教学，教师虽偶尔开展一些"辩论会"之类的听说训练活动，但基本上还是在应付传统的语文考试。其实，在口语交际的教学中，可以利用一切语文素材作为教学的手段，只要是能为听说教学提供契机的一切语文素材，包括课本教材内容及课外的故事、寓言、歌曲等补充性材料，也包括语文课中花时甚多的阅读、写作等教学活动。听说教学所需的材料可以和语文其他教学环节所需的材料达到有机融合。如，让阅读教学成为培养学生口语交际能力的园地，在阅读教学中锻炼学生口头概括段落大意、提炼中心思想、仿句等口头表达能力。再如，可以让口头作文课成为培养学生口语交际能力的另一契机，因为作文本来就是对学生语文综合素质培养的主要环节，通过加强口头作文的训练，可以巧妙地同时进行作文、听说和思维的训练。总之，只要是有利于听说教学的一切语文素材，都可以作为教学手段来使用。

（2）利用多媒体创设情境

电影、电视、广播等媒体语言，对学生的听说训练会起到不可低估的作用。要让学生学会理解、分析、判断这些媒体传播的信息，选择利用合理的信息源，逐步培养学生的陈述、说明、听辨的能力，培养人际和谐交流的态度。而且，利用多媒体创设情境，具有生动形象逼真的特点，能使学生产生身临其境的感觉。如放映科幻影片，让学生描述精彩情节；听广播节目，让学生阐述感兴趣话题的观点；还可以模仿广播电视媒体的语言形式，举办"焦点访谈"、"实话实说"、"今日说法"、"挑战主持人"等节目，让学生担任主持人、嘉宾和观众，讨论学生最关心的热点和难点问题，让学生在讨论中充分发表意见。①

（3）利用语文活动提供实践

各种各样的语文实践活动也是教师可利用的很好的教学手段之一。语文类实践活动不仅能促进学生智力和能力的发展，而且对训练听说能力也能起到十分重要的作用，如小剧社、课本剧表演、社区志愿者活动、当校园广播员、报社小记者等。教师要积极鼓励学生参加自己感兴趣的各种校内校外活动，通过这些实践活动，帮学生建立主体价值感，并运用自己的智慧去设计活动方案、制定活动规则、举行会议。在学生与人打交道、请求帮助、解决问题等过程中，他们自然而然地学会"倾听"、"表达与交流"、"合作"。

2. 教学形式

（1）随机型听说训练

随机型听说教学方式适用于随处可见的听说教学机遇，听说训练不一定要在固定地点和固定时间中进行，只要适合进行口语交际的情境，都可以进行听说教学。如课堂教学是随机型听说训练最基本的教学形式，也是口语训练的主要途径。只要课堂教学条件允许，可以见缝插针地开展口语训练的多种形式活动，如朗读、复述、概括、续编故事等，甚至教师的设问和学生的答问也是很好的形式之一。

以"复述"这一听说训练方式为例，教师可以要求学生用自己的语言和课文中学过的主要词语，将课文的内容有重点、有条理地表述出来。复述之所以是一项很好的听说训练活动，是因为复述是在学生理解和记忆教材内容的基础上进行的，通过让学生整理课文内容，不仅可以锻炼学生的语言组织能力，还能培养他

---

① 梁勤晓. 初中语文教学应重视口语交际能力的训练 [J]. 广西教育，2007，（5）.

们在口语交际中最重要的逻辑思维能力。随机型听说训练的前提是在不干扰常规教学的情况下，教师有意识地给予启发引导，发散式地把听说教学贯穿于教学过程中，高效率地提升了学生听说水平。

（2）指令型听说训练

这种教学方式指的是，教师以"指令—命题式"的形式进行听说教学，以掌控性更强的方式让学生进行听说能力训练。但听说教学的"指令"不是随意随时发出的，教师设计的指令，首先应当考虑深浅适宜，能开阔学生的思路，能给学生以充分发挥个人见解的空间。其次再考虑指令运行的教学条件的可行性。如课前安排"三分钟讲话"，要求学生课前围绕话题作充分准备，话题可以是有关教材内容的，也可以是成系列的其他话题，最终在课前进行声情并茂的脱稿演讲。从效果上看，这种指令型的听说教学方式能大幅度提升学生口语表达水平。可见，指令型的听说教学虽没有随机型听说训练自由空间大，但其效果不容忽视。

（3）竞赛型听说训练

竞赛是一种很好的教学形式，利用学生青春张扬的个性，使其在力争上游的健康心态中快速地提升听说能力。竞赛形式可以是听力比赛、演讲比赛、辩论比赛等。其中辩论比赛尤为有效，是一种高强度的教学形式，对学生的听力及说话能力提出了很高的要求。以上这些比赛的举办，不仅能为口才好、表现欲强的学生提供一个表现自我的舞台，而且更能让学生彻底克服口语表达怯弱的心态。实践证明，竞赛型的听说教学方式能调动学生们的兴趣，增强参与意识，为口语教学营造一个充满激情的氛围。此外，赛前赛后，学生情绪的保持，更能保证听说训练的持续性、长效性。

3. 教学环境

听说教学如果要取得预期的效果，其中学生主动积极地参与和畅所欲言地表达十分重要。而环境是教学中的一个重要因素，不同的环境能够使人产生不同的情绪，从而间接影响产生不同的教学效果。因此，营造一个有利于听说教学的教学环境是口语交际训练成功的关键之一。听说训练的教学环境包括以下几个方面：

（1）轻松愉悦的学习氛围

口语交际是人与人之间信息交流的过程，顺畅的交际过程是建立在相互信任与沟通的基础上的。因此，营造一种轻松愉悦的学习氛围，是口语练习的重要环节。要达成此目标，就要改善教师与学生之间的关系，以及学生与学生之间的关系，使学生与自己周边的交际对象都处于轻松和谐的关系中。其中学生与教师间的关系显得尤其重要。教师在进行听说教学时，既要扮演好指导者的角色，又要扮演好合作者的角色，这样他们的听说活动才会在无形中自然无负担地展开，保证了听说能力的自由展现。

（2）丰富的教材内容情境

教学活动中，教材是我们进行口语交际训练时可凭借的重要工具，充实而丰富的教材内容，可以充分发挥课堂教学这一主要阵地的效能。因此，教材内容情境也是重要的教学环境之一。好的教材内容能够引发学生的参与欲、表达欲和口语交际热情。此外，还可以拿其他口语交际材料来完善教材内容情境，如课文内容相关的故事、诗歌等。总之，要使学生有话可说，有口语交际的强烈欲望，教师就必须构造一个丰富多彩的教材内容情境。

（3）切实的实践活动机遇

前两种教学环境，是听说教学活动展开的前提，而切实的实践活动机遇，是提供给听说训练的时间、空间。教师要保证学生进行口语交际训练的充足时间，如课上组织关于课文相关内容的讨论，允许学生言论自由发挥，提供学生参与的机会。听说训练空间的营造，可以像英语口语角那样，开辟进行口语交际沙龙的自由天地，学生可以在这一无拘无束的环境中驰骋思想，自由地呈现自己的观点。

二、听说教学质量的评判对象

1. 评学生

从几次课程教材改革看来，每一次的语文考试改革对推动课程和教材改革都会起到一定的促进作用。从考试指挥棒的导向效应看，对学生进行口语交际的听说考试，可以有效地纠正学生目前"重读写，轻听说"的态度，促使学生重视听说的训练，从而全面提高学生的语文素养。所以"评学生"非常重要。对学生的测评可以按照上文中制定的中学生听说评价标准来进行，评价形式应该多元化：评价主体上，可以将学生的自评和同学间的互评有机结合起来；评价内容上，不光要评价学生表达、倾听、交流的能力，还要评价学生情感、态度等方面的表现；评价形式上，应做到重点知识点的测试与一般知识点的测试结合、抽样测试与集体测试结合，有效实现评价形式的多元化。只有这样，才能使对学生的评价起到促进其全面提高听说素养的综合效用。

2. 评教师

教师是听说教学活动的主导者，要测试听说教学的质量，教师是不可或缺的评判对象。通过对教师的测评，我们可以清楚认知听说教学的每个环节，可以从"教"这一重要过程中及时发现问题，并可以将评价后的结果反馈给教师，帮助其加深对自身教学行为的认识，从而提高听说教学质量。但这种评价结果不能只是提供一个笼统的评价分数或一个简单的结论，是要求评价者对评价结果进行纵向比较、综合分析后，同教师经常性地进行交流沟通，帮助教师总结优点和不足，并及时提出合理性建议。信息的反馈要以激励为主，测试过程及测试后注重保护教师的自尊心，增强教师的自信心和工作积极性，努力推动教师不断进步。

3. 评学校

听说教学目标的达成需要协调各方面的力量，其中，学校作为一个整体起着决策中心的作用。对管理层面的测试尤其重要。这是一种宏观层面的测试，能从另一个角度剖析听说教学的实现情况及问题所在。测评内容可以包括：学校对听说课程的开发机制、学校为教师提供的听说教学指南及课程资源、学校管理层对听说教学的决策态度等。

三、听说教学质量的评判形式

听说能力的测试方式有多种多样，如美国语文的听说测试是让学生在视听不同的媒体时表现出相应的视听能力，从视听材料中获取信息的同时，识别作品作者的风格，并能对所听内容进行评论。英国的语文听说测试则重视学生在各种情境中的语言表达，主要测试学生的语言组织、表达的条理性、使用词汇的恰当度、正确的语调等。法国的听说测试分为口语和听说两种考试，口语考试主要内容为文学系列，阅读并朗读一段短文之后，分析并指出阅读内容的特点和意义。可见，听说教学质量的评判形式可以归结为三种：跟踪观察、纸质测试、面聊测试。

1. 跟踪观察

这种评价方法在国外已被视为一种常规的评价方法加以使用。其跟踪观察的对象往往是学校的毕业生，观察他们在各行各业中不同水平的听说能力表现情况，以及不同水平的听说能力对被观察者所带来的影响，从而进一步观察在学校中所进行的听说教学对他们产生的影响。观察活动并不在观察到现象后终止，还要继续总结现象、归纳结果，得出对以往听说教学的一个全面的评价，这是跟踪观察最重要的环节。然后根据对听说教学的评价，改进现有的听说教学，找出解决存在问题的途径，运用修改后的教学系统继续进行听说环节的教学。然后再观察受教育者的听说能力情况，继续修正听说教学。

当然，跟踪观察不仅仅限于对毕业生的观察，也可以追踪观察在校学生长期进行听说教学后的表现。跟踪观察时，可以根据事先设计好的提纲并严格按照规定的内容和计划进行可控性观察，也可以预先对观察的内容与计划没有严格的规定，而依据观察现场的实际情况进行观察。观察的群体大小可以是一个年级，也可以是一个班级，后者更适合进行长时间的跟踪观察。

2. 纸质测试

根据语文课程标准要求，大规模的口语交际考试可以采用类似对话、讨论、辩论的试题形式。可毕竟这些试题难以进行定量的考核，所以目前考试对这些题型的开发仍具一定的局限性。不过，听说交际中语文基础性知识的运用能力，如学生的听辨能力，包括辨音、理解、评判等能力，学生对话语意义的理解能力，学生思维反应能力（对内容作分析、综合、选择、筛选），这些内容是可以通过纸质测试来进行测验的。纸质测试在测试时间、空间上更便于操作及控制，测试所需的条件更容易达成，且投入也是三种测试里耗费最小的，而且方便资料的保存及查询。同时纸质测试的缺点也是明显的。听说活动讲求的是现场感，只有在现场听说中才能很好地反映一个人的听说能力，纸质测试在这一点上是无法达成的，因此纸质测试的结果，只能是作为衡量听说教学质量的参考量之一来使用。

3. 面聊测试

相对于纸质测试而言，面聊测试在测量考生听说能力方面更具深度和广度。其试题可以提供更多的社会情境，让学生的个性思维、语言表达的反应得到最真实的反映。如针对不同要求，说话能力的测试题可以是朗读课文性的说、评论性的说、直叙性的说、叙述短文大意性的说、介绍短文情节性的说等。且当今面聊测试，不仅仅局限于测试者与被试者面对面的形式，而越来越借助多媒体来开发听说试题。如听和阅读及说的结合、听与看和说的结合；听与说和读与写的结合；借助讲解、朗读、媒体的录音、录像的资料、人物对话等形式，利用声音、图像、画面等开发和制作试题等。①

四、听说教学质量评判标准

根据上述内容，我们特将评判标准制表如下：

① 吴逸敏. 语文听说能力测评的研究与思考 ［J］. 当代教育科学, 2007, （3～4）.

表 10-3　听说教学质量评价标准

| 评价体系 | 评价内容 | 具 体 指 标 | 评价等级 | | | |
			A	B	C	D
内在要素	教学态度	观念新颖，重视听说教学，与读写并重				
		讲求实效，合理把握时间及机遇进行听说教学				
		持之以恒，进行长期且系统的听说教学				
	教学内容	工具性的听说教学内容教学到位				
		人文性的听说教学内容教学到位				
	教学素养	自身体现扎实的听说能力				
		体现深厚的文化素养				
		表现得体的教学体态				
		展现高超的组织能力				
外在要素	教学手段	利用有关语文素材启发听说训练思维				
		利用多媒体创设情境				
		利用语文活动提供实践				
	教学形式	随机型听说训练开展恰当				
		指令型听说训练开展恰当				
		竞赛型听说训练开展恰当				
	教学环境	营造轻松愉悦的学习氛围				
		提供丰富的教材内容情境				
		创造切实的实践活动机遇				

第四节　听说教学质量的监控

听说能力标准既已确立，我们就可以运用这个教学评价的尺度来检测学生的听说能力。

一、加强常规化监控

听说能力测试不如高考那样被重视，因为不是升学参考的指标，听说能力的培养也相应被忽视。因此，不仅要建立一套完整科学的听说能力评价制度，还需要建立一套有扶持作用的政策机制和激励机制。

1. 建立领导小组

如果要切实提高听说教学的质量，真正落实语文素质教育，就必须有一个相对专业的质量监控领导小组。这个小组的成员可以由校长、教务主任、教研组长，再加一个普通话测试员来组成，通过听课、座谈、问卷等方式，经常性开展听说教学的检查，确保各项质量保障措施落到实处。

2. 成立研究机构

除了建立领导小组，成立研究机构也是十分重要的。毕竟听说能力的培养在我国还是比较落后的，要提高教学质量，光靠领导的行政督促显然是不够的。更重要的是要提高监督机制的科学含量，提高听说教学的科学手段，这就需要进行专门的科学研究。因此，学校在力所能及的情况下，拨出专款，成立研究机构，进行专项研究，如此，听说教学才能走向规范化、科学化和高效化。

3. 完善考评制度

如前所述，成立研究机构的一个重要目的，或者说研究机构的重要任务就在于强化监督机制，完善考评制度。通过不断的质量监控实践，我们会发现监督体系与考评制度中存在的问题，这些问题如果不能得到及时妥当的解决，就有可能使教学评价走向片面甚至是极端，这不但不能促进听说教学，反而会影响师生开展听说活动的积极性。因此，完善考评制度从某种意义上来说比建立制度还重要。

二、加强标准化监控

一般的检测常指教学评定过程中的结果评价部分。听说测验的方法，根据测验形式分类，有测验法和客观评价法。前者要求学生口头或书面回答编制的系列题目；后者指教师通过对学生平时听说读写实际情形的观察，来评价听说水平。此外，根据实际活动分类有间接测试、半直接测试和直接测试。而根据测试手段分类有字（词）量统计法、记忆测试法、语速测试法、理解测试法、辨析测试法和创造力测试法。[①] 上面所制定的标准侧重检测"人际交往"特质，强调学生实

---

① 胡中锋. 教育测量学 ［M］. 开封：河南大学出版社，1987. 193～194.

际应用中的能力表现，因此单一的题型是不能让"标准"的效用得以完全发挥的，必定需要含实际情境性的题型方可满足要求。我们认为，恰当的听说能力考试题型是测验法和客观评价法相结合，尽可能提供接近现实的语言情境，融入多元的测试手段进行直接测试。

此外，测试题型选择中要将封闭式（有固定答案）与开放式相结合，选择型（再认）与提供型（再现）相结合。试题内容尽量满足以下质量要求：①测验目标明确；②试题覆盖面广，能测验到"标准"中的各项目标和内容；③有适宜的区分度和难度；④试题表达科学、分值合理、编排得当；等等。

然而一项用来检查语言熟练程度的测试，如超过三个小时，往往就被认为时间太长了。而且在这三个小时之内，到底包括了多少语言内容呢？① 这是难以清晰界定的。因此要构建语言测试不确定性与对测试确定性的要求之间的平衡，就需要满足一定测试编制原则，即"标准"依据下的测试制定与实施需要兼具效度、信度和公平性。

效度（validity），指根据指定用途支持分数解释的那些事实和理论的有效程度。② 效度是评价中最基本的要素。在测验内容，解题过程中提供构念③和学生的具体临场表现的相符性的关系，考题和试卷各部分与所构念的关系的密切程度这几方面上，都要重效度。具体指对标准的运用、分数的评定要周全；要对学生能否通过测试过程达到目标标准作衡量；要对考试时限等作详细明确规定，尽量使学生在临场表现中能够充分展现真实能力。

信度（reliability），指的是当对由个人或群体组成的总体重复进行测试时，所得测量结果的一致性程度。应该做到考场环境具备合理的舒适条件，将干扰降至最低；应向考生清楚说明如何答题；测验分数诠释要周全。

公平性（fairness），特指测试过程中对所有考生一视同仁，测试题内容是学

---

① ［英］阿兰·戴维斯，任福昌等译．语言测试原理［M］．北京：经济科学出版社，1997.
② 美国教育研究协会，美国心理学协会，全美教育测量学会主编．教育与心理测试标准［M］．沈阳：沈阳出版社，2003.
③ 构念（Construct）是概念的一种。构念一般是有意识地、较慎重地提出的一种概念。提出构念主要是为了特定的科学目的，它不但应具有一般的概念的意义，还应具有以下两点科学意义：一是作为一种科学构念，它和其他构念间的关系应是明确地加以界定的；二是科学构念应加以观察和测量，也就是说，界定概念的方式是对该构念给出操作化定义。见徐世仁、陈龙等著《企业基层建设综合评价——心理测量与组织开发技术》一书第 54 页。

生学习机会均等的内容；不受评分者知识经验、对评分标准理解差异等的影响；测试结果因测试的公平性而具有可比性。

也只有兼具了效度、信度和公平性，利用标准衡量出的评价结果才能提供有价值的研究信息。

三、加强标准指导下的能力培养

我们这里所说的"标准"，自然主要指前面构建的听说教学质量标准，也包括中学生听力评价标准和口语评价标准。这些标准不仅为听说能力的检测提供了一个尺度，也为学生听说能力的培养指明了方向。标准中的每个评价目标，都应成为学生听说能力发展的指标。如听力应从听辨能力、解析能力、评判能力和情态四方面来实施培养；说话能力应从组织能力、语用能力、策略能力三方面加以提高。然而目前学生口语交际培养方面存在诸多问题，如教材中听说训练被忽略，听说测试缺乏利害关系的支援等。因此，在开展"标准"为依据下的能力培养时，应尝试做好以下几个方面工作。

（一）熟悉并理解标准

三个标准项目不同，水平要求不一，但本质是相同的，那就是全面提高口语交际教学的质量，提升学生的听说能力。要用好这三个标准，就必须要求每个语文教师，包括质量监控领导小组成员和来自各学科的质量监控成员，都必须认真研读，掌握其中的每一项内容。

1. 对语文教师而言

语文教师如果熟练掌握三个标准，有利于听说教学目标的定位、内容的确立和方法的选择，根据标准所划分的水平等级和质量要求，教师可以进行有针对性的点拨指导，而不至于在听说教学中或用力过度，或用力不到位。

2. 对监控者而言

三个标准对于监控者来说，同样有着重要的意义。标准是监控者对于教师作评判的依据，如果对标准的内容不了解或不理解，就不可能进行公正合理的评判，监控就成为一句空话，甚至会发生误导。因此，确保评价时能够熟练而正确地运用标准，是监控者必须严肃认真对待的第一件事。

3. 对学生而言

研究发现，学生作为教学质量监控的特殊群体，虽然不是教学质量监控的主导者，也不能左右教学质量，但他们却是教学质量高低优劣的直接承受者和体验者，因此，必须重视学生的反馈意见。但学生对于评判标准的一无所知，导致其监控角色的失位，必然会影响整个监控与教学的成效。因此，帮助学生了解和理解三个标准，既可以帮助他们有效地学习，也能提高他们教学质量监控的能力与水平。

（二）强化意识

巴西著名学者保罗·弗莱雷的经典著作《被压迫者教育学》中提到："每一种规定代表着把一个人的选择强加给另一个人，这样就把接受者的意识改变成为一种与规定者的意识相一致的意识。"[①] 而我们不能视学生为规定的默认同化者，否则只存在消极的学习行为。只有当学生认识到学习的必要性时，才会有学习主动性。因此有必要强化学生对提高口语交际水平的意识，使其产生紧迫性和危机感；同时又能兼顾学生的兴趣。除强化学生意识外，还要强化社会、学校、家长的意识，使其对口语交际在孩子今后走向社会的重要意义上形成高度的警觉意识。这也正是我们上述第 3 点所阐述的真实意图之所在。

（三）培养技巧

这里的培养技巧有三层意思：

1. 培养各方面评价技巧

熟悉并理解标准只是进行科学的教学质量监控的第一步，要使质量监控真正落到实处，还必须提高教师、学生、监控成员的各方面评价技巧。其中包括如何运用标准的技巧，如何进行语言表达的技巧，如何进行数据统计与分析评价的技巧，等等。

2. 培养听说教学的技巧

标准与监控目的只有一个，就是提高听说教学的质量；但监控只能引起教师的注意，而听说教学的质量并不是有旁人督促就能提高的，真正的关键还在于教师的教。因此，我们在制定标准、完善制度、强化监督的同时，更需要促进教师掌握或提高各种听说教学的技巧，其中包括听说内容的安排、听说活动的设计、听说能力的测试、听说教学的方法、听说教学课件的制作等等。

（四）注重实效

听说能力的培养要注重实效，依据"标准"中的各项评价目标，一一列入培

---

① ［巴西］保罗·弗莱雷. 被压迫者教育学 ［M］. 上海：华东师范大学出版社，2001.

养课程。首先，语文是一种综合能力，听力的锻炼和说话的锻炼是相辅相成的。不仅要使听说结合，还要与读写结合，实现口语交际教学与阅读、写作教学的良性互动。如在阅读中，让学生注意课文的重音、语调、停顿、修辞、逻辑与思想感情的关系；作文训练中采用口头作文的方式，既培养行文思维，又锻炼即兴说话能力。其次，创设情景语境，让学生自发生成参与意识。"可以创设大语文环境，鼓励学生在各科教学活动以及日常生活中锻炼口语交际能力，包括：取得各方面配合，因材施教，组织课外口语交际实践活动。"① 最后，也是最为重要的一点：依据"标准"中不同的子级目标选择不同的培养方法。如培养组织能力，就采用指令性口语训练（如三分钟讲话、讲故事）；培养语用能力，可以采用即兴发言训练；培养策略能力，可以采用聚会交谈的方法。而教师应在此过程中向学生解释清楚口语交际的每一个子目标的含义、作用和使用方式。

总的来看，在过去的一个世纪中，人们大多追求评价的客观科学化，重视评价结果与教育目标的相符程度，而忽略评价的价值，即评价标准、教学目标等因素的意义。听说能力检测标准虽主要用于对学生听说能力的层次、特点、存在问题作出判断，但并不单单限于对听说教学效果的测定，还强调为听说教学的不断开发提供有效的信息。所以，我们在评价过程中应融入价值多元化理念，在检测过程中尊重学生的主体性和不可预测性，对标准灵活取舍。凡是有教育价值的表现，都应受到评价的肯定。

---

① 戴红玲. 试论语文教学中学生口语交际能力的培养［J］. 江苏教育研究，2006，（12）.

第十一章　语文校本教材质量与使用的能力标准及监控

第一节　中小学校本教材质量标准研究

随着语文课程改革的深入，众多中小学校着手开发语文校本课程，并为配合语文校本课程建设，编写了各种各样的语文校本教材。但调查表明①，校本教材编写与使用情况总体上并不能令人满意，原因之一是缺乏科学的校本教材质量标准。

一、质量标准：语文校本教材编写导向

"质量标准"的词典义为：以现有生产技术、国家技术政策和用户需要为依据制定的检验产品是否合格的尺度。包括性能、尺寸、原材料的化学成分、强度、硬度和表面光洁度等内容。② 我们对语文校本教材质量标准作如下界定：以现有语文课程标准、出版物规定和师生教学需要为依据制定的检验语文校本教材是否合格或优秀的尺度。语文校本教材质量标准，不仅仅是评判校本教材质量的

---

① 自 2007 年 9 月至 2008 年 8 月，我们对浙江省百余所学校校本教材开发使用情况做了调查，关于校本教材满意度调查的结果是 8％表示满意，9％表示基本满意，37％表示不太满意，29％表示不满意，17％因学校无校本教材未作回答。

② 中国百科大辞典编委会编，袁世全、冯涛主编. 中国百科大辞典 ［Z］. 北京：华夏出版社，1990. 369.

依据，更重要的，它是指导教师编写校本教材的指南，也是学校、教师使用校本教材的有效指针。

（一）语文校本教材质量标准的指导性

1. 指导选题。当前中小学校本教材的选题有的是上面布置的，有的仅根据教师个人偏好在未经过慎重研究与论证的情况下出台的，较多选题不切合社会与教学实际，不符合学生需要。导致诸多校本教材教无可教，学无可学，成了没有多少价值的"一次性"教材。若有科学先进的校本教材质量标准作指南，则教师可据此思考、论证、选择校本教材选题，从而保证每一种校本教材都有其特色，达到较高的质量水平。

2. 指导行文。有的语文校本教材，选题没有问题，甚至较为新颖，但由于行文方面存在一些问题，同样得不到好评。例如，有的粗糙拙劣，缺乏精致高雅的气度；有的干脆像写普通的教学论文，枯燥乏味，缺乏情趣性；有的只是历史资料的胡乱堆砌拼凑，缺乏章法，更少文学特质。一言以蔽之：面目可憎，像个"瘪三"。校本教材质量标准可以帮助教师了解校本教材与一般的论文、论著的差别，逐步把握其行文的特点与要求。

（二）语文校本教材质量标准的规范性

1. 组织规范。通过语文校本教材质量标准，可以促进中小学校校本教材建设的组织规范，例如建立校本教材建设的总领导小组，确定具体学科校本教材的牵头人、参与者及其最终成果的评审者，明确牵头人、参加者与评审者的基本条件，等等。

2. 结构规范。通过制定语文校本教材质量标准，可以帮助中小学教师了解语文校本教材的基本结构特点，防止校本教材变成材料的汇编，或者成为教师个人心得，甚至成为毫无自身结构特点的"四不像"的东西。

3. 格式规范。通过制定语文校本教材质量标准，可以帮助教师掌握校本教材的基本格式规范，除了版式编排外，主要包括字形与字音、语法与修辞、标点符号、字体、字符间距与行距、注释等方面的规范。

（三）语文校本教材质量标准的强化性

1. 政治观念的强化。任何教材一旦政治理念不正确，就有可能造成教育改革和人才培养的重大损失，出现严重的错误。语文校本教材质量标准将能够帮助我们强化政治观念，树立正确的政治方向，包括了解国家方针与政策，遵守宪法与法律，掌握党的民族政策与宗教政策等，保证校本教材从内容到形式不与国家意志、教育方针发生偏离，更不能相抵触。

2. 责任意识的强化。通过语文校本教材质量标准提出规范要求，促进教师清醒地认识到校本教材的本质、功能、地位等等，以此强化校本教材编写教师的责任意识。通过对语文校本教材质量标准的相关条文的学习，可以促进编写教师树立对学生负责、对社会负责、对教学工作负责、对自身发展负责的意识。

3. 价值观念的强化。语文校本教材质量标准通过具体的条文，向广大编写教师传达一个信息，即校本教材具有多方面的价值功能，除了教育教学的价值外，它还应具有艺术价值、科学价值、创造价值、应用价值等等，通过价值观念的强化，提升编写教师的质量意识。

二、影响校本教材质量的主要因素

要制定一个科学、合理、有效的校本教材质量标准，除了改变观念、端正态度，还需要我们从微观上把握影响校本教材质量的诸因素。

（一）内容因素

内容不好或不当，是导致校本教材质量不高的主因，目前校本教材的知识系统、助学系统、练习系统与实践活动系统，基本存在四个"欠缺"。

1. 欠缺针对性

就我们搜集到的中小学语文校本教材来看，很少能针对学生的实际水平和实际需要，做到广普性和独特性、全员性与层次性的有机结合。有的内容过于艰深、怪僻，例如让小学低年级学生去读县志碑文，令学生无所适从；有的内容过于浅易、平常，回报与实际投入不相称，例如让高三学生去街上找错别字。这种缺乏针对性的内容，很难调动学生的学习兴趣和研究欲望，当然也较少实效。

2. 欠缺本土性

目前语文校本教材出现两个致命问题：其一是机械模仿。有的校本教材似乎就是统编教材的克隆，缺乏地域色彩和地方特色，因此，难以作为统编教材的重要补充而存在。其一是眼界狭窄。有的校本教材虽然注意到了地域性，具有了本土特色，但又为地域所限，缺乏必要的迁移拓展，其地域性失去了一定的社会环境与学科背景的依托，反而变得模糊，甚至失去存在的价值。

3. 欠缺实用性

某些语文校本教材由于丧失了本土性，直接造成实用性欠缺，生活实感不强，实践性与活动性无从体现。例如某山区小学编的一个语文校本教材，大量收进了关于大海、城市、沙漠等方面内容的文章，看上去很新鲜，但学生对里面的内容相当陌生，学习障碍较大。授课教师发现，拿这样的教材去教学生，徒然增加学生的学业负担。

4. 欠缺可变性

校本教材的一大特点是"船小好掉头"，即完全可以根据社会的发展和形势的变化，随时进行各方面的调整、更新、修改，从而保持教材的时代性和新颖性。但事实上，为数不少的编写者囿于应试教育、任务观念与一孔之见，对社会的发展变化较为迟钝，对学生需求的变化也不敏感，加之时间、精力、财力、物力有限，因此，多数校本教材更新速度很慢，不少学校在推出语文校本教材后，就不再修订，难以契合实际教学需要。

（二）形式因素

教材的形式就像是产品的包装：缺乏精美漂亮而又恰到好处的包装，难以吸引消费者的眼球；反之，产品的价值会随包装质量的提高而上升。语文校本教材因形式的拙劣而导致质量下降，并不在少数。

1. 缺少灵活性

就已经出版或已在使用的中小学语文校本教材看，大多机械模仿统编语文教材的套路来编写，甚至很多是模仿传统教材的呈现方式来编写，这就达不到校本教材的独特作用。因此，校本教材的形式是否做到机动灵活，在一定程度上影响着语文校本教材的整体质量，影响着师生对语文校本教材的喜好程度。

2. 缺少美观性

较多自费出版或非正规出版的语文校本教材，在美观性方面普遍做得较差，例如编排样式随意，封面装帧粗糙，插图杂乱且所指不明，字形、字号等使用全凭教师个人感觉，板块与环节之间缺乏必要的衔接。拿到这种缺乏审美价值的校本教材，学生的第一感觉就不好，自然提不起兴趣，也不会珍惜。

3. 缺少适宜性

有些语文校本教材注重了形式之美，却少了点分寸感，"为形式而形式"，把校本教材搞得花里胡哨；色彩使用明暗浓淡不当，插图繁多杂乱，布局轻佻媚俗。总之，缺少针对性，不适合相应年级的学生需要，既不沉稳，又不活泼；既缺严谨，又少大气。

（三）创造因素

现有的语文校本教材普遍缺乏创造性，即便有所创新的也存在如下三个"缺乏"：

1. 缺乏合理性

有的学校为避免因循守旧、完全模仿传统教材带来的内容单调、形式机械等弊病，过分强调创新，结果背离教材规范。例如有的学校将语文校本教材搞成前后分别向中间读的形式，有的采用文字游戏的方式随意跳跃，还有的把政治倾向、思想意识有问题或情趣不高、存在着科学性问题的作品选入校本教材，并以"首创""出新"自居，这自然影响到了语文校本教材的质量。

2. 缺乏有效性

创造为的是追求高效，没有效果，就无所谓创造的价值。有时候，教师绞尽脑汁想出的一个新点子，可能是适度的、合理的，但不一定具有实效性。例如某高中语文校本教材，将当地乡贤的故事串联起来，故事性较强，形式也较有创意，但使用效果并不佳。这主要是因为它没有一个明确的主题，定位也不当。如作为历史校本教材，则其史学性不强；如作为语文校本教材，则又缺乏语文因素；如作为政治校本教材，则思想见解太过肤浅。结果没有一个学科愿意使用，成为学生手中的废书。

3. 缺乏前瞻性

语文校本教材的编写大多带有任务观念，缺少思考积累的过程，"现炒现卖"居多，因此，无论是编写的过程还是教材成品都缺乏前瞻性。我们这里所强调的前瞻性，是指教师将触角伸向较远的地方，去探索、猜测未来，猜测未知的领域。这虽然对中小学教师来说有较大难度，但如果去努力，也并不是无法做到。例如，把当地的自然景观材料加以整合，再与描写当地自然景观的名家名篇结合，作为语文校本教材，固然有一定的新意，但这种校本教材还只停留在知识传递的水平上。如果从前瞻性出发，我们在编写时可以考虑让学生比较古代名家名篇对自然景观的描写与眼前自然景观的差异，从而分析造成这些差异的原因、对人类的影响及我们应采取的对策等等。如此便将语文知识、审美能力、环境教育等融会一体，工具性与人文性同时得到完美的体现。

三、语文校本教材质量标准的构建

至今我国没有独立的基础教育教材质量标准颁布施行，中小学语文校本教材更无质量标准可言，因此，我们只能根据影响语文校本教材质量的诸因素，参照新闻出版署关于期刊与出版物管理及高校关于校本教材管理的相关规定①，试拟"中小学语文校本教材质量标准"，以供广大中小学校与教师们参考。

（一）中小学语文校本教材质量标准的文字阐述

1. 有关内容的质量标准

（1）政治性标准

这条标准主要从政治思想层面来判定，对文科类特别是语文校本教材特别重要。如在校本教材中出现严重政治错误或多处出现小错误的将判为不合格；如偶有一些小问题可以认定基本合格；只有在政治思想方面没有任何问题的教材才可判为合格，并有资格申报优秀教材。政治标准的内容主要包括道德观念、思想认识、政策水平、法律意识、集体精神、国家观念六大方面。划分为 A（85~100分）、B（65~84 分）、C（45~64 分）、D（0~44 分）四个等级，分别对应优、良、合格、不合格。以下项目皆照此等级进行对应划分。

（2）学术性标准

这条标准主要从知识层面来判定。学术标准关系到学生所接受的知识精确的程度。如果语文教材的学术标准不过关，那么学生学得越多，被误导也越甚，学生内化的知识网络里出现的错误节点就越多，则其对未来学习发展的障碍也越大，这就是我们通常所说的校本课程的异化。学术标准主要包括学术观点、概念术语、选文水准、学习导读、练习设计等几大方面。

（3）教学性标准

教学性标准主要是针对语文校本教材的学科特点而言的，它涉及语文校本教材的可操作性与有效性，以及教学的结果是否能够提高学生的学科能力等问题。语文校本教材的教学性主要表现在其语文性上。具体而言：一是选文是否具有较高的美感度，着眼于文化因素、文学色彩；二是学习目标是否指向语言；三是教学核心是否在于语感与文感的培养；四是教学内容确定是否重在解读文本、审美鉴赏；五是训练设计是否着眼于学生以言语能力为核心的听说读写能力的培养。

（4）实践性标准

实践性标准主要是从语文校本教材本土性、实用性及生活化而言的。优秀的

---

① 参见中华人民共和国新闻出版总署规范性文件《图书质量管理规定》（新出图［1997］79号）、《社会科学期刊质量标准及质量评估办法（试行）》（1995 年 6 月 6 日新闻出版署发布）、教委高教司编《高等教育优秀教材建设文集》（清华大学出版社，1993 年版）。

语文校本教材必须是对本土资源的最佳利用，最具生活化特点，能够促使学生关注现实、关注身边的事物，帮助学生解决一些实际问题，强调在生活中学知识、用知识。而有的校本教材，无视本土资源，远离本土特点，与学生学习生活相关度不大，不能引发学生对周围事物兴趣，难以解决现实生活的任何问题，知识的学习也不能拓展学生的视野。此类校本教材往往只是各种二手材料的拼凑，甚至只是统编教材的翻版，算不得理想的校本教材。

（5）适宜性标准

适宜性标准主要是就语文校本教材内容的难易多寡程度，以及内容性质与学生年龄特点、知识水平吻合程度而言的，此项标准实际上体现了校本教材的针对性和层次性问题。适宜性标准主要包括：内容的难易度是否适应特定年级学生的实际水平；教材容量是否符合特定年级学生的承受能力；内容是否符合学生的学习情趣，为学生所乐于接受；导读与练习设计是否适应各层级学生的需要。

2. 有关形式的质量标准

无论校本教材是否正式出版，编写者都必须把握形式上的优劣标准，这有利于确保校本教材的总体质量。

（1）科学性标准

语文校本教材既要注意内容的科学精确，合乎学术规范，同时也需要在形式上讲究正确严谨，不出差错。而形式上存在的问题我们称为"硬伤"，也就是说这些问题大多是显性的，容易发现，也容易纠正。形式上的科学性标准主要包括：基本格式是否恰当；字形、字体、字音、标点符号是否正确；语法修辞是否规范；版式是否得当；插图是否正确；等等。

（2）艺术性标准

艺术性标准的要求比科学性标准高，两者内容有许多重合的地方，但前者不是对与错的问题，而是美与丑的问题。它具有较强的主观性，不像形式上的对错容易判别，而要依赖教师较高的艺术素养、审美能力及一定的编写经验。形式上的艺术性标准主要包括：封面装帧是否赏心悦目；整体布局是否美观大方；图文搭配是否精美协调；字体字号安排是否具有美感特征；各大板块之间的衔接是否贴切自然；等等。

（3）实用性标准

形式是为内容服务的，好的形式，可以突出内容的关键，可以加强信息的传递；坏的形式，则会削弱内容的影响力，妨碍学生对内容的掌握。形式上的实用性标准主要包括：先后次序的安排是否具有逻辑性，各板块设计是否有利于内容的传达，各种艺术样式的引入是否利于激发学生的学习兴趣，是否通过字体字号的变化突出文章主题，有否借助各种图像符号增强教材的层次性，等等。

3. 有关创新的质量标准

前面我们在谈到影响校本教材质量因素时，专门分析了创造性三因素：合理性、有效性和前瞻性。在此基础上，我们变换视点，将其概括为如下三大标准。

（1）先进性标准

某些校本教材虽然有与众不同的地方，但境界不高，水平较低，不能反映先进的教育教学思想，也看不出现代教材编写理念，这就不符合创新的先进性标准。我们认为创新型校本教材的先进性体现在以下几个方面：创新的内容或形式能够在一定程度上体现现代教学的前沿理论；反映该学科的前沿知识；汲取了教材编辑中的精华；符合社会发展要求，满足学生成长需求。

（2）系统性标准

这里所说的系统性是指语文教师在教材编写中有计划、有系统地考虑教材在内容与形式上的创新，是教师整体感、全局观的反映。随着感觉零打碎敲的所谓"创新"，难以体现创造所带来的力量，只有经过全面考虑、具有系统性的创新，才能使师生充分地感受到创造的魅力。可以说，创新的系统化程度越高，则创新的价值越大；反之，则创新的力度减弱，教材的质量也随之下降。

（3）示范性标准

所谓示范性标准是指语文校本教材编写中创新的兼容性和通用性。虽然创新是要强调个性特征的，但若创新中诸多元素能够被仿效，可操作，那将对其他校本教材的编写产生积极的作用。而且，一般可供示范的创造大多是规范的、有效的、可操作的，具有推广价值和发展意义。因此，示范性越强，越能体现创新质量之高；而没有示范性的创新，则不具备实用与推广价值。

（二）语文校本教材质量标准的量表呈现

为直观与可操作起见，我们将上述文字表达的质量标准，转化为量表形式

（该量表的制订参考了"文字教材质量评估指标体系"①），以供教育行政部门及中小学校在评价语文校本教材时参考（见表11-1）。

表 11-1　中小学语文校本教材质量标准量表（总表）

一级指标	权重	二级指标	等级				得分	总评
			A（85～100）	B（65～84）	C（45～64）	D（0～44）		
有关内容标准	0.5	政治性标准	无任何差错	偶有差错	有较大差错或小差错较多	有重大差错		
		学术性标准	无任何差错	偶有差错	有较大差错或小差错较多	有重大差错		
		教学性标准	完全适应	基本适应	不太适应	不适应		
		实践性标准	实践性强	实践性较强	实践性不强	缺乏实践性		
		适宜性标准	恰到好处	基本得当	不太适宜	完全不适宜		
有关形式标准	0.3	科学性标准	无任何差错	偶有差错	有较大差错或小差错较多	有重大差错		
		艺术性标准	美感突出	较有美感	审美价值不大	毫无美感		
		实用性标准	实用性强	较有实用性	实用性不太强	无实用性		
有关创新标准	0.2	先进性标准	先进性很强	先进性较强	先进性不太强	缺乏先进性		
		系统性标准	系统性很强	系统性较强	系统性不太强	缺乏系统性		
		示范性标准	示范性很强	示范性较强	示范性不太强	缺乏示范性		
有关组织规范	附加分0.1	领导小组	完整、常规	活动较常规	较松散，不能正常工作	没有		
		编写小组	完整、常规	活动较常规	较松散，不能正常工作	没有		
		评审小组	完整、常规	活动较常规	较松散，不能正常工作	没有		
评估者：　　　　　　职称：　　　　　　单位：　　　　　　评估时间：								

附注：总分＝∑（每项一级指标得分×权重）+附加分

每项一级指标得分＝各项二级指标分数相加÷二级指标数

　　上面的总表较为概括，为使对校本教材质量评估与监察更为准确，我们还可就其中一些容易量化的关键项，拟制分表。现以形式方面科学性标准为例，制表如下（见表11-2）。

---

　　① 高等教育教材评价指标体系研究项目组．教材质量评估指标体系研究与探索［J］．中国大学教学，2002，（12）：19～22.

表 11-2　中小学语文校本教材形式方面科学性标准量表（分表）

一级指标	各项分值	二级指标	具　体　描　述	扣分	总评
文字	30	字形	每错一字扣 1 分，同字错误累加扣分，繁简误用算错字。标题错一字扣 10 分。		
		字音	字音标错一个扣 1 分，同字音错误累加扣分。同一音节中错误不累加。		
		字体	字体误用每处扣 0.5 分。标题有错扣 5 分。		
		字号	字号误用每处扣 0.5 分。标题有错扣 5 分。同字字体字号皆错算一处。		
符号	15	标志	各种标志性符号，错一处扣 1 分。		
		标点	各种标点符号，错一处扣 1 分。		
句子	25	语法	明显的语法错误，一处扣 2 分，隐性的语法错误，一处扣 1 分。		
		修辞	明显的修辞错误，一处扣 2 分，隐性的修辞错误，一处扣 1 分。		
		逻辑	明显的逻辑错误，一处扣 2 分，隐性的逻辑错误，一处扣 1 分。		
		衍文	每多一字扣 1 分，同一处衍文累加扣分。		
		漏字	每漏一字扣 1 分，同一处漏字累加扣分。		
数量公式	15	数字	关键数字搞错，一处扣 2 分，一般数字搞错，一处扣 1 分。		
		计量	计量单位错误，一处扣 2 分，书写格式错误，一处扣 1 分。		
		公式	每错一处扣 1 分，同一公式不累计扣分。		
图片	15	文内	图文搭配错误，扣 3 分，插图作者、国别、生年等每错一项扣 1 分。		
		文外	图片作者、国别、生年等每错一项扣 1 分。		

评估者：　　　　　职称：　　　　　单位：　　　　　评估时间：

附注：每一项扣分超过本项分值60%，或任两项超过累加分值45%，任三项超过累加分值30%，直接判为不合格教材。

第二节　中小学语文校本教材质量监控

目前，多数高校制定了自编教材管理措施，构建了较为完整的自编教材质量监控系统，但中小学校本教材建设尚处在起步阶段，无论是教育行政部门还是学校领导，满足于校本教材的编写与出版，对于校本教材的质量监控则少有研究，更无落实，导致中小学校本教材数量递增的同时，质量反而有所下降。这在语文校本教材建设中尤为突出。因此，我们认为，在新课程改革的背景下，各中小学校若要推进语文校本课程建设，应把更多的精力投放到语文校本教材质量保障体系的研究与构建上，通过严格的质量监控，确保语文校本教材能够成为学校课程改革、教学发展与学生成长的重要阶梯。

一、语文校本教材质量监控体系的构成

语文校本教材质量监控体系，是指根据教育规律、课程目标、教材编写原则和质量标准，对语文校本教材进行全过程、全方位、多层次的监控与评价，并有效地改进语文校本教材的组织工作，提高编写效率，保障教材质量的较为完整的管理系统。其构成要素包括五个方面。

（一）监控人员

中小学语文校本教材的质量首先面临的是监控主体的问题，即由谁来判定语文校本教材的质量。目前语文校本教材质量监控缺位的主要原因就在于监控主体不明，谁都有权臧否语文校本教材，但似乎谁的话都不能作数，或者说没有谁真正挑起了语文校本教材质量监控的重任。其实，语文校本教材的监控主体不是单一职业群体，而是一个综合体，只不过这个综合体里族类之间的评定权重有较大差异。

1. 以校长为核心的校级领导。这是任何一所学校的强势群体，它有权决定语文校本教材能否在学校使用。但较多情况下其决定不是从语文校本教材的质量本身出发，而是从与编写者的亲近远疏来主观判定，难免出现"黄钟毁弃、瓦釜雷鸣"的不正常状况。但它毕竟对于校本课程建设负有直接的责任，因此，其评价权重比宜设为 0.15。

2. 各级行政领导。这个群体虽然有着比校长更高的权力，甚至可以起到一言九鼎的作用，但其对语文校本教材的价值判断缺乏真切的体会，对学校具体的课程建设不负直接的责任，故其评价权重比可设为 0.05。

3. 专家学者。这个群体中有不少人视中小学语文校本教材为"小儿科"，对于出面监控评价语文校本教材重视度往往不足；而且，由于有的专家远离中小学教学，没有中小学语文校本教材编写与使用的经验，其所作的鉴定也不一定能够

针对实际，从而出现偏差。但其在理论上的把握对于语文校本教材的评定起着积极的指导作用，故其评价权重比可设为 0.25。

4. 教师同伴。这个群体或因面子而讳饰，或因同行而相轻，或"事不关己，高高挂起"，对语文校本教材的评判主观随意性较大。但毕竟这个群体经验丰富，教学敏感性强，故其评价权重比可设为 0.25。

5. 教材使用者（学生）。这个群体往往显得"人微言轻"，加之学生较重感性，往往以兴趣来评定事物的好坏，或者受限于能力水平，不能对语文校本教材作出公正的评定。但学生毕竟是校本教材的直接使用者，对于校本教材的优劣高下，应当有着朴素的认识和切身的感受，故其评价权重比设为 0.3。

6. 家长与社会各界人士。这个群体一般不会直接参与到语文校本教材的评定中来，即使参与评定，也会因缺乏必要的教育专业素质，难以对语文校本教材作出科学客观公正的评价。故其意见仅作参考，不设固定的评价权重。

需要指出的是，语文校本教材的编写者，无论校长还是普通教师，原则上不参加对该册教材的评定，以示公正；另外，非语文校本教材使用者的评定意见可适当降低评价权重。

（二）监控制度

调查表明，现阶段还没有一所中小学校能够形成完整严密的语文校本教材质量监控制度，而随着校本课程的迅速发展，语文校本教材的编写已逐步成为各中小学努力的一个方向，教学形势呼唤中小学语文校本教材监控制度，通过科学监控，及时发现问题，采取改进措施。中小学语文校本教材质量监控制度主要包括以下内容：

1. 组建由校领导、教师代表、学生代表、教育行政领导、特聘专家组成的相对稳定的质量监控小组，随时开展对语文校本教材选题、选材、编写、修改、使用等方面的评价与指导工作。

2. 教师选报的课题、编好的大纲、完成的初稿都应交质量监控小组做最终审查，通过立项者方可组织编写，印刷出版，投入使用。

3. 师生在使用语文校本教材过程中，有责任将发现的问题、想到的意见和建议报告质量监控小组，由相关人员整理后交给编写者作修改指导，也可作为其他教师编写时的参考。

4. 语文校本教材质量监控小组有权对教师使用校本教材的情况进行各种方式的检查，若发现问题，可向编写者与使用者提出口头或书面意见与建议。

5. 应当建立语文校本教材开发利用经验交流例会，设置语文校本教材质量意见箱，或在校园网上设立专用 BBS，允许匿名批评，通过这种最广泛并且有可能是最苛刻的评审，确保语文校本教材的质量。

（三）监控标准

对于语文校本教材的质量监控，不应是主观随意的，而需要有一个明确的监控标准。这个监控标准主要包括调查规范、质量标准、统计手段、监控方法与规则等不同方面的内容。

1. 调查规范。对语文校本教材质量监控，需要采取调查的方式，通过对语文校本教材的抽样检查，师生问卷座谈等方式，了解并把握语文校本教材的质量状况。

2. 质量标准。语文校本教材的质量标准相当于监控指标，即语文校本教材从哪些方面进行监控。拥有语文校本教材质量标准，就等于拥有一个明确的监控指南，这是质量监控标准的核心。

3. 统计手段。对于调查所得或根据质量标准评估情况，进行算术统计，采取什么样的统计手段（是模糊统计还是精确统计），将直接影响监控的质量。

4. 监控方法。常用的有：①对照法，即对照学科课程标准，逐条分析评价，寻找优劣，特别指出语文校本教材中存在的问题，提出改进方法；②对比法，即将统编教材、优质校本教材与被测验校本教材进行对比，从中发现被测校本教材的特点、优势与不足；③测试法，即根据语文校本教材所预设的目标，针对语文校本教材中的重要内容拟制测试题目，通过考查学生的实际情况，来评判语文校本教材及其应用的水准。

5. 监控规则。新教材每年检测 2 次，老教材每年检测 1 次；对学生进行测试应不少于所用教材班级数的 80%，所用学生数的 60%。检测可根据教材系统的四个方面专项进行，也可综合进行，以专项检测为主。

（四）监控指导

监控指导包含三层意思：一是专家学者对教育行政人员、学校领导、师生与家长的评价指导，教师对学生、家长的评价指导。二是专家学者对语文校本教材编写者进行自我监控修正的指导，指导内容主要包括：明了语文校本教材监控的意义；掌握评价的内容与方法；熟悉语文校本教材评价的程序；学会撰写语文校本教材评估报告。三是教材编写者对使用教材的师生进行指导，内容包括该教材的性质、特点、使用方法等等。

（五）监控反馈

监控人员将自己监控所得，通过各种途径，如评估报告、意见书、建议表、评奖等，反馈给语文校本教材编写者，教材编写者根据各方面的监控反馈进行调整修改。反馈采取多向互动的方法，监控者的意见作为教材质量评估的重要参考，但不是唯一标准，应当允许教材编写者申辩、说明，确保语文校本教材的编写，既能体现编写者的意图，又能达到较高的统一要求。

上述内容我们不妨图示如下（其中箭头表示行政关系，其他横直线表示指导、制订、监控、反馈等关系）。

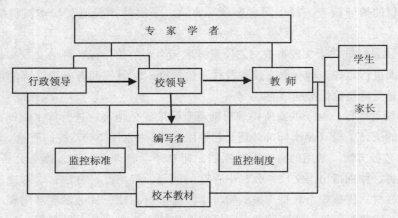

图 11-1　语文校本教材质量监控体系示意图

二、实施语文校本教材质量监控的主要步骤

语文校本教材监控应该有一个完整的过程，保证语文校本教材从选题到使用都处于严格的监控之下，以保证语文校本教材获得最佳质量，发挥最大效用。此所谓"将活动和相关的资源作为过程进行管理，可以更有效地得到期望的结果"[1]。

（一）编写前的质量监控

语文校本教材编写前的工作状态，很大程度上决定了语文校本教材质量的高低。因此，对语文校本教材质量的监控应当提前到编写之前进行。编写前的质量

---

① 吴立伟. ISO 质量管理体制在学校体育教学考核中的应用研究 [J]. 浙江师范大学学报（自然科学版），2009，29（3）：349～352.

监控主要包括以下几个方面。

1. 选题的监控

语文校本教材编写应当首先精心选题，然后组织同组成员，邀请其他学校的优秀教师或专家学者进行论证，经反复推敲修改后交质量监控小组审核评估，待获得通过后再组织编写。

2. 素材的监控

语文校本教材编写不能靠运动、搞突击，而要细水长流，这方面的要求典型地体现在素材的积累上。在确定语文校本教材选题后，编写小组必须搜集整理基本素材，只有当素材量超过所要编写教材的三倍，方可动手，而质量监控小组应当对这些素材加以审查，确保素材对于教材编写的支撑是足够有效的。

3. 大纲的监控

我们发现大多语文校本教材的编写过程中是没有大纲的，编写者完全凭感觉编写，结果导致层次不清，逻辑模糊，影响了编写质量。因此，质量监控小组应当监督编写人员拟好编写大纲，并对其中的编写思想、目标、目录、结构、内容等进行审查。

（二）编写中的质量监控

语文校本教材编写过程中的监控是最为关键的一环，它直接决定着语文校本教材质量的高低。如果这个环节出了问题，那么所有工作都将前功尽弃。

1. 小组合作的监控

语文校本教材编写小组成员之间的合作情况，虽然不属于语文校本教材本身的质量问题，但它对于语文校本教材编写的质量的影响是不言而喻的。因此，质量监控小组应当随时关注各语文校本教材小组成员之间互动合作的良好状态，一发现状况，就要及时给予提醒警示，必要的话，可考虑更多介入，协助负责人搞好小组合作工作。

2. 编写进程的监控

语文校本教材编写进程与学校校本课程改革的深入密切相关，有的语文校本教材编写小组因种种原因，在立项后，迟迟不能实施，有的则搞突击，导致粗制滥造。质量监控小组应随时关注语文校本教材编写的进程，催促那些只管立项而无行动的小组，按部就班开展编写工作，同时，提醒那些只求速度不讲质量的小组，控制好编写的进程，做到稳扎稳打，确保质量。

3. 编写规范性监控

在语文校本教材编写过程中就能注意到编写的规范，可减少无用功，杜绝因质量不合格而产生返工现象。语文校本教材编写规范主要包括了结构规范、系统规范、行文规范、术语规范、注释规范及定义、定理、公式等规范。

（三）编写后的质量监控

编写后的监控实际上就是对语文校本教材成品（包括正式出版和未付梓的语文校本教材）的质量评价，通过审阅、分析、判断与评定，达到监控的目的。这个环节的监控可以达到三个目的：一是决定语文校本教材是否在实际中使用；二是为未来语文校本教材的修订提供建设性的意见；三是指导广大师生使用。

1. 形式的评价

形式的评价侧重于语文校本教材的美感价值，包括版式设计、封面装帧、结构形式、训练方式等等，通过对形式的评价监控，促使语文校本教材更能满足学生的审美需要。形式的评价还包括了表达的评价，包括语言表达是否合乎学科的特点，议论说明是否完整清晰，富有逻辑感，有无表达上的硬伤等。

2. 内容的评价

语文校本教材的内容，主要指语文校本教材将提供给师生教与学的对象，即语文校本教材所包含的知识与技能，包括例文、例题、导学与练习。通过对内容的评价，可以最大程度地减少语文校本教材的错误，确保学生在自学语文校本教材的过程中不会被误导。

3. 创新的评价

语文校本教材创新评价，主要用于防止语文校本教材过于老旧平庸，或过于浮躁肤浅，从而保证语文校本教材从内容到形式既能给学生耳目一新之感，又能使学生学有所得，学有所用。

（四）使用中的质量监控

语文校本教材主要是供师生教学使用的，只有通过使用，才能最充分地体现语文校本教材的质量，因此，加强对语文校本教材使用中的监控也就成为语文校本教材质量监控的重要环节。

1. 师生接受程度

教师拿到语文校本教材，首先考虑的是可教度。如果不能依托教材实施教学，教师就不会喜欢。学生拿到教材，首先考虑的是可学性，如果教材本身枯燥无味，学生劳神费心而难有所获，则不能被学生所认可。因此，师生的可接受程度将成为监控的一个重要内容。而且这方面的监控方便易行，只要通过调查和数学统计就可得出结论。

2. 目标达成程度

语文校本教材有其相对的独立性，也就是说，通过语文校本教材也能在一定程度上完成学科总体的教学目标。因此，目标达成度的高低，将决定语文校本教材质量的优劣。质量监控小组可通过语文校本教材的教学目标达成度来判断其合格、优秀与否。

3. 与统编教材配合程度

语文校本教材主要是作为统编教材的一个补充而存在的，因此，语文校本教材与统编教材配合的程度，就成为质量监控小组判断语文校本教材优劣的另一个指标。这里面包括：性质相同，目标一致，内容互通，观点类似，以及补充效度等。

4. 促进学生个性发展程度

语文校本教材不同于统编教材的地方，或者说语文校本教材的一大优势在于其个别化、独特性，通过语文校本教材的学习，应当最能发展学生的个性，如果不能发展学生的个性，那就证明语文校本教材没能发挥自己应有的作用。

三、语文校本教材质量监控必须注意的几个方面

"一本教材的编写出版是一个极其复杂的工艺过程，每一种教材的内容、结构、特色、风格、读者对象都不一样，因此很难用一把尺子来衡量。""教材生产的复杂性，品种的多样性，给我们客观评价教材带来极大的困难。"① 因此，我们有必要在此强调质量监控中需要注意的三个方面。

（一）加强投入

目前，各中小学在语文校本教材的建设方面已有一定的投入，但对语文校本教材质量监控的投入却往往还是一个空白。事实上，多数中小学校根本就没有建立起语文校本教材质量监控机制。而缺少必要的投入，就不可能对语文校本教材进行有效的质量管理。

1. 资金的投入

语文校本教材质量监控需要有一定的检测设备，需要聘请一些专家学者，还

① 张环. 自考教材的质量监控机制 [J]. 中国考试（高考版），2000，(1)：11～12.

要进行各方面的调查，这些都需要资金作保证。有充足的资金，才有可能开展有效的监控活动。

2. 人力的投入

无论是调查研究，还是抽样检查，都需要有足够的人力资源来支撑，除了聘请部分专家学者外，这些工作都应由本校教师、学生来承担。学校需要妥善安排，保证有足够的人力投入到监控行为中。

3. 时间的投入

语文校本教材质量监控是一个全过程的长期的活动，需要有充足的时间保证。这就意味着学校既要安排好监控小组成员的工作时间，又要耐心等待，绝不能急功近利，一味催促监控小组短时间内提交语文校本教材质量评估报告。

（二）注重平等

平等是沟通的基础，在语文校本教材质量监控中必须提倡平等思想，确保各方互动交流的正常开展。

1. 领导与师生之间的平等

教育行政领导与各校各级领导，对语文校本教材的看法只能代表自己的观点，而不能强加到其他师生头上。如果领导的评价意见与师生的评价意见有出入，则应坐下来，认真研究讨论，只能以理服人，绝对不能以权势压人。

2. 专家与其他各方的平等

专家虽然具有专业理论方面的优势，在语文校本教材质量监控中处于指导者地位，但任何专家都不可能是全知全觉者。因此，对于专家意见要重视，但不能唯专家评价是从。另外，专家也应多听听各方意见，不宜草率地下结论。

3. 监控者与编写者的平等

语文校本教材质量监控不是单向的活动，也就是说，编写者不应被动等待他人的评价，而要以平等者的姿态，积极投入到质量监控中，既倾听他人意见，也积极表明自己的主张。当双方出现分歧时，应当冷静分析，平等探讨，求同存异。

（三）建立平台

质量监控是一种多向交流活动，需要建立多个活动平台，在一定的平台支撑下，才能有效地整合资源，统一意见，达到监控的目的。

1. 建立信息管理平台

（1）建立资源库。资源库搜集全国各地各学科语文校本教材资料，各方对语文校本教材评价意见，有关教材管理规定及质量监控措施等，便于监控小组随时进行比对研究。例如选题是否有撞车现象，有无明显抄袭现象，创新程度如何，等等。

（2）构建交流通道。除了传统的会议交流方法外，主要通过网络构建两大通道：一是以 QQ 群为代表的即时交流系统，一是以 BBS 为代表的留言板交流系统。前者较大程度保留了传统会议交流的优势，后者则解决了交流者时间不统一的问题。

（3）附加反馈表。在每本教材的后面，可以强制性附加教材质量评价反馈信息表，以供师生在使用过程中随时提出意见和建议。

2. 打造质量监控团队

语文校本教材一旦投入使用，便处于各方的监控之中，每个人都有权对语文校本教材作出评价。但个人的意见毕竟有明显限阈，且较多经验化、情绪化，往往不能作出客观公正的评判。这就需要组建一支较为稳定的质量监控团队，通过一定的培训与历练，使之成为语文校本教材质量的合格评判员。这个监控团队可以是单一化的，例如学生监控组、教师监控组；在此基础上，又可分为文理两大监控组，甚至可以细分为各学科监控组。也可以是综合化的，即将各方力量加以整合形成团队。两种质量监控团队可以并存，或者根据需要时分时合。

3. 经常更新质量标准

语文校本教材质量监控的主要依据是语文校本教材质量标准，但是，社会经济文化飞速发展，信息瞬息万变，昨天还是先进的标准，今天就有可能成为落后的指标，因此，必须经常更新语文校本教材的质量标准，如此才有可能对语文校本教材的质量作出正确的判断。

4. 完善评优奖励机制

教材评优奖励是对教材编著者付出劳动的肯定，也是促进他们不断编写出水平高质量好的教材的一种有效办法；同时，有助于优秀教材的宣传、推广、选用和教材的改进。[①] 通过对优质语文校本教材的奖励，还可以树立质量监控的权威，引起广大编写者的重视。

---

① 李建春．高校教材质量监控新探［J］．经济与社会发展，2003，1（9）：153～157.

第三节　语文校本教材使用的能力标准与质量监控

　　任何教材都是三分靠编七分靠用。劣质教材到了优秀教师之手，可以化腐朽为神奇；而优质教材到了庸劣教师手中，轻则效果打折扣，重则有可能产生负面作用。由于资金、人力、物力等方面的投入先天不足，语文校本教材的总体质量一般难以同统编教材相提并论，因此，更需要依靠教师使用语文校本教材的能力与水平来保证教材的质量。只有巧妙合理地应用语文校本教材，才能发挥其最大的效用。为此，我们不但需要制定语文校本教材质量标准，还要建立语文校本教材使用的能力标准，加强对语文校本教材使用质量的监控，这关系到校本课程的建设与发展。

一、语文校本教材使用中存在的问题

　　调研表明，语文校本教材使用中存在着两大方面四个问题。

　　（一）使用态度

　　1. 任务观念

　　大多数没有参加语文校本教材开发的教师，对待语文校本教材往往缺乏感情，采取"事不关己，高高挂起"的态度，只是迫于学校的任务，勉强应付，草率了事；也有的则干脆"欺上瞒下"，视语文校本教材如敝屣，完全弃之不顾。事实上，即使一些参与编写的教师，也没有把语文校本教材当回事，教材只编不用、形同虚设的情况较为普遍。

　　2. 超越职能

　　有的教师则倚重甚至迷信语文校本教材，这主要是指那些复习性、练习性的语文校本教材。因为校内考试经常据此命题，故有的教师将其奉为圭臬，视如命根，甚至替代教科书使用。也有的教师自视甚高，夸大自编语文校本教材的功能（这些教材多数未列入学校计划，严格意义上只能归为"师本教材"），并在学生中排斥百家，独尊自家。例如山东教师王泽钊基本不用统编教材，只使用自编的《新语文》教学生，① 这在一定程度上是对已有教学资源的浪费，同时，也是对学

---

① 陈骁. 王泽钊——民间教改又一人［J］. 上海教育科研，2002，（23）：14～17.

生学习选择性的剥夺。

（二）教学能力

1. 方法单一

在语文校本教材使用的诸多问题中，最大的要数方法的单一。由于语文校本教材不像统编教材那样有大量的教师使用，有许多经验之谈可作参考，尤其是对于文本的理解和解析，或概念的界定，都需要依靠教师个人的学养与识见来加以明确。这就需要教师投入更多的时间和精力，换句话说，语文校本教材的使用，对教师自身的修养与能力提出了更高的要求。因此，一些能力较差、水平较低，或较为懒惰的教师，在使用语文校本教材的时候就会采取简单化的方法，即照本宣科，直接进行知识灌输，从而失去语文校本教材应有的魅力。

2. 应试倾向

由于受升学率及考试分数的影响，目前，为数不少的中小学教师都不太愿意花精力进行语文校本教材的教学，除非校内考试中将大量语文校本教材的内容纳入其中。也就是说，教师拿到语文校本教材后，首先不是考虑如何帮助学生在统编教材学习的基础上，依靠语文校本教材拓展视野，培养能力，提高素质，而是反复考虑哪些内容是校内考试的重点，哪些有可能在中考、会考、高考卷中出现，然后遵循"考什么教什么，怎么考怎么教"的方针来进行操作。语文校本教材教学变成了应试教学的一个手段、一种途径，严重的应试倾向，使语文校本教材走向异化。

二、语文校本教材使用的能力标准

（一）能力标准的质性分析

1. 教材纠错能力

即便是集一国之精英编写出来的统编教材，也会出现诸多的问题，有的甚至达到数十乃至上百处之多。例如，有教师就指出人教版新教材对《燕子》一文的改动存在三大方面十余处问题。[①] 作为仅凭一校甚至一师之力编写出来的语文校本教材，存在问题的可能性自然会更大一些。教材中的硬、软伤，往往需要教师指出来，或

---

① 薛瑞萍. 教材的缺陷——对《燕子》的质疑［J］. 小学青年教师，2006，（1）：21~22.

向学生作提醒，由学生自己去发现，并采取相应的弥补策略。但如果教师自己缺乏必要的纠错能力，就会出现几种不良的情况：学生发现后，教师还蒙在鼓里；师生均没发现，双方以讹传讹；学生产生疑惑，而教师不能解答。如此，语文校本教材中的错误就会转化为学生的认知问题，在一定程度上破坏学生脆弱的知识体系。细分起来，教材纠错能力可以划分为四个方面：标点、符号、文字等硬伤的纠正；概念、定理、公式、方程等知识性错误的纠正；分析、理解、判断、推理等能力性错误的纠正；感悟、体验、审美等素养性错误的纠正。

2. 教材重组能力

语文校本教材是根据编写者（往往是几个人）的喜好与习惯来编写的，无论其内容、材料，还是结构、布局等都不一定是最好的。使用语文校本教材特别需要教师具备个人的才华、学养与胆识，要求教师自己进行分析判断进行改造重组。例如统编教材中已解决的问题，在语文校本教材教学时就可删除；统编教材语焉不详而学生易发生困惑的地方，在语文校本教材教学中可以适当加强。总之，语文校本教材重组，包括视野的变化与拓展，内容的增删与调换，各套教材的比较与借鉴，教材结构的改造与调整，等等。

3. 练习处理能力

多数语文校本教材设有练习，但这些练习往往不是教师深思熟虑的结果，而是教师灵机一动的产物。因此，有的题目虽然非常精彩，但命题者并不能提供像样的答案，也不会有其他教师的解答可供参考，基本上要靠教师自己去揣摩解决。一部分偷懒的教师便有可能将这些练习题弃置不顾，或是让学生自己瞎做一气，既不指导，也不讲评。还有一些教师虽然对部分问题作了分析指导，但其理解却是错误的。练习处理能力，包括对语文校本教材练习的增删与修改，解题指导，分析与解答，反馈强化等。

4. 教材评价能力

对教材的评价，反映了教师的教材观、教学观与学生观，在学术层面体现教师教材使用的能力。能力低的教师往往不能对语文校本教材作科学严谨的评价，因此，不是唯语文校本教材是从，便是盲目排斥，这两个极端的表现都会影响教师对语文校本教材的使用。还有一种更糟的情况，那就是是非颠倒：教材中的精华发现不了，却视红肿如桃花，把溃烂当乳酪。教材评价能力主要包括：把握教材的特点与风格，理解教材的目标与要求，熟悉教材的内容与形式，了解教材的优势与不足，知道教材的体例与模式，等等。

（二）.能力标准的量化呈现

上述内容，我们可用一个简表加以量化，使语文校本教材使用的能力标准显得更为直观清晰（见表 11-3）。

表 11-3　语文校本教材使用的能力标准

一级指标	二级指标	能 力 等 级				
		A（优秀）	B（良好）	C（中等）	D（合格）	E（不合格）
校本教材纠错能力	硬伤知识能力素养	相关错误纠正率达 90% 以上，没有将对改错的情况。	相关错误纠正率达 75% ~ 89%，至多 1 处将对改错的情况。	相关错误纠正率达 60% ~ 74%，至多 3 处将对改错的情况。	相关错误纠正率达 45% ~ 59%，至多 5 处将对改错的情况。	相关错误纠正率在 45% 以下，有 6 处及以上将对改错的情况。
校本教材重组能力	目标重组	对教材目标正确合理重组达 5 处以上。	对教材目标较好重组达 3 ~ 4 处。	对教材目标较好重组达 2 处。	对教材目标一般重组至少有 1 处。	没有对教材目标作任何形式的重组。
	内容重组	根据内容的性质及教学需要进行科学重组达 5 处以上。	根据需要较好地进行内容重组达 3 ~ 4 处。	根据需要较好地进行内容重组达 2 处。	有意识地进行一般内容重组至少 1 处。	在内容方面没有任何重组现象出现。
	单元重组	根据需要对一册教材的单元全部加以科学重组。	根据需要对一册教材内的 2/3 单元较好地加以重组。	根据需要对一册教材内的 1/3 单元较好地加以重组。	对一册教材内的单元至少有一处加以一般性重组。	没有对教材的单元加以任何形式的重组。
	内外重组	课内外材料有机整合或重组 5 处以上。	课内外材料较好整合或重组 3 ~ 4 处。	课内外材料较好整合或重组 2 处。	课内外材料一般整合达 1 处以上。	课内外没有进行任何形式的整合。
	多元重组	能将 4 种方式结合作科学重组。	能将 3 种方式结合较好地重组。	能将 2 种方式结合较好地重组。	能将 2 种方式结合作一般性重组。	没有任何形式的重组。
校本教材练习处理能力	内容增删	科学合理地增删练习内容达 5 题以上。	较好地增删练习内容达 3 ~ 4 题。	较好地增删练习内容达 2 题。	一般性增删练习内容至少 1 题。	对练习不作任何形式的增删。
	解题指导	作科学有效的解题指导 5 次以上。	作较好的解题指导 3 ~ 4 次。	作较好的解题指导 2 次。	作一般性的解题指导至少 1 次。	不作任何解题指导。
	分析解答	对练习的分析解答未出任何问题。	对练习的分析解答最多出 1 次小问题。	对练习的分析解答最多出 2 ~ 3 次小问题。	对练习的分析解答出 1 次较大问题或 4 ~ 5 次小问题。	对练习的分析解答出 1 次大问题或 5 次以上小问题。
	反馈强化	作科学有效的反馈强化 5 次以上。	作较好的反馈强化 3 ~ 4 次。	作较好的反馈强化 2 次。	作一般性反馈强化至少 1 次。	没有任何形式的反馈强化。

一级指标	二级指标	能 力 等 级				
		A(优秀)	B(良好)	C(中等)	D(合格)	E(不合格)
校本教材评价能力	特点风格	能够正确指出教材的特点或风格5点以上。	能够较好指出教材的特点或风格3~4点。	能够较好指出教材的特点或风格2点。	至少指出教材的1个特点或风格。	不能指出教材的任何特点或风格，或所指完全错误。
	目标要求	能够明确教材的目标和要求5点以上。	能够较好了解教材的目标和要求3~4点。	能够较好了解教材的目标和要求2点。	基本了解教材的目的和要求至少1点。	不能了解教材的目的和要求。
	内容形式优势不足	对教材内容、形式与优势、不足的理解、把握,正确率达到90%以上。	对教材内容、形式与优势、不足的理解、把握,正确率达到75%~89%。	对教材内容、形式与优势、不足的理解、把握,正确率达到60%~74%。	对教材内容、形式与优势、不足的理解、把握,正确率达到45%~59%。	对教材内容、形式与优势、不足的理解、把握,正确率不足45%。

三、语文校本教材使用的质量监控

如何对语文校本教材的使用质量进行具体的监控呢？办法很多，根据各中小学校操作的经验与我们的实践，将其概括为"四定"。

（一）定规矩

语文校本教材使用质量标准是我们监控语文校本教材使用质量的依据，是使用者与评价者所共同遵照的条纲。但为确保语文校本教材使用质量，我们还需要对使用者提出一些具体的规定。

1. 备课规矩

语文校本教材虽不是严格意义上的教科书，但语文校本教材在课堂上的使用同样需要严谨，而备课是语文校本教材高质量使用的保证。因此，下面的一些规定就不是可有可无的：每人准备一本语文校本教材备课本。备课教案应格式规范，例如要有明确、恰当的学习目标及流程设计；要体现语文校本教材的地方性与灵活性，教案中必须有形式多样的活动设计；备课教案应体现探究性和创新性，强调学生的自主学习。因为语文校本教材是本校教师集体智慧的结晶，且个人能找到的资料甚少，故应特别强调集体备课。

2. 教学规矩

语文校本教材的使用质量同样体现在课堂教学中，教师在课堂教学中的态度、言语、行为、神态等对学生学习语文校本教材的影响是相当大的。因此，我们可以在要求教师把握标准的同时，注意以下几个方面：教师应向学生阐明每项内容学习的重要性和必要性，随时观察学生的学习状况，保证课堂教学正常进行；教师应充分尊重学生的个性，尽可能满足其活动、表现、体验等需要，凸现学生主体地位。在严谨度方面，语文校本教材相比教科书肯定会有欠缺，因此，教师应更宽容地对待学生的课堂质疑，特别欢迎学生对教材提出批评，这既利于提高学生的研究能力，也更能满足教材修改完善的需要。

3. 活动规矩

活动性应当是语文校本教材应用的一个本质特征，也是语文校本教材优于一般教科书的特质所在。因此，课内、课外应围绕语文校本教材开展经常性的教学活动，这些活动必须体现知识性、情趣性和创造性。具体而言：活动内容充实、主旨明确、形式丰富；活动面向全体学生，确保人人参与、不留死角；活动要有记录，形成一定的成果，能让学生在活动中体验到成功的乐趣。

4. 课后规矩

教师应重视课堂教学的课后活动，要使一堂课有一堂课之所得。具体包括：认真布置并批改课后探究性作业；写好"教后记"，做好教学反思；经常找不同的学生进行座谈，透过学生的看法来把握校本教学的成败得失；积极开展校本教学经验交流，通过同伴的评点提高自己处理语文校本教材的能力。

（二）定形式

这里的"定形式"，是指确定对语文校本教材使用质量进行监控的方式方法。

1. 观课监控

观课监控是课堂教学质量监控的主要手段。由于语文校本教材教学对学生的应试影响较小，因此，很少有教师会主动进行观课，教师对语文校本教材的使用也不当一回事。加强观课的目的不仅仅在于交流语文校本教材教学经验，同时也是为了督促教师真正用好语文校本教材。

2. 评教监控

学生评教是目前中小学教学管理中的常式，但当前的评教多是从总体上考虑的，一般在学期末进行。这种评教可以大致反映教师总体教学水平，但不能从中看出教师处理语文校本教材和驾驭语文校本教材实施教学的能力与具体状况。因此，在总体评教之外，有必要设立语文校本教材教学专项评教。通过学生对教师语文校本教材教学的反应，促进教师语文校本教材教学的能力。

3. 测试监控

调查表明，无论是校内考试，还是校际联考，或者政策性考试（中考、会考、高考等)，语文校本教材的内容基本上没有得到反映，这从一定程度上影响了师生教学语文校本教材的积极性。语文校本教材教学如果作为一项课程建设来进行，适当的考试还是必要的；如果仅作为质量监控，那么，我们不妨以抽检的形式，一课一测，检测内容完全源于教材，以此相对准确地评价教师处理教材的能力。

4. 反思监控

这是教师对语文校本教材教学的自我监控，要求教师在执教语文校本教材后，写作教后记、教学随笔，或作其他形式的教学回顾，反思自己每一课教学的得失，促使教师更明确地了解自己在处理语文校本教材与教学时的强弱优劣，以利于今后的发展提高。

(三) 定人员

与一切质量监控相同，对于语文校本教材使用的质量监控，除了座谈、测试等大面积的了解外，还需要确定较为固定的监控人员。但与一般课堂教学质量监控相比，校级领导、中层有关处室在语文校本教材使用质量监控中可退居幕后，其人员主要应由年级组长 (主任)、教研组长、编写组代表、学生代表四方面组成。

1. 年级组长 (主任)

负责各学科语文校本教材使用质量监控小组的组织、协调工作。具体包括：评价表的发放、回收；调查测试等数据的统计；安排座谈、交流、调查、评课等活动的时间、场所等。

2. 教研组长

主要从技术层面，具体负责本学科语文校本教材质量监控的相关活动。具体包括：组织评课与交流活动，记录整理监控小组各成员及授课教师的发言；组织课后测试、阅卷及试卷分析活动；及时将本学科监控情况或数据反馈给年级组长 (主任) 及授课教师。

3. 编写组代表

从教材编写者的角度对教师使用语文校本教材的质量进行评判。具体包括：教师对教材理解分析的正确度与深广度；教师的目标定位与编写者的意图吻合的程度及创新超越的情况；教师的教学重组尤其是练习处理是否与教材的特质相吻合等。

4. 学生代表

从学习者的角度对教师处理应用语文校本教材的质量作评价。具体包括：教师的教学是否促使自己更深刻地理解教材；通过教学是否使自己对语文校本教材更有兴趣；通过语文校本教材教学，自己的学科能力与素养是否得以提高。

需要指出的是，监控小组对于教师使用语文校本教材的质量具有评价权、建议权，而无决定权、奖惩权。如监控小组认为问题严重，或经验突出，可以将报告提交学校相关部门，直到校级领导。

（四）定工具

对于语文校本教材使用质量标准除了需要有固定的监控成员外，还需要有一定的监控工具。具体包括测量表、数据库、档案袋、互通平台。

1. 监控测量表

监控测量表是根据语文校本教材使用能力标准而制订出来的，供监控者使用的量表。分教师用量表和学生用量表。下面呈现的是教师用简化量表。

表 11-4 语文校本教材使用质量监控表（教师用）

序号	监 控 内 容	满分	实得分
1	教材熟悉程度 4 分,教材定位正确度 6 分,教材理解深刻性 6 分。	16	
2	教学目标设定合理性 6 分,教材内容处理恰当性 8 分,教材组合科学性 10 分。	24	
3	教材与教科书关系处理合理性 6 分,教材资源拓展丰富性 6 分,教材文化因素开发合理性 8 分。	20	
4	练习数量控制 5 分,练习形式与内容改造有效性 8 分,练习讲评恰当性 5 分。	18	
5	教学方法对教材的适应性 6 分,教学活动处理与教材特点吻合度 6 分,引导学生自主处理文本的频度与效度 10 分。	22	
总评		100	
信息	执教: 科目: 内容: 班级: 时间:		

2. 监控数据库

监控数据库是指借助电脑网络，将各学科教师语文校本教材使用情况，通过量化方式存入电脑或网络空间，以便在需要时及时提取。数据库的建立可以方便语文校本教材使用情况的比较分析，有利于教师教学、研究及语文校本教材修改完善。当然，这里的数据库还可包括一些不同介质的质性评价。

3. 监控档案袋

档案袋是教育评价的重要手段与方法，这里的档案袋监控是指将一个教师执教校本阶段的一切可搜集的资料加以集中整理，形成这个教师执教语文校本教材的完整经历。教师可通过档案袋，回顾自己的教学过程、成败得失，从而不断积累语文校本教材的教学经验，提升语文校本教材处理与应用的质量。

4. 监控互通平台

监控互通平台是指通过各种渠道，加强授课教师、听课师生及监控小组的联系，增进相互之间的理解与信任。目前常见的监控互通平台除了传统的评课活动外，主要的是网络媒介，其中最常见的是 BBS、E-mail、QQ 等视频聊天工具、博客等，现代媒介构成的互通平台具有便捷、即时、高效等特点。

附录：高考作文评分误差控制研究

本附录是我们研究小组研究过程中的一个副产品，它谈的虽然是高考作文评分误差控制问题，但对于我们平时的作文评改具有较大的启示与仿效作用，故列于文后，供广大读者参考。

第一节　误差、评分误差及评分误差控制

高考作文评分误差控制研究首先要弄清楚的是"评分误差"这个概念。这项研究虽已进行了许多年，有许多研究者对此进行过深入的研究，但当笔者查找"评分误差"概念的定义时，却发现很少有研究者对这个概念下过明确的定义。笔者查找《教育大辞典》、《教育评价辞典》、其他各类教育辞典和《汉语大词典》等工具书，都没有找到"评分误差"概念的定义。在各类教育测量学著作里也没有"评分误差"概念的定义。本章试图给"评分误差"下定义，进而结合概化理论的测验误差来源观阐述高考作文评分误差控制研究的研究范围。

一、误差与评分误差的概念

关于"误差"，《汉语大词典》的解释是："数学上称测定的数值或其他近似值与真值的差为误差。"《现代汉语词典》（第5版）的解释是："（名）测定的数值或计算中的近似值与准确值的差，如用 0.33 代替 1/3，误差为 1/300。"从这两个定义可以看出，所谓误差，就是测定的数值与事物客观具有的真值之差。

广义的评分误差概念可以定义为：考生所得分数与代表考生某方面真实能力

水平的真分数之差。狭义的评分误差概念可以定义为：考生所得分数与考生作答内容的客观真值之差。

广义的高考作文评分误差概念可以定义为：考生高考作文所得分数与代表考生真实写作水平的真分数之差。章熊、曾桂兴等人的高考作文评分误差控制研究是基于这种定义的。

狭义的高考作文评分误差概念可以定义为：考生高考作文所得分数与考生高考作文客观真值之差。黄煜烽、章炼、吴逸敏、丁琳、王文成和以张昌应为代表的网上阅卷研究者等人的高考作文评分误差控制研究是基于这种定义的。关于狭义的高考作文评分误差概念还有其他两种表述，这也是笔者所找到的仅有的关于评分误差概念的明确定义：

1. 评卷误差是指评卷教师因掌握评分标准有差异而导致的自身前后评卷的不一致，或与其他评卷教师评分的不一致；①

2. 评分误差指评分者给考生试题作答结果所评分数与考生试题作答结果客观真值之差，这种差异体现为不同评分者评定同一份试卷，或同一评分者在不同时间评定同一份试卷所评分数的不一致。②

表述 1 在概念界定上是有问题的。评卷教师"自身前后评卷的不一致"，"或与其他评卷教师评分的不一致"，只能说明对于一篇作文的评分存在"评分摆动"。评分摆动意味着两个或两个以上的评分中至少一个评分存在评分误差，而不能说就是评分误差。表述 1 的毛病就是将"评分误差"与"评分摆动"等同起来了。表述 2 在概念界定上与本论文对狭义的高考作文评分误差定义没有实质性差异。但评分误差的表现形式是所评分数与真分数的不一致或不准确。而评分摆动中的分数不一定有真分数，所以表述 2 认为"评分摆动"是"评分误差"的一种表现形式是不合理的。

应该指出，广义的评分误差概念与测量误差概念没有本质上的区别。所谓测量误差指对所要测定的事物或品质的真值计量不准确或不一致的效应。③ 虽是同一事物但观察的角度不一样，本文认为广义的评分误差概念是从评分结果的角度提出的，而测量误差概念是从测量目的角度提出的，前者是从尾往头看，后者是

① 丁琳. 基于互联网的网上阅卷系统的设计和实现 [D]. 上海：华东师范大学，2003.
② 王文成. 笔试主观性试题评分误差及其控制研究 [D]. 武汉：华中师范大学，2005.
③ 顾明远主编. 教育大辞典·增订合编本 [Z]. 上海：上海教育出版社，1998. 138.

从头往尾看。而且测量误差概念与狭义的评分误差概念差别较大，且联系不大。所以本文用广义评分误差概念而不用测量误差概念。

二、评分误差控制的概念

《现代汉语词典》（第 5 版）给"控制"下的定义是"掌握住不使任意活动越出范围"。随着"控制论"的创立及其在现代管理中的运用，控制逐渐成为了管理学上的专门术语。"控制是保证各项活动达到预期效果的职能"[①]；即"保证事情按计划发生，并且在事情进展过程中纠正任何重大的偏差"[②]；它通过"核对检查实际工作状况，并与预定计划相比较，发现偏差时予以纠正，以保证计划的实现"[③]。而"亦如其他活动领域引入控制概念一样，考试活动领域对控制概念的使用并未赋予其新的本质内涵"[④]。在关于"控制"的描述中，关键词有"预期效果"、"计划"、"纠正"，那么，据此，本文将高考作文评分误差控制的内涵理解为，根据高考的性质、目的和要求，通过各种途径纠正高考作文命题、考试过程和评分过程中出现的误差。

第二节　关于作文评分误差的调查研究

一、命题局限

考生的考场作文是不是都体现了考生的写作水平呢？不一定。由于受高考考试时间的限制，语文高考一般只命一道长文题[⑤]，最多也只是命一道短文测试题加一道长文题，这就使高考在检测考生真实写作水平上带有很大的局限性。我国近代的一些学者就作文测试的命题局限性问题进行了实验、调查。我国教育界前

---

① 周三多. 管理学原理与方法（第 2 版）［M］. 上海：复旦大学出版社，1998. 349.
② ［英］凯特姬南著，杨宇译. 管理［M］. 香港：香港三联书店，1997. 89.
③ 邵冲. 管理学概论［M］. 广州：中山大学出版社，1997. 327.
④ 廖平胜. 考试学原理［M］. 武汉：华中师范大学出版社，2003. 288.
⑤ 长文题指高考大作文题。

辈周学章先生在 20 世纪 20 年代做了一个实验：让一位受过训练的评卷员给 142 名学生的一系列题目（共 8 个）作文评分，然后按作文题两两编组（共 5 组），计算出 5 组作文的平均相关系数只有 0.43，最小的一次只有 0.09。见表 2-1。

表 2-1　周学章关于不同作文题学生得分相关系数的统计①

作文题	相关系数
《国难中人民应持的态度》、《说义》	0.51
《记灾民惨状》、《劝用国货启》	0.41
《振兴工业为强国之本》、《青年的出路》	0.38
《国难中人民应持的态度》、《交友信谊说》	0.09
《国难中人民应持的态度》、《寒假见闻一则》	0.78
平均	0.43

考生在不同作文题目上得分相关系数低，说明考生在写作不同作文题目时得分差别较大。1992 年全国高考作文题要求根据同一材料写一篇记叙文和议论文，章熊先生统计出河北省考生在这两篇文章上的得分相关仅为 0.27。② 这说明，同一考生在写作不同文体的作文时得分差别很大。不同的作文题目限定了不同的写作内容，不同的文体要求意味着不同的写作形式要求，考生的适应情况是有很大差别的。以上两个调查说明，只有一个作文题目的语文考试在检测考生写作水平上存在较大误差，只凭一次作文考试的成绩来确定考生的写作水平是不准确的。现实中的例子也不少，我们经常听到或看到说某个平时写作很好的学生在高考时作文却得了低分。最典型的就是南京市金陵中学的费滢滢了，她曾荣获首届全球华人少年写作大赛金奖，其获奖作品被选入人民教育出版社出版的高中《语文读本》，在 2003 年高考中，作文仅得了 25 分（满分 60）。

二、评分摆动

一个考生对应一个真分数 1，一篇考场作文对应一个真分数 2。如果对同一个考生、同一篇考场作文所评的分数不一致，就意味着至少一个评卷员在评分上有误差。这种评分上的不一致可以分为不同评卷员对同一个考生、同一篇考场作文

---

① 转引自章熊. 中国当代写作与阅读测试理论 [M]. 成都：四川教育出版社，2000. 61.
② 章熊. 中国当代写作与阅读测试理论 [M]. 成都：四川教育出版社，2000. 61.

评分的不一致，以及同一评卷员在不同时间对同一个考生、同一篇考场作文评分的不一致，两者统称为"评分摆动"。评分摆动是评分误差存在的明证，评分摆动的幅度越大，评分误差就越大。

研究者从以上两个角度对评分摆动进行了实证调查（见表2-2、表2-3），认为作文评分存在极大的主观性、随意性和差异性。表2-2是关于不同评分者对同一篇文章的评分摆动的调查。表中的"两极差"指某篇作文最高得分与最低得分之差，"两极差与满分的比值"显示评分摆动幅度的大小，比值越大则评分摆动幅度越大。调查显示对于同一篇文章评分摆动的幅度一般在满分的40%左右，即如果作文满分是60分的话，一篇文章得分的两极差是24分左右，这么大幅度的评分摆动说明对作文评分误差进行控制是很有必要的。

不过从法国皮埃隆的研究可以看出，对同一篇作文大部分评卷员所评分数能集中在一个相对较小的区域内，这说明控制作文评分误差是有可能的。不过我们也看到，有相当一部分人在集中区域以外，如果我们可以把大量评卷员（表2-2中一般在50人以上）所评分数的平均分看做该篇文章的真分数的话，那么这一部分人的评分误差就较大。当前高考一般是两位评卷员同评一篇作文，难以避开随机的"宽宽"、"严严"搭配，以两人所评分数的平均分作为考生作文的最后得分仍然不怎么可信。这是当前高考作文评分的局限性。

表2-2 关于不同评分者评分摆动的调查

时间	调查者（单位）	实验地区	评卷人数	作文篇数	调查结果
20世纪20年代	斯塔奇和埃利奥特①		142	2	学生1得分在62～99之间；学生2得分在50～98之间。
	皮埃隆②	法国	76	1	（20分制）0～1分的1名，2～3分的6名，4～5分的20名，6～7分的34名，8～9分的10名，10～11分的3名，12～13分的2名。两极差与满分的比值为0.65。
20世纪70年代初	美国教育测验服务处（ETS）③	美国	53	300	（按九个等级评定）1/3的作文得分囊括九个等级，60%的作文有七八个等级，没有一篇作文少于五个等级。

① 李聪明. 教育评价的理论与方法［M］. 台湾：幼狮书店，1972.

② 钟启泉. 美德法苏中小学成绩评定的若干特点及问题［J］. 外国教育资料，1981，2：3.

③ 林格伦著，章志光译. 课堂教育心理学［M］. 昆明：云南人民出版社，1983.

附录：高考作文评分误差控制研究

时间	调查者 （单位）	实验地区	评卷 人数	作文 篇数	调查结果
1983 年	郑日昌 等 人①	除藏、台以 外的 28 个省、 市、自治区		5	同一篇说明文给分 4 ~ 13 分不等（满分 15 分）；同一篇议论文给分 8 ~ 26 分不等（满分 30 分）。
1984 ~ 1986 年	漆书青 等 人②	江西省	三四 百人	4	在 1984 年的调查中，四篇文章两极差与满分 的比值平均为 0.563；评分最大值与最小值的 极差除以平均分，三年平均为 55.4% 左右； 两极差除以满分，三年平均为 0.433③。
1987 ~ 1989 年	曾桂兴 等 人④	广东省	20 ~ 30	1	两极差与满分的比值，记叙文为 0.383，议论 文为 0.410，两项平均分为 0.397。

　　表 2-3 是关于同一评分者对同一篇文章评分摆动的调查。如果说表 2-2 显示了不同评分者对同一篇文章不同的价值判断的话，表 2-3 则显示了评分者个人在不同时期也存在不同的价值判断。赫田的研究样本量大，操作规范，结果的可信度较高。间隔两个月再评同一篇文章，28 位评卷员中只有两位与原先的判断一致，说明大部分评卷员自身没有固定的标准。在这一点上，黄煜峰等人的研究样本数量少，且前后评卷的情境不一样，可靠性是个问题。两则调查中的"间隔时间"都较长，评卷员可能是因为遗忘原先的标准造成前后评分的不一致。那么，时间间隔短一点，评卷员在前后评分一致性上就会好一点吗？现在各省高考阅卷一般 10 天左右就能完成，如果评卷员在这 10 天内能保持前后评分一致性的话，那么对于考生来说也是公平的。现在的高考作文网上阅卷中，每天都会让评卷员重评自己当天已评过的几篇作文来检测评卷员自身标准的前后一致性。因为评卷员的评卷量大，且评卷速度快，所以一般可以排除记忆因素对评分一致性的干扰。据笔者参加高考作文阅卷时的初步观察，仍有一些评卷员的自评指数⑤比较低。

---

① 郑日昌．心理测量［M］．郑州：河南教育出版社，1987. 39

② 漆书青等．高考作文阅卷质量控制浅探［J］．高教管理研究，1986，（2）．

③ 1984 年江西省高考作文满分为 40 分，章熊先生在计算该年的两极差与满分的比值时以满分 50 分来算，得出比值为 0.415，其实应为 0.519。故三年的平均值为（0.519+0.355+0.425）/3=0.433。

④ 曾桂兴．高考作文评分误差及其对策［J］．华南师范大学学报（社会科学版），1990，（1）：106 ~ 107.

⑤ 自评指数是网上阅卷中衡量评卷员前后评分一致性的相关系数。自评指数高说明评卷员前后评分的一致性程度高。

表2-3　关于同一评分者评分摆动的调查

时间	调查者（单位）	评卷人数	作文篇数	间隔时间	调查结果
	赫田①	28	1	两个月	15位教师第一次给及格分数，第二次却认为不及格；另有11位教师第一次认为不及格，第二次却给予及格。
1985年	黄煜峰②	1	1	不到一年	第一次评为85分，第二次评为72分。

三、趋中倾向

　　关于评分摆动的调查研究都是针对单篇文章的评分情况的，对于考生个体来说意义重大。对全体考生来说，在大规模阅卷中会出现评分的趋中倾向这一评分误差表现形式。"趋中倾向就是既不打高分，也不打低分，评出的分数高度集中在中部偏上的狭小区间内。"③ 这里说的"趋中倾向"不同于一般考试学里的专业术语"集中趋势"，在一些研究文章中经常出现两者的混用现象。"集中趋势指标描述分布中代表平均值或最典型值的点。最常见的集中趋势指标是平均数、中数和众数。"④ 相对于单篇文章多人评分会出现评分摆动幅度过大的现象，趋中倾向则是评卷员所评分数总体呈现评分摆动幅度过小的现象。趋中倾向在各省的选拔性考试作文阅卷中是普遍存在的，从表2-4中的调查结果可见一斑。

表2-4　关于趋中倾向的调查

时间	调查者	调查地点	样本量	调查结果
1987年	戴海崎、曹绍游⑤	江西省	2700人	2类卷和3类卷占总数的86%，1类卷和5类卷合起来仅占6.6%，4类卷占7.4%。
2003年	董继文⑥	某市（中考）	17236人	好（45~50分）占1.94%，中（30~44分）占90.33%，差（10~29分）占5.97%，很差（0~9分）占1.75%。
2004年	倪文锦⑦	某市	约10万人	3类卷（共5类，3类属中档卷）占全体考生的84%。

---

①　杨亮功主编．云五社会科学大辞典·第八册·教育卷［Z］．台北：台湾商务印书馆，1984.
②　黄煜峰，吴承红，启扬．作文评分中主观性问题的研究［J］．心理学报，1985，（1）：49.
③　章熊．中国当代写作与阅读测试理论［M］．成都：四川教育出版社，2000. 67.
④　［美］吉尔伯特·萨克斯，詹姆斯·W. 牛顿著，王昌海等译．教育和心理的测量与评价原理［M］．南京：江苏教育出版社，2002. 210.
⑤　转引自章熊．中国当代写作与阅读测试理论［M］．成都：四川教育出版社，2000. 67.
⑥　董继文．考试作文评分误差控制研究［D］．上海：华东师范大学，2004. 15.
⑦　倪文锦．高考作文网上阅卷一定科学吗？　［EB/OL］．http：//bbs. cersp. com/dispbbs. asp? BoardID=14&ID=22958&replyID=127753&skin=1. 2006/6/30.

趋中倾向的存在也是高考作文评分误差存在的一个明证，它显示评卷员评分存在集体性误差。这个判断是基于教育心理与统计的研究结果作出的。根据大规模调查统计显示，人的身高、体重、脉搏、肺活量、智力均服从正态分布[①]，学生的学习成绩就水平性考试结果而言，可以认为服从正态分布。正态分布亦称"常态分布"、"高斯分布"，是一种连续型随机变量的概率分布，是"随机变量及随机变量函数的一种重要的、应用最多的分布"[②]，是一种应用极为广泛、极为重要的概率分布。正态曲线是一条钟形的数学曲线，见图2-1。

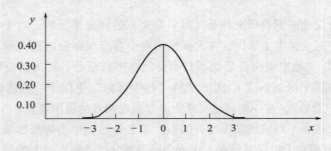

图 2-1　标准正态曲线

正态分布中，有 68% 的数集中在平均数上下 1 个标准差内，有 99.73% 的数集中在平均数上下 3 个标准差内。高考是一种典型的大规模水平考试，其成绩应符合正态分布的要求，高考作文成绩作为一个分值较大、独立性较强的主观题，其成绩也应符合正态分布的要求。但据表 2-4 中的调查显示，中间档成绩考生所占比率数要远远大于正态分布中相同区间内所占比率数，如在戴海崎、曹绍游的研究中，2 类卷和 3 类卷的数量占了总数的 86%，按正态分布的正常情况，应占总数的 62%，实际情况比正常情况超出了 24 个百分点。这就告诉我们，高考作文阅卷存在集体性误差。人们经常说，高考作文拉不开分数，就是这种集体性误差造成的。

四、考生"意外"

考生"意外"，指考生可能"意外"得高分或"意外"得低分，所得分

---

① 通常我们说的正态分布指的是标准正态分布。下同。
② 陶西平主编. 教育评价辞典［Z］. 北京：北京师范大学出版社，1998.235.

数与其平时的作文成绩反差很大。"这些年总有一些语文好的甚至是很优秀的同学，没得到他们应得的分数，甚至都没有及格；相反每年也总有一些语文不好的甚至是语文很不怎样的同学，居然得了好分数，连他本人都不敢相信"，"以我这些年教过的学生来说，差不多每十个语文好的同学，总有三四个没有拿到他们应有的语文成绩。即便是曾经得过市里作文竞赛一等奖的，也难逃这个'意外'。"① 这位老师讲的是语文学科总分的情况，其实作文得分情况也会存在这些意外，像前面讲的费滢滢就是高考写作时出了"意外"。可惜每年高考只公布个人单科的总分成绩，不公布具体题目的得分，不然我们可以更清楚地看到这点。

有些考生与高考非常"合作"以至于投机取巧，宿构、套作和抄袭。这些人中一部分考生"意外"得了高分。近来被热炒的一些高考满分作文，后来被证实是抄袭之作。"2001 年四川满分作文《患者吴诚信的就诊报告》，涉嫌抄袭《杂文选刊》当年第 7 期《患者吴良知先生的就诊报告》；2003 年的海南满分作文《最美丽的鸟》，涉嫌抄袭《故事会》刊发的《爱的误区》；2004 年重庆满分作文《我是一只想死的老鼠》，90% 以上的文字与《微型小说选刊》当年第 9 期转载的小小说《我是一只想死的鼠》相同；2005 年福建满分作文《执子与通子》，涉嫌抄袭四年前湖南中学生邓丽的同名获奖作文……"②这些满分作文都是在高考作文改卷结束后被发现的，不可能更改评分了，所以这些可能真实写作水平不怎样的考生反而得了高分。像这种因抄袭而得高分却没有被发现的考生不知道还有多少。另有一部分考生被发现抄袭、套作得了低分，有时这个低分并不能代表其真实写作水平，特别是那些套作的考生可能有点"冤"。张伟明先生认为"其实，这些套作作文的考生，真实的写作水平并不太低，他们如果老老实实地在考场独立完成一篇作文，分数一般都不会比套作的低"。③

与"意外"得高分的考生相反，有些考生"不幸"在高考中得了低分。近年来被炒得火热的一些"零分作文"、"另类作文"就属此类。这些考生中，有些是由于

---

① 时海成. 上海语文高考平均分何以总在 92 分徘徊［J］. 中学语文教学参考，2006，（11）：52.

② 许建中，钱去会. 高考中考作文抄袭现象之透视［J］. 学语文，2007，（1）：26.

③ 张伟明. 谈话题作文［J］. 中学语文教学，2003，（1）：48.

附录：高考作文评分误差控制研究

对高考态度不够端正，没有认真应试，在写作时故意不合作，与正统、主流思想唱反调，颠覆名人，甚至挑衅命题人、评卷人，轻视当前的大学教育，导致其得到不应有的低分；但有些考生可能是喜欢反弹琵琶，"不走寻常路"，希望能让评卷员觉得眼睛一亮，故"兵出奇招"，没想到运气不好，未遇知音，所以得了低分。这类作文如《出人意料和情理之中》、《出得厅堂入得厨房之王国维可以休矣》、《敢小瞧老娘我吗?》①，许多人认为这些作文得零分或者极低的分数是很冤的。

第三节　作文评分误差的原因分析

一、命题方面

（一）文体差别

考生一种文体的写作水平并不能代表其他文体的写作水平，所以高考能够测试的文体有限是产生高考作文评分误差的原因之一。

前文讲到，1992 年全国高考作文题要求根据同一材料写一篇记叙文和议论文，章熊先生统计出河北省考生在这两篇文章上的得分相关系数仅为 0.27。这说明，同一考生在写作不同文体的作文时得分差别很大。同时，这也说明了在写作能力范畴内，各种文体的写作能力也具有相对独立性。"写作能力是多种能力因素的综合体，它不仅具有层次性，也具有异质性，形象思维不同于逻辑思维，记叙技巧不同于论说技巧，局部构思不同于整体构思。"② 历年的高考语文考试大纲要求考生掌握多种文体的写作能力（见表3-1），而历年高考（全国卷）在测试考生的写作能力上往往只能检测一种、最多两种文体的写作能力（见表3-2 和表3-3）。如果高考只测试某种文体写作能力的话，那么这一测试必然带有抽样性质，而样本（考生的文章）是否能代表考生的写作水平是值得怀疑的。一代文豪蒲松龄写不好八股文，考不中进士，却擅长写文言小说，名传千古。这本身就是很好的例证。

---

① 三篇例文见任金璧. 高考"另类"作文的审视与反思［J］. 中学语文教学，2006，(9)：6.
② 章熊. 中国当代写作与阅读测试理论［M］. 成都：四川教育出版社，2000. 112.

表 3-1　历年高考语文考试大纲对写作文体的要求

年份	文　体　要　求
1993	记叙能线索清楚，详略得当；描写能具体、生动，说明能把握特征，语言准确；议论能论点明确，论据比较充分，论证合理；掌握常用应用文体的格式及语言特点。
1994~1996	掌握记叙文、说明文、议论文及常用（见）应用文的写法。
1997~2004	能写记叙文、议论文、说明文及常用应用文。
2005~2006	能写记叙文、议论文、说明文及其他常见体裁的文章。
2007	能写论述类、实用类和文学类文章。

表 3-2　历年高考作文题目中的文体要求

年份	1978	1979	1980	1981	1982	1983	1984	1985	1986
文体要求	缩写	记叙文改写	读后感	读后感	议论文	说明文+议论文	议论文	书信	议论文①
年份	1987	1988	1989	1990	1991	1992	1993	1994	1995
文体要求	简讯+议论文	文体不限	书信	肖像描写+议论文	想象作文+发言稿或议论文	记叙文+议论文	说明文+记叙文	记叙文	对话片断+议论文
年份	1996	1997	1998		1999	2000	2001	2002	2003
文体要求	说明文+议论文	片断描写+议论文	补写+文体不限（不可写成诗歌、小说、戏剧等文学体裁）		除诗歌外，文体不限	文体不限	文体自选	文体自选	文体自选

表 3-3　2006 年高考作文题目中的文体要求②

省市	全国卷Ⅰ	全国卷Ⅱ	北京卷	上海卷	天津卷	重庆卷	湖南卷	湖北卷	江苏卷
文体要求	自主确定文体	自主确定文体	文体不限	不要写成诗歌	解说词+文体不限	场景描写+除诗歌外，文体不限	文章赏析+议论文	文体自选	除诗歌外，文体不限
省市	浙江卷	安徽卷	四川卷	山东卷	辽宁卷	江西卷	广东卷	福建卷	陕西卷
文体要求	除诗歌外，文体不限	文体自选	文体自选	除诗歌外，文体不限	除诗歌外，文体自选	文体自选	文体自选（除诗歌外）	文体自选	自主确定文体

---

　　① 该年作文题目中没有明确的文体要求，根据题目《树木·森林·气候》副标题《谈___》，笔者认为这个题目倾向于要求考生写议论文。

　　② 自 2004 年各省自主命题以后，各省的作文题基本上都是话题作文，文体自选或文体不限，本表仅以 2006 年为例。

我们注意到，自 1999 年以来的高考作文题，在文体要求方面基本上都是"文体不限（或文体自选）"，这似乎给考生最大的选择空间，使他们可以选择自己最擅长的文体来写，从而消除了高考文体抽样所带来的测量误差，使他们能够写作出代表自己最高水平的文章。其实，在话题作文多年的"文体不限"要求下，一般的老师和学生都知道，只要写好一种文体就可以对付高考了。我们暂且不讨论"中学生写作能力的内涵"是什么，就外延来说，这些师生就已把课程标准中要求学生掌握的多种文体缩减为一种了。从这个角度讲，考生的考场作文或许能代表考生某种文体的最高写作水平，但并不能代表考生的总体写作水平。"在表达方式①上，选择固然能使学生发挥其优势，但也会掩盖其弱点，而对一个中学生来说，《大纲》所规定的要求是不应有所偏废的。"② 所以高考话题作文"文体不限"或"文体自选"的要求并不能检测出考生的综合写作水平。

（二）内容差别

不同的作文题目（主要指话题）涵盖了不同的写作内容，对于不同的作文题目，学生的适应情况是大不一样的。学生对题目要求写的内容熟悉与否，影响其得分的高低。所以高考能够测试的作文题目有限，这也是产生高考作文评分误差的原因之一。

前述周学章先生的实验调查说明，同一学生在写作不同作文题目时得分差别较大，其中任何一个得分都不能代表学生的写作水平。这还是就正常情况而言的，要是命题出现失误则更是如此。

高考是一种大规模考试，全国每年参加高考的考生数以千万计，这么多考生（除独立命题的省份外）却共用一个作文题目。自 2004 年实行高考分省命题以后，变成了各省数以十万计的考生共用一个作文题目了。这些考生来自不同的地区，不同的社会阶层，不同经济条件和文化背景的家庭，他们的性格、兴趣、爱好和人生阅历大不相同。一个高考作文题目要成为好题目就要尽量考虑到这些因素，使人人都有话可说，使每个考生在同一起跑线上起跑。但是百密一疏，某几年高考作文命题上的失误，使因命题不当而导致的作文评分误差明显地表现了出来。例如 1991 年的"三南卷"（湖南、云南、海南）的作文题目：

---

① 这里说的"表达方式"即指文体。
② 章熊. 中国当代写作与阅读测试理论 ［M］. 成都：四川教育出版社，2000. 106.

仔细观察下面的讽刺漫画：我从小就知道。

1. 描述这两个画面，正确表现画面的内容，主要用描写的手法。要求内容具体、描写生动，*200* 字。（*10* 分）

2. 从下面两个题目，任选一个，联系漫画的内容，展开议论。不少于 *500* 字。（*40* 分）

题目：谈回报／学会关心别人（把不选的题目画去）

这个作文题目的预设是：鱼头是一条鱼中最难吃的部分。而恰恰有的人甚至有些地区的人认为鱼头是一条鱼中味道最鲜美的部分，这就使他们"误解"了这幅漫画的主题，从而使他们的作文被判离题或偏题。

高考作文题要是与时事、社会热点联系过密，就极易被一些经验丰富的教师猜中题目。20 世纪 50～60 年代，有些语文老师因为善于猜题被称为"半仙"。高考作文题目内容范围限制过宽就会为抄袭、套作留下足够的空间，早先的命题作文与现在的话题作文都有这方面的缺点。

（三）审题要求

高考作文题要测的当然是考生的写作能力，但有些题目在审题方面的要求过高，造成大量考生写作时偏离题意，降低了高考作文测试的效度和信度，是造成高考作文评分误差的原因之一。

作文审题难度大，首先，会使考生在审题上花费大量宝贵的考试时间，容易造成紧张的心理状态。其次，审题障碍虽是为了限制写作内容，防止宿构、抄袭、套作而设，但其毕竟属于阅读理解能力。作文审题的难度越大，对考生阅读理解能力的要求就越高，离检测考生写作水平的考试目标就越远。最后，审题是考生写好高考作文的第一步，虽不应成为最关键的一步，而事实上却成了最关键的一步。一些学生因为题目都没读懂，导致得分很低，这不能说明学生写作能力差，只能说明命题的水平低。台湾文学家李乔指出，学生因看不懂题目而得零分，此"零分"实在该由出题大人独得。

（四）题目数量

一份高质量的高考卷既要有好的效度，还要有较高的信度。而为了提高高考卷的信度，同一层面的能力题反复考才是科学的。所谓"试卷的信度，指的就是这一教育测量手段的可靠性"①。这是信度的通俗说法。"最没有信度的测验是含1道题的测验，而且任何基于短测验做出的决定都可能是错误的。"② "增加测验题目的数量是提高测量信度最有效的途径之一。"③ 原因是"在题目数量增加的同时，组内学生潜在的差异也会更多地表现出来"④。多出几道同一层面的能力题，我们就能较好地测出学生在这一种能力上的差异。我们据此判断学生在这一层面能力的掌握水平，可信度就会比较高了。"当然，题目的质量是要保持恒定。"⑤

当然，一份试卷的容量有限，为了保证这份试卷的效度，我们不可能无限制地增加考查同一层面能力的题目。同一层面能力的题目究竟出多少个既能保证试卷的信度，又不影响整份试卷的效度，是一个需要继续研究的问题。写作能力作为一种相对独立的能力，如果条件许可也应多出几道题目，那么前面三点所引起的评分误差就可减少。但就目前高考写作以长文题为主的命题来说，要求考生在高考三个小时里要写好几篇作文是不可能的，所以目前高考作文题在检测考生写作水平上的信度是有限的，误差是难以避免的。

二、评卷员方面

高考作文是由评卷员来评的，所有的高考作文评分误差控制措施最终都要通过评卷员来落实，所以评分过程中出现的评分误差都与评卷员有关。高考作文阅卷一般由三类人组成，绝大部分是从各中学抽调上来的语文老师，有相当一部分是研究生、博士生，有一小部分是大学老师。本论文所说的评卷员除了包括这三者外，还包括阅卷管理者。

---

① 章熊. 中国当代写作与阅读测试理论［M］. 成都：四川教育出版社，2000. 13.

② ［美］吉尔伯特·萨克斯，詹姆斯·W. 牛顿著，王昌海等译. 教育和心理的测量与评价原理［M］. 南京：江苏教育出版社，2002. 296.

③ 同上书. 296.

④ 同上书. 295.

⑤ 同上书. 295.

（一）态度和责任心

高考作文评分是由评卷员来做的，首先就是要端正态度，树立很强的责任心，否则会出现严重的评分误差。

2002 年《南方周末》一篇《高考作文阅卷手记》[①] 的报道，向公众报道了高考作文阅卷一些不为人知的情况，引起了人们对高考权威性、严肃性和公正性的极大怀疑。总结该篇报道反映的情况，高考作文评卷员在态度上存在以下几个问题：一是有关部门态度上不够重视，对高考作文阅卷的资金投入太少，甚至专款不能专用；二是阅卷组织者在选择评卷人员时没有把好关口，不该来的来了，该淘汰的没有淘汰；三是个别评卷员态度不认真，比如边听耳机边改卷；四是阅卷速度过快，"90 秒内定生死"。如果第一点"报酬"可以不计较，第二、三点属于个别情况，那么第四点反映的就是普遍情况了，所以这一点在公众中的反响特别大，引起人们对评卷员的一片谴责。该篇报道也讲到：

现在学生的书写一般不大好，多数学生的标点不够规范，看完一篇起码要 3 分钟，再考虑一下分数，总共应当在 200 秒以上。看到阅卷教师像刮风一样地改卷，真让人感到恐惧。这种速度，质量能有保证吗？如果谁说质量能保证，那不是外行，就是别有用心！

其实参加过高考作文阅卷的老师都知道，用 90 秒改一篇作文相对来讲是比较认真了，可能比整个组的平均速度还要慢。该篇报道讲到一个青年教师一天内改了 20 本作文（每本 30 份试卷，共 600 份），那么我们按该省一天工作 8 小时算，中间不休息，是平均 48 秒改一篇作文。如果 90 秒改一篇已是"瞎打分"的话，那么 48 秒改一篇给人的感觉"就像看到光天化日之下有人杀人一样"了。应该说，这位青年教师的评卷态度是有问题的，责任心是不强的。这样的评卷员只要有一个就会给许多考生不公正、不科学的评分。但在阅卷过程中，这类"快枪手"往往是组长表扬的对象，并有意把他们树立为其他评卷员学习的榜样。这就让人担心整个评卷员整体的评分态度和责任心情况了。高考的重要性和对国家、民族的意义这里就不多说了，看来对于高考作文阅卷来说，为了减少评分误差，不仅要改变、提高个别评卷员的态度和责任心，还要端正整个评卷员群体的态度，提高整个评卷员群体的责任心。

---

① 参阅李汉. 高考作文阅卷手记［EB/OL］http://www.southcn.com/weekend/top/200204250046.htm, 2007/10/30。

（二）学识素养与个性观念

评卷员学识素养参差不齐，个性观念千差万别是造成高考作文评分不一致、不准确的原因之一。

章熊领导的"高考作文评分误差控制研究"课题组，采用专家效标，于1991年和1992年连续两年对河南省的高考作文评卷组中各种类型的评卷员的评卷情况进行了实验调查，最后通过数据分析得出的结论是：除误差来源一项外，年龄大，经验多，评分误差也大；职称高，学历高，评分反而不容易准确。[①] 通过以美国著名心理学家卡特尔（R. B. Catell）编制的16种人格因素测验（16PF Test，1981年辽宁省教科所修订）为工具对低误差组和高误差作进一步对比分析得出：低误差组评卷员在"聪慧性"和"幻想性"方面的得分明显地高于高误差组评卷员。章先生等人认为高学历者尽管知识渊博，但不了解中学写作教学目标，不了解中学生的情况和要求，所以不能准确地给学生评分；年龄大、职称高的人容易固执己见，不容易接受统一的评分标准，所以评分误差反而更大；思路开阔、思维灵活性强的人更容易接纳不同学生的思路，评分较客观。

章熊等人15年前的课题研究有许多可以借鉴的地方。现在高考作文评卷员结构情况发生了许多变化，有必要作进一步研究。现在，高校中文系教师一般不愿意参加高考作文阅卷；中学资深教师难请，一般都是中青年教师参加这项工作；大量博士生、硕士生参加这项工作，有的省达总人数的1/4，有的省达总人数1/4，有的省一个作文评卷"小组20人，两个组长是该大学的副教授，中学教师3人，研究生占了七八成，其中博士生2人，硕士生13人，最大的29岁，最小的23岁"[②] 某省多年参加高考作文阅卷组织管理工作的题组长认为：参加高考作文评卷的三类评卷员各有优点也各有缺点，大学老师的优点是学识深厚，鉴赏水平高，缺点是对中学教学和学生的情况不熟；博士生和硕士生的优点是思维敏捷，思路开阔，容易接受新事物，阅卷速度快，缺点是没有教学经验，对中学生的情况也不熟；中学老师的优点是了解中学情况，缺点是容易囿于一地，视野比较狭隘——总之，虽然大学老师少了点，但这三类人员构成的评卷队伍结构是比较好的，在网上阅卷过程中可以互相调和意见的分歧。这位题组长的总结有一定道

---

① 章熊. 中国当代写作与阅读测试理论［M］. 成都：四川教育出版社，2000. 71～72.
② 老教师. 捅捅高考作文阅卷这个马蜂窝［CB/OL］. http://blog.sina.com.cn/u/54ea5dc7010009b1. 2007/05/20.

理，但终属主观判断和推测。2007 年该省整个高考语文阅卷组除领导小组外，800 多个评卷员中，研究生有 200 多个，博士生和大学老师各十几个，其他都是中学老师。博士生、硕士生这一高考作文评卷群体人数多，评卷速度快，所占评卷总量的分量大，人们对他们的贬多过褒，但多是从个例推测整体，缺乏科学依据。新的评卷员结构中各类评卷员评分的特点，需要作进一步的实验研究。

（三）影响作文评分的一般心理因素

1. 风格偏爱

考生的作文会呈现不同的特点：或语言华丽，描写细腻；或语言质朴，平淡隽永；或联想丰富，想象奇特；或逻辑严密，充满思辨色彩……这些不同的语言风格没有高低之别，好坏之分，而评卷者对这些不同的特点可能有偏见，依据个人喜好打分。正如文学评论如果依据个人喜好来评会有偏颇一样，作文评分依据个人喜好评也会产生误差。

2. 首因效应

文章开头部分和结尾部分都容易给人留下深刻的印象，影响评卷员对文章整体的评分，前者叫首因效应，也叫第一印象，后者叫近因效应。这两者都符合人类的认知规律，是人人都会有的，带有一定的客观性。黄煜烽等人采用自然实验法，以错别字为自变量，证实"第一印象对教师评定作文成绩有很大影响"，"如果文章开头语句不通，错别字多，或有其他毛病，势必造成不良的第一印象，使教师评分偏低"。[①] 至于有些评卷员只凭文章的开头和结尾给考生的作文打分，那已经是改卷态度和责任心的问题了。

3. 位置效应

位置效应有两种，一种是先后效应，指从整体上说评卷员在刚开始评卷时评分尺度会严一些，随后逐渐放宽评分要求。"先后效应"被一些统计数据证实，"据江西省 1990 年高考阅卷 7 月 13 日、14 日和 16 日三天的抽样统计（样本数一千左右），平均分从 22.69 分（满分 40 分）上升为 24.33 分。"[②] 另一种是对比效应，指当某份试卷与前面已评的试卷水平差异较大时，评卷员打出偏离客观标准的分数，如连评几份差的作文后，突然出现一份较好的，评分容易偏高。

---

① 黄煜烽，吴承红，启扬. 作文评分中主观性问题的研究 ［J］. 心理学报，1985，（1）：50.
② 章熊. 中国当代写作与阅读测试理论 ［M］. 成都：四川教育出版社，2000.68.

4. 打保险分

打保险分就是既不敢给好作文打高分，也不敢给差作文打低分，一般在平均分上下（40～45）打分，是高考作文评分产生趋中倾向的主要原因。打保险分使差作文占了"便宜"，好作文吃了亏，是产生评分误差的心理因素之一。

高考评分中有什么"危险"吗？评卷员为什么要打保险分呢？本文认为主要有以下三点原因：一是打高分或低分容易与别人的评分差距过大，会使自己所评的试卷成为无效卷。在网上阅卷中，无效卷数量指标是小组长们认为的衡量一个评卷员评分水平的一个重要指标，无效卷数量多被认为是评分标准没有掌握好，评分水平低。二是时间紧、任务重，既要加快速度，又要保证"阅卷质量"，打保险分能做到这点。同时，无效卷数量增过多会增加整个组的三评率，增加整个组的工作量，这是组长们不愿看到的。一般来说，那些阅卷速度奇快的人就是擅长打保险分的人。三是基于上两个原因，原来不打保险分的会被"拖着"去打保险分。有个小组长说："你想给他高分，他反而得了低分；你想给他低分，他反而得了高分。"怎么理解呢？比如，你很欣赏一篇作文，给它打了58分，而第二个人打了46分，第三个人打了50分，那么按照现在的评分规则，你的评分成为无效分，该生的最后得分是（46+50）/2=48分；而如果你第一次打53分，那么该生的最后得分应是（53+50）/2=51.5分，比你给他打58分时多出3.5分；打低分的情况正好与之相反。所以为了使自己的意见得到一定程度的认可，自己的劳动得到一定程度的尊重，也给考生一个较公正的评价，敢打高分和低分的评卷员在别人开始打保险分时，自己也不得不向打分的中间段（一般来说是40～45分）靠拢。评卷员普遍存在打保险分的心理。

5. 光环效应

光环效应又称"晕轮效应"，也有人称之为"逻辑误差"。章熊先生认为，光环效应是指"对某些突出特点的认识会掩盖对其他特点的认识"，"影响到对作文的客观评价"。[①] 孙永河认为，这是指"一篇作文由于或主题、或选材、或结构、或语言、或书写等某一个方面比较突出，而其他方面平平，甚至拙劣，但仍可能取得较高的分数；反之，一篇文章正是由于某一方面的不足，就可能使分数受到过大的影响。"[②] 事实上，随着时代的发展，人们观念的转变，"光环效应"无意

① 章熊. 中国当代写作与阅读测试理论［M］. 成都：四川教育出版社，2000.68.
② 孙永河. 作文评分误差心理探因［N］. 中国教育报，2002/8/7 第6版.

之中符合倡导个性化写作的理念，所以逐渐被人们认可。早在 1999 年的高考作文评分标准里就有"加分：内容或表达有一项特别突出的加 1～5 分，加到满分为止"的附加说明，自 2000 年高考作文评分标准里出现"发展等级"后，"光环效应"基本上就不能说是产生评分误差的心理原因了。

之所以在这里还要提出来，主要是就"书写"这一项来说确实还存在光环效应。董继文做过相关的实验①：取一篇初一女生的作文《没有手表的日子》（原版），让一字迹相当潦草的男生抄一份（男生版），再适当地运用不同的字体与字号打印一份（打印版），将 3 份作文各复印 3 份，混杂在其他考试作文中，让三个不同年级的老师评分（满分 100 分），最后得分见表 3-4。

表 3-4　董继文的调查

	第一组	第二组	第三组	平均分
原版	85	83	80	82.67
男生版	65	68	60	64.33
打印版	90	87	85	87.33

从表中可以看出，组与组之间的打分基本上呈递降变化，说明各年级要求不一样，打分还是比较准确的。同一篇文章，因为书写不一样，两极差高达 25 分，说明书写这一项的实际权重过大了。如果说打印稿比较特殊影响评分的话，那么原版与男生版相差 18.34 分就能说明光环效应的存在了。董继文的调查虽然样本数量少，也不是在高考作文阅卷的情境中，但足以引起我们深思，促使我们作进一步的研究。

6. 评分习惯

"及格"和"不及格"是标准参照考试里的两个概念。平时的作文测试改卷一般采用标准参照进行评分，这样有利于发挥测试的诊断、激励和促进学生发展的功能。我国教师多年的打分习惯是 60 分（满分为 100 分）为及格分，那么作文的及格分就为 36 分（满分 60 分）。在平时的作文测试改卷中，教师一般不打"不及格"分，基准分（或者讲平均分）一般定为 42 分（相当于百分制的 70 分）是有一定合理性的。高考是一种常模参照测试，成绩的好坏只是相对而言的，没

① 董继文. 考试作文评分误差控制研究［D］. 上海：华东师范大学，2004.19～20.

有"及格"、"不及格"一说。高考作文评卷员大部分是来自一线的高中教师，他们原来的作文评分习惯成了一种强大的心理因素，干扰高考作文评分标准的执行，使高考作文的分数在36分以下的很少，大部分集中在42分上下。

（四）单篇作文的评卷人数

作文评分主观随意性大，由一人评分，往往信度不高，所以为了减少评分误差要采用多人评分法。多人评分法是由两个或两个以上的评分者给同一篇作文评分，以求得的平均分作为该篇文章得分的评分方法。其优点是可以抵消个别评分者的误差，提高评分的信度，缺点是忽视评分者的个性，可能掩盖个别评分者的创见。英国学者威斯曼提倡的"快速印象法"[1] 基本上属于这种方法。"快速印象法"评分过程是由四个评分者根据总体印象分别对同一篇作文迅速判分，然后对四个评出的分数加以核查。如果四人评分基本一致，则可得出分数；倘若发现其中一人与别人评分明显不一致，则可摒弃那个人的评分。据介绍，英国伦敦教育研究所也进行过类似的实验[2]，让一个评分小组评一份作文，三位评分者评出"总体印象"分，第四位评分者则按照扣分规则检查机械性的错误。将每个评分者的记分相加就得出总分。日本学者大西宪明认为，用评定法时最好参酌其他人的评定作综合判断，并多次反复评定，以求客观可靠。根据塞蒙兹（P. M. Symonds）的研究，一组作文若由前后两个人评定，其相关系数为0.55，但经过四个人评定后再由另四个人评定，则两次相关系数为0.82，如果经过八个人评定后再评定，相关系数增到0.90。[3] 塞蒙兹的研究说明，单篇文章的评分者越多，该篇文章得分的稳定性就越高，即评分的信度越高；多人评分取平均值可以在相当大的程度上使误差因素相互抵消。

我国主要采用两评法，辅以三评和四评。传统的纸质作文阅卷没有真正做到两个同评一篇文章，主要不足有：一是没有真正做到"背对背"打分，一人的打分另一个人也能看到，影响独立评分；二是容易出现"宽宽"、"严严"搭配的情况；三是在阅卷任务紧的时候，会出现以一人改为主，另一人只是大概翻翻、签

---

① ［英］J. D. 尼斯比特，N. J. 恩特威斯尔著，张渭城等译. 教育研究法［M］. 北京：教育科学出版社，1981. 108.

② ［英］R. 蒙哥马利著，黄鸣译. 考试的新探索［M］. 南宁：广西人民出版社，1934. 35.

③ 李志强、祝新华编著. 语文测验原理与实施法［M］. 上海：上海教育出版社，1991. 330 ~ 331.

个姓名的极端情况。现在的网上阅卷真正实现了两人同评一份试卷，但两评法的可靠性毕竟是有限的。

第四节 作文评分误差控制构想

一、命题方面

（一）文体抽样法

根据语文高考作文题是否指定写作文体，我们将 1978 年以来的语文高考大致分为两个阶段。第一个阶段是 1978～1997 年，这一阶段的语文高考中作文题目一般指定要求考生写作的文体。其中以议论文为主，间杂考查各种文体的写作情况，为了减少抽样的片面性，20 年中有 11 年是规定两种文体的写作，篇幅往往是一小一大。第二阶段是 1998 年至现在，这一阶段高考作文题的文体规定一般是"文体不限"或"文体自选"。我们认为高考作文题在文体要求上不要用"文体不限"或"文体自选"作要求，最好具体规定考生写作某种文体。

从表面上看，"文体不限"或"文体自选"给了每个考生公平的机会，符合新课标鼓励学生"力求有个性、有创意的表达，根据个人特长和兴趣自主写作"[①]的要求，消除了高考作文文体抽样的片面性，实际上它会给高考作文考试带来更大的误差。

首先，从要求学生掌握各种文体写作的课程目标角度看，这仍然没有改变高考作文文体抽样的性质。自 1998 年至今，每年一般都规定"文体不限"或"文体自选"，"相沿成习，积久生弊"，我们假设每种文体都具有同样的权重（价值），每个不指定文体的高考作文题目都适合各种文体的写作，那么对于考生来说，在高中三年里，他（她）只要掌握一种文体的写作就能应付高考了，有人称之为"练好一招打天下"。"文体不限"或"文体自选"其实是将高考作文命题者指定文体的权力下放给了学生，而且可以说是提前三年下放给了考生。这与新

[①] 中华人民共和国教育部制定．普通高中语文课程标准（实验）［S］．北京：人民教育出版社，2003.

课标对学生"进一步提高记叙、说明、描写、议论、抒情等基本表达能力，并努力学习综合运用多种表达方式"① 的要求是相悖的。从这一点看，"文体不限"或"文体自选"并未改变高考作文文体抽样的性质。如果我们所说的学生写作能力（以下称为"综合写作能力"）的外延包括记叙、说明、描写、议论、抒情等各种文体的写作能力，那么"文体不限"或"文体自选"所检测的可能基本上是考生最擅长文体的写作能力，而不是其综合写作能力，其所带来的作文评分误差可能更大。我们很难通过实验研究现在的考生与 10 年前的考生在综合写作能力上的差异，但是可以通过实验研究，计算一定量学生"文体不限"时的得分与限定文体时得分的差异大小，从侧面证明"文体不限"所能测得的考生成绩并不能代表其综合写作能力。如果有条件，可以展开这一方面的研究。

其次，可能使评分出现文体偏差。这种文体偏差有以下两种情况。第一种情况，在只使用一种评分方法的情况下，写作某种文体的考生得分整体偏低或整体偏高。章熊认为评分方法与文体之间的关系是一个有待继续研究的问题，认为"很可能分项法适用于议论文而综合法适用于记叙文。这也许反映了抽象思维与形象思维的差别"②。如果章先生的推论是正确的，那么现在各省只用一种评分方法，对于某种文体来说其总体的评分误差要比另一种文体总体的评分误差大（或小）。而且章炼通过实验研究证实，"议论文的评分波动性一般要高于记叙文"。③ 第二种情况，评卷员在文体判断上出现偏差。"文体不限"之后高考作文出现了各种各样的新文体，比如小说（包括故事新编）、诗歌、戏剧、散文、日记、辩论记录、就诊报告、采访稿、广告词、聊天记录等等，而这些文体是按表达功能分类的，与传统的按表达方式分出的记叙文、说明文、议论文、实用文等文体在内涵和外延上是交叉的，所有这些因素都给评卷员区分文体，执行"符合文体要求"的评分标准造成困难，从而带来评分误差。比如"文体不限"允许考生写小说，虚构故事，但可能由于考生虚构得"太真实"，以至于像一篇写实的记叙文，就可能会使评卷员把文章中的"我"当做考生本人，对考生作文的感情是否真挚、思想是否健康作出误判。举一个极端的例子：2005 年新疆高考作文的话题是

---

① 中华人民共和国教育部制定. 普通高中语文课程标准（实验）［S］. 北京：人民教育出版社，2003.

② 章熊. 中国当代写作与阅读测试理论［M］. 成都：四川教育出版社，2000. 255.

③ 章炼. 高考作文评分误差动态监控的理论模型［J］. 数理统计与管理，1994，（3）：107.

"位置与价值"，自选文体。有一考生写了篇题为《敢小瞧老娘我吗?》的作文，文中的"我"作为一个女中学生，在高中时就与几个男生上过床，离校后，南下打工时做过"职业二奶"，参加同学聚会感觉是"衣锦还乡"，让同学"不敢小瞧"。阅卷人认为"无论作者的人品还是文章宣扬的思想，都是非常错误的，应该判不及格"，而有人认为这篇文章"考生明明写的是小说，阅卷老师偏偏按纪实文解读；考生用了反讽手法，阅卷老师却认为这就是考生自己的思想"①，所以不应判不及格。我们认同第二位老师的判断。

最后，给评分标准的拟定和标杆卷的选择带来新的难题。不同文体的写作会有不同的思维表达特点，每一种文体都应有特定的评分标准。在"文体不限"或"文体自选"后，最好针对各种文体拟定评分标准，这就给高考作文评分标准的拟定和标杆卷的选择带来新的难题。首先这项工作的量比较大。其次，建立各种文体之间评分的等值关系是个难题。

（二）内容抽样法

在内容抽样上，我们认为，"宽题"更有利于减少高考作文在内容抽样上的片面性，更有利于减少评分误差。

高中生受时间和空间的限制，不可能知道世间所有的人事物，我们也无法要求其知道所有的人事物。虽说他们学识越多，见闻越广，阅历越深，就越好。高考作文在内容的检测上只能是抽样性质的。不过，相对来说，检测的范围有宽窄之分。我们将限制性②小、开放性大的作文题称为"宽题"；将限制性大、开放性小的作文题称为"窄题"。限制性与开放性是高考作文题内在具有的一对对立统一的矛盾，限制是有一定开放的限制，开放是限制基础上的开放。题目限制性大不易猜题和押题，有利于杜绝宿构、套作和抄袭，但会束缚考生思维，压抑考生个性，造成作文"千人一面"的现象，还容易导致离题；开放性大则刚好相反。

高考常见的三类作文题型，按限制性从大到小排，一般地说是材料作文高于命题作文，命题作文高于话题作文。相对来说，话题作文在内容要求上是限制性与开放性结合得较好的题型。章熊认为，"一般说，'窄题'着眼于语言运用的基本技能技巧，'宽题'着眼于学生的学识与才华。对于'窄题'，学生处于平等竞争的地位，对于'宽题'学生则由于生活经验、兴趣爱好等方面的区别而存在适

---

① 参见任金璧. 高考"另类"作文的审视与反思［J］. 中学语文教学，2006，(9)：6～7.
② 这里讲的"限制性"和"开放性"都专就允许考生写作的内容范围而言。

应程度不同的问题。"①

章先生的话虽有一定的道理，但颇可商榷。高考作文评分不仅要评价考生的语言表达能力，还要评价考生内容方面的情况，所以"窄题"从章先生所说的着眼点上对考生来说是"平等竞争"，但从整体上说并不能做到"平等竞争"。"宽题"不仅能展示考生的学识和才华，也能展示考生的语言表达能力，二者并不是不能并存。那些生活经验丰富、兴趣爱好广泛的考生应该更有机会在高考作文上得高分。所以我们认为，"宽题"更有利于减少高考作文在内容抽样上的片面性，更有利于减少评分误差。也就是说，从内容抽样角度讲，我们认为，在三类高考作文题型中，话题作文的围绕话题，"题目自拟，立意自定"有利于区分不同层次的考生，更有利于减少评分误差。

另外，在同一份高考卷里多出几道作文题让考生选作，也是一种减少内容抽样误差的好方法。这种命题也可分出许多不同的细类，比如多个命题作文，一个话题下多个命题作文，一个话题下既有命题作文又有次级的话题作文，多个话题作文，等等。

对于开放性大的作文题型来说，防止宿构、套作和抄袭，鉴别宿构、套作和抄袭作文是最难对付的问题。防止宿构、套作和抄袭，不仅要在答题要求中提出"所写内容必须在话题范围之内，不要套作，不得抄袭"外，最根本的还是要在命题上加以控制。方法之一是有意避开政治热点，各年之间经常变换考查内容的大致方向。方法之二是适当缩小开放范围。近年来出现的关系型话题作文、材料型话题作文和组合型话题作文就是在这点上作出的努力。鉴别宿构、套作和抄袭作文，难度是很大的。一般来说，那些文章的主体部分所体现的语言水平比较高，但与题目规定的主题之间关系不大，只是通过一些字句段将两者生硬地扯在一起的文章可以认为是宿构文章。如果一篇文章的语言、结构和内容大致上与另一篇已发表的文章语言、结构和内容一致，可以认为该文是抄袭来的。评卷员的阅读面有限且又不知被评者平时的写作情况，所以一般难以发现抄袭之作。在阅卷过程中，若发现有抄袭嫌疑的文章，可以做上标记交给复查组。复查组可以通过各种途径来查证其是不是抄袭之作，比如上互联网用"百度"等搜索引擎来查证作者是否抄袭他人文章。

"套话作文"是近几年刚出现的一个概念，浙江省高考作文阅卷管理者总结

---

① 章熊. 中国当代写作与阅读测试理论［M］. 成都：四川教育出版社，2000. 105.

了它的一些特点：第一，题材总是选用历史文化（文学）名人；第二，文章结构表现为"穿靴戴帽三段论"，即用三段左右的历史文化名人的事迹为作文主体，再加上一个开头和一个结尾；第三，作文的主题总是局限在一个浅显的平面上而不作深入开拓。也就是说，作文的材料熟滥、结构模式化和主题平面化构成了"套话作文"的三要素。根据我们几年来阅卷的不完全统计，出现在这类"套话"作文中的历史文化名人，以屈原、陶渊明、苏轼为最多，可称为"套话"作文中的"三巨头"。其他常见的还有庄子、项羽、司马迁、嵇康、王维、李白、杜甫、柳宗元、李商隐、陆游、李清照、曹雪芹。不管你出的题涉及爱国主义还是环境保护，关怀底层大众还是精神文明，他们都可以用上述这些材料敷衍。

当然，我们指出"套话作文"的典型表现，并不意味着只要使用了历史文化名人材料就一定是"套话作文"了。阅卷者要根据上述三要素，对作文进行综合判断。

其实，这里所谓的"套话作文"刚开始出现时并不被认为是不好的，反而因为这类文章能活学活用课本中的材料，富有文化底蕴，结构灵巧，语言优美流畅，切合题旨而得到了高分甚至满分。例如2004年重庆市（当年该市的话题是"自我认识与他人期望"）的一篇满分作文《独上高楼》。一种作文应试的模块拼凑法可以说是套话作文的滥觞。这种方法是指考生在考试之前准备若干段比较通用的文字读背，到考试时将其中与题旨相关或有点相关的段落背诵出来组装拼凑成文的方法。在《独上高楼》这类满分作文的刺激和启发下，"举子们"似乎找到了对付高考作文的万能材料，而且这材料又不难获得。于是一时之间竞相模仿，甚至部分抄袭。

例如，2007年某省的高考作文《昨夜西风凋碧树》。模块拼凑法由原来的准备现成的文字转向准备现成的材料，蜕化为现在的"套话作文"，也就是从这一点上说，"套话作文"带有宿构的性质和特点，但又不完全是宿构。但正如有些一线老师认为的，如果这些学生熟悉的材料都不能用，那学生还能用什么呢？那些喜爱古代文学的考生在高考写作过程中必要时完全可以使用历史文化（文学）名人作材料，而不受到"歧视"。所以我们不能单从材料的使用情况来给"套话作文"打分，我们还要看该文的语言、结构以及与题旨的切合情况，主要是看过渡、衔接部分的语言表达情况。

（三）高考长文题命题标准

要检测出考生真正的写作水平，第一步要使用的"测量工具"就是作文题目。"工欲善其事，必先利其器"，如果作文题目没有出好，那么作文评分误差在正式评分前就已经存在了。那么，什么样的作文题目才是好题目呢？许多研究者提出了自己的看法。

20世纪80年代，台湾《联合文学》杂志社邀请14位具有多年教学经验的知名文学家，对1954～1984年台湾大学联考作文题进行"总检讨"——给定分数和评语。最后这14位文学家总结了差作文题的缺点和好作文题的标准。[①] 他们认为差和最差的题目的主要缺点有：a. 与"八股"一脉相承的大滥调；b. 枯燥乏味，不适合高中生思考；c. 文题有语病，似通非通；d. 为既定政策找群众基础；e. 强迫发表意见，甚至作违心之论；f. 命题时已先设好答案，僵化、老套。他们认为，好的作文题应该符合以下条件：a. 适合高中程度，可以测试出学识的深浅；b. 与现实生活经验相衔接，又能引发想象力，容易发挥；c. 有时代感与社会文化关怀的意义；d. 题旨明确，意蕴宽广、活泼。

台湾"国立高雄师范学院"教授李金城认为，考试作文命题除遵循一般作文命题原则外，还应考虑以下几条[②]：a. 尽量避免被猜中；b. 具有时代意义，教育价值；c. 注意难度，能鉴别作文能力。

朱晓炜通过对1982～1988年200份中考作文题的分析，提出的优秀作文题应具备的五个因素，对高考作文命题具有借鉴意义[③]：a. 考圈内的城乡学生、男女学生都有话可说，有事可记，有情可抒，有感可发；b. 符合考圈内学生的生活和认识实际；c. 提供材料不太多（太多会变成阅读题），限定范围不太宽（太宽会跑题），要求具体（便于评分），指导语精练明确（防止学生误入歧途）；d. 应能避免写法上千篇一律，有利于各级水平的学生正常发挥；e. 符合所选定文体的自身要求和特点。

祝新华认为作文命题要符合以下四方面的要求[④]：a. 难度适宜，拉开距离：题旨明确；符合应试者的心理特点；题材新颖，跳出一般作文题模式。b. 限制适当，便于发挥：范围适切，避免过窄或过宽；条件均等，防止偏向。c. 综合覆盖，表达为主：兼顾学识深浅，但对某些知识的掌握程度应不直接影响作文；兼

① 转引自祝新华. 作文测评理论与实践［M］. 武汉：湖北教育出版社，1991. 45～46.
② 李金城. 改进大学入学考试，提升国文教学功能［J］. 台湾教育，1984，（总第398期）.
③ 朱晓炜. 中考作文命题轨迹与对策［J］. 语文教学与研究，1989，（1）：34.
④ 祝新华. 作文测评理论与实践［M］. 武汉：湖北教育出版社，1991. 52～58.

顾思想水平，但应避免过分重视道德价值。d. 接近社会，结合现实：具有时代特点，作文反映社会现象、问题；重视实用文写作，克服"文学化倾向"。

秦树基认为命题作文在拟定题目时要注意以下几点[1]：a. 要按测试的目的出题，不同的测试目的的作文题，要注意程度高低的不同；b. 记叙文的题目要从学生生活中来，这就要求学生有话可说；c. 要让应试者机会均等，这个"机会"是指客观条件。在讲到为材料作文选择材料时，他认为重要的是提供适合该题需要的材料，如供缩写的材料，观点要明确，脉络要比较清楚，文字可以多一些，结构复杂一些，使缩写的难度适中；供写读后感的材料，则需要富于哲理性，留给学生较大的联想、想象的余地，这些材料以篇幅短小，内涵丰富为好。

赵志伟认为"作文题的要求必须合理。要求合理主要是作文题目从内容看，要贴近学生生活，使学生有话可说；从形式看，要照顾到学生实际水平，此外题目本身也要合理"，"题意过宽，容易导致各种不同解释的题目也不宜出"。[2]

综合以上各家的观点，再结合近几年研究者对某些高考作文题的批评，我们认为好的高考作文题应符合以下几条标准：

a. 在写作内容上：限制范围宽窄适当；真正允许考生自由发言，不是伪命题；适合一般高中毕业生的认知程度，没有地区、性别、经济、文化歧视；紧贴现实，有时代感和人文关怀；与文体要求一致。

b. 在表述上：题旨明确，不会造成误解；自编或摘录的材料应合情合理；指导语精练易懂，没有语病。

c. 在与往年高考作文题目（特别是近几年高考作文题目）的关系上：在符合课程标准要求的前提下，命题要有无规律的变化。

d. 在各项指标上：有合适的难度，较好的效度，较高的信度和区分度。[3]

（四）采用综合型命题结构

单篇长文题评分主观随意性大、误差大，如果能用一组评分较客观、误差小的题目（简称分项测验题）来辅助测试考生的写作能力，那么就能弥补单篇长文题的不足，并能监测长文题的评分。这种既命制长文题，又命制其他有关测量作

---

① 于亚中、鱼浦江主编. 中学语文教育学［M］. 北京：高等教育出版社，1992. 318～319.
② 王尚文主编. 中学语文教学研究［M］. 北京：高等教育出版社，2002. 324.
③ 高考作为一种高利害、大规模选拔考试应符合标准化考试的要求，在正式考试之前应进行预测以取得各题该四个"度"的数据。

文能力题目的命题结构，我们称之为综合型命题结构。

　　这种命题结构的合理性在于：写作能力是由许多个要素构成的，从理论上说，可以运用除单篇长文题以外的其他题型分别对这些要素进行测试。这种做法的优点：一是所采用的题型多样，有的是客观题，可以消除狭义上的评分误差；有的是限制性试题，较容易控制评分误差。二是可以消除文体抽样和内容抽样所带来的误差。三是流水阅卷，人员增多，能增加评分的信度。四是能检测长文题所不能检测的一些能力，如修改能力。五是在阅卷时，能根据其与长文题存在的高相关来监测长文题的评分情况。

　　美国的升学考试实验研究证明，这种命题结构能较好地测量出学生的写作水平。二战期间，由于缺乏人手，没有足够的评分教师，美国语文高考普遍采用选择题进行测试。二战后，围绕是否继续使用选择题，尤其是对能否用选择题考查写作能力，美国语文教育界争议很大。"为此，1954 年起，美国最大的考试研究机构教育测验服务中心（ETS）进行了长达三年的实验研究。ETS 对'英文写作水平考试'（English Composition Achievement Test，简称 ECT，全部是选择题）、'普通写作测验'（General Composition Test，简称 GCT，两小时的作文考试）和'学习能力倾向测验'（Scholastic Aptitude Test，简称 SAT，其言语部分全部是选择题）等三个考试进行了比较研究。考试的有效性标准是语文教师对学生作文水平一年或一年以上的观察结论。1957 年，ETS 公布了他们的研究成果：SAT 的效度最高，与语文教师基于长期观察对学生写作能力作出的主观评价最一致。其次是由客观性试题组成的 ECT，最差的是由作文题目组成的 GCT。"① 可见纯客观和纯主观的题型比较不能准确测出学生的写作水平。美国高考 SAT-Ⅰ写作部分包括 35 分钟的修改句子、辨别句子错误、修改段落，以及 25 分钟的文章写作，考试时间共计 60 分钟。② 前面 35 分钟的题目都采用选择题，后 25 分钟的写作不规定文章长度，写一篇类似于我们所说的小论文的文章。

　　章熊等人的研究为我们展现了利用一组分项测验题来监测长文题评分的可能性。在国内，章熊较早关注语文高考卷中非长文题与长文题的相关系数研究。章熊先生统计了 1988 年的语文高考卷中非长文题各题与长文题的相关系数，认为"反映

---

① 谢小庆．谈语言能力的考查［J］．中学语文教学，2003，（6）：18.
② 王爱娣．美国高考语文试题类型及其特点分析［J］．中学语文教学参考，2006，（10）：53～54.

基本技能技巧和基本思维能力的试题与作文有一定程度的相关性，但都不足作为裁断写作水平的依据"[1]。我们认为章先生的这个结论是可以商榷的，因为章先生并没有统计非长文题作为一个整体与长文题的相关系数，只统计了各题分别与长文题的相关系数，这类相关系数低应该是正常的。首先，一道非长文试题所能测试的写作能力的面少；其次，这些题目并不是专门为检测考生的写作能力设计的。1991 年，高考命题者专门设计了两道操作题，其与长文的相关系数为 0.23；同年的短文题（分值 15 分）与长文题（分值 35 分）的相关系数为 0.147。1992 年语文高考卷中，两段中等篇幅的短文，一测记叙能力，一测说理能力，分值相等（25 分），两者的相关系数为 0.27。根据以上统计，章先生认为高考中的长文测试是不能替代的，我们对此有不同看法。首先，1992 年的数据构不成论据，因为两篇都是中等篇幅的短文，分值相等，所以不能以其中一篇作为长文测试的效标。其次，也是最重要的，章先生仍是以一道题，最多两道题，而不是一组题来计算非长文题与长文题的相关系数，这样所得的相关系数不高其实说明不了什么问题。

章先生似乎也认识到了这点，在其后来与张彬福合作进行的课题实验研究中，用一组言语技能题来检测其与长文题的相关性情况[2]。他们连续进行了三次实验，第一次检测一组 10 道题的言语技能题与一篇记叙文的相关性情况，得出两者的积差相关（Pearson correlation coefficient）为 0.574（$P<0.001$）；第二次检测一组 20 道题的言语技能题与一篇论说文的相关性情况，得出两者的相关系数为 0.360178（$P<0.01$）；第三次检测一组 20 道题的言语技能题与一篇学生自己推荐的一学期最满意作文的相关性情况，删去呈负相关的言语技能试题，两者的相关系数为 0.27485（$P<0.01$）。章熊等人认为，即使作文评分误差阈值为满分的 1/10 时，只要命题得当，当言语技能测试的有效性达到 P0.01 水平时，监控能力可以达到总人数 70% 以上；达到 P0.001 相关水平时，监控能力几乎可以达到总人数的 96% 以上。章熊等人编制的是一组言语技能题而不是一组作文分项测验题，所以其长文题的相关系数不高也是情理之中的，但是两者的相关都达到了显著水平（$P<0.01$）。如果我们专门命制一组旨在测量考生作文能力的分项测验题，相信两者的相关系数一定会更高。现在一般省市的语文高考卷中都有言语技能题（如第 I 卷的选择题与第 II 卷中的语用题），如果我们可以对这类题

---

① 章熊. 中国当代写作与阅读测试理论 [M]. 成都：四川教育出版社，2000. 109.
② 苏立康主编. 语文课程的基础研究 [M]. 北京：人民教育出版社，2006. 51~76.

目进行修改、补充，提高命题质量，那么就能利用这组题目的得分情况来监测长文题的评分情况。两者的相关显著性情况可以在阅卷初期随机抽取样本进行计算，如果达到显著水平，就可以在阅卷中期和后期对长文阅卷发挥监测作用，为复查提供线索。

二、评分过程方面

（一）评分方法的选择

高考作文评分主要采用综合评分法或分解评分法。综合评分又称"整体印象评分"，即阅卷者通观全文，根据总体印象评定成绩。[①] 分解评分又称"分项评分"（即分项分等评分），即根据作文基本因素逐项评定作文成绩的方法。[②] 近几年高考作文，无论全国卷还是各省市高考卷，命题组所制定的评分标准，都采用分项分等评分表，因为大家觉得，在高考作文评卷中采用分项分等评分法要比综合评分法更能维护高考的公正性、公平性和权威性。但高考评分实践表明，两种评分方法的优劣并不能简单地判别。在高考长文题的评分方法上，本论文建议采用综合评分法。

在理论上，综合评分法与分项分等评分法各有优缺点。一般认为，综合评分法符合系统论"整体大于部分之和的观点"，能够考虑到文章的整体因素，评卷速度快，但其笼统性、经验性和随意性，降低了评分的可信度。相比之下，分项分等评分法则显得更为细致、准确、科学，然而其烦琐性、机械性和作文实际等级界限的模糊性，导致评分者无所适从。从评分的思维过程角度讲，综合是带有分项因素的综合，分项是在综合观照下的分项，两者不过是在信息输出时略有不同而已。

由章熊先生主持的国家级课题"高考作文评分误差控制"课题组对这两种评分方法的评分效果进行了比较研究，得出了如下结论[③]：

在跨时间稳定性方面，在大群体高强度集中阅卷的条件下，分项法在跨时间稳定性方面有一定优势。

在评分结果一致性方面，从群体看，经培训后，分项法在控制系统误差方面略有优势；从个体看，两种方法都不能有效地控制随机误差。

---

① 章熊．中国当代写作与阅读测试理论［M］．成都：四川教育出版社，2000.222.
② 同上书．224～253.
③ 同上书．244～253. 这里的系统误差指群体的评分差异；随机误差指评卷员个体间的评分差异。

在区分能力方面，对于质量差的作文，分项法较难打低分；分项法的区分能力，随着作文质量由低至高而有所增强；就整体而论，分项法未必优于综合法，而且更容易出现趋中倾向。

以上关于两种评分方法功能方面的结论，是该课题组在多省多年实验研究基础上得出的结论，较为可靠。从中我们可以看出，这两种评分方法难分伯仲，即使某一种在某方面有优势，也都是很小的，无多大区别。关于两者相关性的实验研究也许更能说明问题[1]。

在相关性上，1987 年调查统计的结果显示两者的相关系数为 0.885；1991 年调查统计的结果显示，分项法与专家效标的相关系数为 0.890；综合法与专家效标的相关系数为 0.897；两种方法的相关系数为 0.924。所有这些都表明：和有些人的设想相反，两种方法之间并没实质性的差异。

扈涛通过 1994 年与 1995 年两年的对比实验研究，也得出了与章熊等人类似的结论：作文两种评分方法的评分误差没有显著差异，如果说有差异，综合法的评分误差可能小于分项法。[2]

由于实际操作中，分项分等评分法公平、公正的优势并不明显，再加上其评卷速度慢，因此，近几年的高考评分标准虽然提供的是分项分等的细化量表，但据我们观察与调研，在实际评分中，教师并没有完全甚至根本没有按照评分表的要求去做，有的阅卷教师连各等级内容也说不上来，故较多采用的还是模糊的综合评分法。这种实践趋向符合我们的研究结果：其一，从写作规律来看，任何作者都是从整体上来考虑一篇文章的写作的，而不可能分项分级来考虑。其二，从阅读的角度看，读者都是从整体上来感悟体验一篇文章，达到审美的要求；文章评析固然可以甚至需要分项进行，但这种评析，只能确定一篇文章局部的优劣，而要对文章的整体作出正确的判断，仍然需要进行综合。其三，阅卷时间决定作文评分不宜采用分项分等评分法。

近几年，高考作文评卷"90 秒定生死"曾引起社会的极大关注，据我们对某省高考语文阅卷调查，某省高考作文阅卷的平均速度为 74.9 秒/篇，个别评卷者的平均速度达到 53 秒/篇。但这不是作文评卷者的不负责任，而是作文评分的特

---

① 章熊. 中国当代写作与阅读测试理论［M］. 成都：四川教育出版社，2000. 222.
② 扈涛. 高考主观题评分误差控制的研究与实践［J］. 河南大学学报（社会科学版），1996，(7)：33.

殊性和人力、物力及严格的时间规定所决定的。要完成如此快速的作文评阅任务，只有综合评分法才能做到。

以上分析虽然能够在一定程度上说明在高考作文评分中综合评分法比分项评分法更有操作性和实效性，但我们提倡用综合评分法的真正原因在于，我们强调评分量表中宜使用参照量表，而参照量表评分适合综合评分法。

（二）评分量表的选择

作文评分量表可以分为三种：一种是描述式评定标准量表（也叫评定标准量表，作文分析评定量表，即通常说的评分标准），一种是作文参照量表，还有一种是分项测验量表。使用描述式评分标准量表进行评分的作文评分方法叫标准参照评分法；使用作文参照量表进行评分的作文评分方法叫参照量表评分法。最近几年，高考命题组提供给作文评分者的均为描述式评定标准量表，但实际评卷中这种量表发挥的作用相当有限。

作文测试中的标准参照评分，是把学生的作文与规定的评分标准相对照，从而评定学生的成绩，它是一种绝对评定。它有以下几个优点：一是在评分结果的使用上，有利于诊断作文教学情况；二是将影响作文评分的各因素罗列出来，有利于评分时考虑的周全性和清晰性；三是赋予各因素一定的权重，有利于实现评分的科学性。第一个优点对于高考来说没有必要，实践中也没有做到。"没有必要"指高考作为一种选拔性考试，没有必要发挥诊断功能。"没有做到"指现在各省只向学校和考生通报语文学科的总分，并没有告知考生在作文题上的得分。即使报告作文题的得分，如果只是一个总分，而没有各分项上得分情况报告，其诊断作用也不大，所以这种功能其实没有实现。

相对于其优点，它的缺点似乎更为突出。其一，评分标准的抽象性——这是其最大的缺点。评分的细目分项越多，越不利于评卷员掌握，出错的可能性越大；大项目多，在分项评分时，会降低评分速度；评分项目少，则其概括性越强，抽象性也就越强。评分标准中不管分多少项目，都是对中学生写作能力构成因素的抽象概括与分层，其造成的模糊性甚至大过综合评卷。来自重点中学和非重点中学、城市和农村、发达地区和落后地区的评卷员，对评分标准中同一等级内容与标准的理解肯定有所不同；即使背景相同的评卷员对评分标准的理解也是不一样的。最典型的就是对"思想健康"一项的理解，多少人参与了讨论争辩，可是分歧依然严重。再如"感情真挚"一项，"究竟怎样的作文算得上是'感情真挚'

呢？……教师在批改时也很难有一个明确的标准"。①

其二，性质上的缺陷。评分标准中的写作测评因素基本上包含和体现了写作能力因素，各因素层级的厘定体现着写作水平的高低；各分项权重的确定，体现着人们对不同类型、不同阶段写作侧重点的认识。根据评分标准评定的成绩是一种绝对成绩。标准参照评分适合的考试性质是标准参照测试，比如毕业考试，与高考的常模参照测验性质是相违的。高考需要得到的是最能区分考生在群体中位置前后的相对成绩。另外，高考作文评分标准在平时的作文测试中也能得到，也用得到，教师平时也可以依据评分标准评分，这种评分习惯会严重影响高考作文评分。高考作文评卷员大部分来自一线高中教师，他们原来的作文评分习惯成了一种强大的心理因素，干扰高考作文评分标准的执行，使高考作文分数在36分以下或56分以上的很少，大部分集中在42分上下。更为严重的是：某些省为了提高语文高考平均分，以拥有或维护"文化大省"的名声，或为了让考生在被录取时分数显得"好看点"，或为了保护广大教师和学生学语文的信心，人为拔高作文平均分。特别是在知识部分得分较低的时候，这种倾向更明显，作文分数提高幅度更大。标准参照评分法的这两个缺点是其自身难以克服的，同时也制约其优势的发挥。

参照量表"是一系列代表不同水平的标有等级或分数的作文样篇实例的顺序排列"，② 参照量表评分法是指评阅者把考生的作文与量表样篇比较，找到水平相当的作文样篇，该样篇标示的分数，即是考生的作文成绩，或者在该样篇分数上下略作浮动评定考生的作文成绩。章熊和祝新华对参照量表评分法优点和缺点的认识可以说集中了人们对这一评分方法的一般看法。章熊认为参照量表具有直观、便于操作的长处，但也存在着与评分标准量表同样的模糊性。学生作文与量表样本之间，难以作十分精确的比较。此外，由于书面语言本身的模糊性，加上人们理解过程的模糊性，量表中的样本以及待评阅的作文，在不同阅卷者头脑中的印象仍是不尽相同的。再者，阅卷者对量表的掌握是靠记忆来保持的，这种记忆带有抽象性和综合性，因此是流动多变的。换句话说，随着时间的不同，同一个人头脑中的"标准"，实际上是在不断变化的。

祝新华认为，作文参照量表法评分依据具体形象，不会像分项评定量表对同

---

① 张先亮、蔡伟. 中学生语文水平标准研究［M］. 长春：吉林人民出版社，2003.146.
② 祝新华. 作文测评理论与实践［M］. 武汉：湖北教育出版社，1991.144.

一个标准常有不同的理解，以致造成区分等级的困难。同时他也认为，第一，作文水平有多种因素的影响，不像绘画、书法等作品有较多的视觉形象，有时阅读数遍才能领会其思想内容，所以一般教师评定仍有较大的主观随意性。第二，在评分前得熟悉一系列样篇，仔细地评分时要把作文与样篇逐一比较，所以使用并不十分便利，实际推广有一定的困难。第三，样篇取样若少，很难找出相应的参照样篇作为评分对照物，会造成实际上的评分失控；反之，样篇若多，使用又受限制，不易区分不同的等级。第四，样篇取样在文体方面也有限制。一套参照量表，难以同时适用于评定不同的文体的作文。除非像唐守谦等人的量表，分体裁编制不同的样篇，但这种量表的编制又极为浩繁。第五，由于评分笼统，所以缺乏诊断功能。①

我们认同两位研究者对参照量表的肯定，但对于他们提出的一些否定性意见有不同看法。章先生指出参照量表本身具有模糊性、综合性，评卷员对参照量表的理解具有抽象性和综合性，是对的。但相对于评分标准和评卷员对评分标准的理解来说，这种模糊性和抽象性要少得多，综合性则相差无几，换言之，章先生所指出的缺点相对而言，还构不成缺点。祝先生所说的第一点缺陷与章先生指出的缺点类似，不再赘述；所说的第五点缺陷对于高考来说构不成缺陷，前面也有分析。至于第二至第四点确实是参照量表评分法独有的、较难处理的问题。但如果评卷者熟悉样篇，并将之内化，在评分时应能迅速在大脑中呈现样篇，评分就会很快；只有在碰到难以评判的为难处境时，才需要将所评文章与样篇仔细比较，故第二点问题可以不成问题。对于第三、四两点缺陷，我们可以充分考虑文体因素，编制不同的样篇，并使每一序列有合适数量的样篇。而且高考作文评分标准同样要考虑文体因素来编制，在这一点上没多大优势。由此可见，参照量表的缺点应该是可以克服的。

相对于标准参照评分法，参照量表评分法具有不可替代的优点。首先，从章熊和祝新华的论述中可以看出，参照量表最大的也是公认的优点是直观、具体、形象，更易使评卷员产生一致的理解，便于操作。评分标准和参照量表都是为了克服评分的随意性而编制的。在作文评分时，每个评卷员心中都有一把"尺子"，评分标准和参照量表的制订就是为了统一所有"尺子"，使不同的评卷员和同一评卷员

---

① 祝新华. 作文测评理论与实践 ［M］. 武汉：湖北教育出版社，1991. 146 ~ 147.

在不同的时间对同一篇文章能作出相同至少相近的判断。本论文认为在克服评分随意性上，参照量表评分法要优于标准参照评分法。一般来说，评卷员特别是多年参加高考改卷的评卷员，对高考作文评分标准早已有自己的理解，而这种理解，因为评分标准的抽象性，各人之间会有很大的不同，又没法在评卷前作出调整。对于参照量表中样篇的分数，不同的评卷员可能会有不同的看法，而此差异恰恰就告诉他们需要对心中的标准作相应的调整。这样，各评卷员调整心中的评定标准，与样篇的评分一致，在正式评分时，就会有相对一致的评定标准。

其次，它是一种常模参照的评分方法。"作文测试中的常模参照评分是一种相对评定，它的做法是首先建立作文评分常模，按正态分布概率确定各等级的百分比，评分时把作文从最佳到最差排列，然后根据既有的常模评定成绩。这种方法中常用的是'标准九'和'五等分'。"① 前面已讲到，参照量表是一系列代表不同水平的标有等级或分数的作文样篇实例的顺序排列，这正反映了参照量表评分法适用于常模参照测试性质的考试，也就是说，在性质上，它是适用于高考的。一般来说，各年之间的评分标准不会有太大的变化，但是每年的高考作文命题和考生情况却会出现很大的变化。比如，就命题维度说，如果这一年题目出得特别难或不好懂，那么可能会出现大量考生偏题甚至离题的现象。对此标准参照评分无能为力，照样只能对这些偏题（或离题）的文章打低分，结果是大量考生挤在低分段。而参照量表评分法却能相应地作出一些调整，选择适当排列的样篇，将这些可能挤在一起的大量考生区分开。

综上所述，在高考作文评分时，我们认为使用参照量表评分法要比使用标准参照评分法好，这并不只是思辨与逻辑推理的结果，而是在实验研究中已得到程度不同的验证。

（三）参照量表的制订

作文量表可以分为三种：一种是作文参照量表，一种是作文分析（评定）量表（也叫评定标准量表，描述式评定标准量表，即高考时使用的评分标准），还有一种是分项测验量表。最早的作文参照量表是 1864 年英国的费奢（Fisher G.）编制的《量表集》（*Scale Books*）。它是费奢收集学生作文、书法、拼写、文法、算术、历史、自然、图画等科的作业编制而成的一个参照量表集。其中每篇样本

---

① 章熊. 中国当代写作与阅读测试理论 [M]. 成都：四川教育出版社，2000. 213.

都已按 1~5 个等级评定成绩，评判学生作文成绩时，将其作文与量表中的样本比较，以相同等级的样本成绩评定该生应得的分数。可见，作文参照量表的研究是作文量表研究的开端，要早于其他两种量表的研究。

1912 年美国的希莱格斯（Hillegas M. B.）编出第一个真正意义上的作文参照量表"儿童英语作文测评量表"，为后来者提供了参照作文量表的样式。1914 年巴隆（Ballon）为克服希氏量表只适用于一种文体之弊，编出包括记叙、说明、描写和议论四种文体的"哈佛—牛顿作文量表"。之后的"惠林写作测评量表"为早期美国写作通用的量表，其计分原理依据正态分布，较之巴隆的研究又推进了一步。它还提供了许多作文题目和收集作文的方法，可使用这些作文题并控制作文的情况。

我国的作文参照量表有：1918 年俞子夷编制的第一个作文量表"小学缀法量表"；1923 年，周学章在美国编制的专用于文言文写作测评的"作文量表"；20 世纪 50 年代，台湾唐守谦编制的适用于记叙文和议论文两种文体的"作文量表"；1984 年，上海赵保纬、陈静逊等人编制的"小学作文参照量表"。据笔者所知，目前国内还没有适用于高中生的作文参照量表。

为了弥补评分标准过于抽象的缺点，每年的高考作文阅卷都要选取一定量的样卷将评分标准具体化、形象化。现在高考作文评分的样卷其实带有参照量表的特点，但还不是严格意义上的参照量表。为了与"样卷"区别，我们可以把作文参照量表中的作文称为"标准卷"。

样卷与标准卷的区别在于：首先，样卷是专家根据其对评分标准和考生写作情况的理解和推测"精选"出来的，而标准卷是根据考生的写作情况"按顺序排列"作文后挑出来的。前者仍是标准参照性质的；后者是常模参照性质的。其次，样卷系统比标准卷系统更简单，更容易编制。样卷是专家主观"精选"的结果，带有很强的主观成分，其编制过程类似于标准卷的制订，但远没有制订标准卷那么规范。同时，因为评分标准基本上是各种文体通用的，所以样卷系统也不考虑文体因素。最后，从理论上讲，样卷在现在的标准参照评分法中处于辅助地位，而标准卷在参照量表评分法中处于主要地位。

参照量表的制订大致有抽样、排序、确定标准卷三个步骤。为便捷起见，在此仅介绍五等级不分文体的参照量表编制的具体步骤和做法，并作相应补充：

1. 在所有的高考作文卷都扫描进阅卷系统后，电脑随机抽取其中的 1000 份试卷。

2. 专家组成员不宜少于 8 人，结构上大学教师、中学教师和研究生各不少于 2 人。专家们凭印象快速给这 1000 篇作文按 100 分制评分，根据评分结果，将这 1000 篇作文按水平由低到高排序，主要是做好得到同一分数的作文的前后排序工作。这一步由各专家独立完成。

3. 给各专家排好序的作文从低水平到高水平分别记分，最低分记 1 分，次之记 2 分……以此类推。求出各位专家给每篇作文分数的总平均数，再将作文从低分到高分顺次排列。得到同一总平均分的作文，由专家组讨论决定其排次。

4. 根据常模参照评分法中"五等分"法的百分比所占份额情况（见图 4-1），选取与以下这些百分等级相应的 5 篇作文：3.5、19、50、81、96.5。

5. 以上面 5 篇作文为依据，把各篇作文前后各 5 篇作文抽取出来构成 5 组作文。每组 11 篇。请多位专家再独立评定这 5 组作文中每组作文的成绩。每组作文中水平最低者得 1 分，次低者得 2 分……水平最高者得 11 分。

6. 计算每篇作文的平均得分。抽取每组作文成绩居中的那篇，组成标准卷系统。高考作文满分 60 分计，则各组别中的标准卷代表评分范围如下（见表 4-1）：

表 4-1　标准卷所代表的评分范围

组别	1	2	3	4	5
评分范围	1~12 分	13~24 分	25~36 分	37~48 分	49~60 分

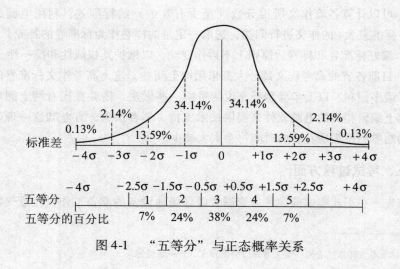

图 4-1　"五等分"与正态概率关系

标准卷代表每个等级评分范围内的居中分数。由于每一等级的评分范围间距是 12 分，那么标准卷所代表的分数无法"居中"。笔者建议 1、2 两等级往下靠，3、4、5 三个等级往上靠，这样有利于提高区分能力。

以下是对上面六个步骤所作的补充说明：

1. 上面的几个步骤稍作改变就能适用于 6、7 个等级的参照量表编制。6 个等级选取的相应百分等级为：1.2、8.9、32.9、67.1、90.9、98.8；7 个等级选取的相应百分等级为：0.5、5.0、25.0、60.0、88.0、98.5、99.9。等级数变化后，每个等级的评分范围间距也发生了变化，由总分除以等级总数可以求得。标准卷仍代表每个等级评分范围内的居中分数。

2. 为了增加可以参照的文章的篇数，提高标准卷的代表性，根据总体的评分情况，可以对"步骤 6"稍作修改。除了选取居中那篇外，还可选取出在写作内容、表达等方面有一定代表性的文章列入标准卷，其分数可作相应调整。每一等级的标准卷以不超过 3 篇为宜。

3. 如果高考作文题规定某种文体的写作，则不需要考虑参照量表的文体因素。如果高考作文题规定"文体不限"，则要考虑文体因素。笔者认为，一般只考虑选编记叙和议论两种文体序列即可。做法是：在"步骤 2"时即对每篇文章标注出文体类型，然后归类处理。我们假定作文评分不受所选择的文体因素影响；同一作文题目写作记叙文与写作议论文的考生群体的得分都能成正态分布，所以从"步骤 3"开始即可分别进行两个序列的编排。

4. 可以计算各篇作文所得分数（至少有 8 个）的标准差，利用电脑进行排序，将标准差大①的作文进行归类，选取一定量的样卷作为标准卷的补充。

5. 编好标准卷和样卷后原则上不再作变动，以维护其权威性和统一性。

6. 目前各省的高考作文评分大都采用网上阅卷，这为高考作文标准卷的编制提供了诸多便利。以上步骤和补充说明里的一些做法，需要在现有网上阅卷系统的基础上编辑相应的电脑软件来提供技术支持。笔者认为，有电脑这一现代化工具，编制参照量表所花费的时间将会大大减少。

三、考试过程方面

首先，在正式考试前，考务管理者做好场地设备的准备工作，注意气温、湿

---

① 标准差大即意味着同一篇文章评分的差异大，不一致性强。

度的高低、座位的安排、光线的强弱等；让考生熟悉考试环境以缓减紧张感。考试过程中，注意考场周围有无噪声，做好对考生的服务工作。

其次，编制详细的《监考员手册》，做好监考者的培训工作。要求监考者在监考过程中严格遵守"监考守则"的规定。

最后，减少考生自身因素引起写作测评误差。平时，家长、班主任应多关心考生的身心健康，做好考生的思想工作，帮助他们树立积极的人生观、学习观和积极的应试动机。考试前要签署《诚信协议书》，防止考生作弊。

单次考试的评分误差较大，可以多考几次或结合考生平时成绩来选拔人才。古人很早就认识到了这个问题，并采取了一定的措施：

襄者主司取与，皆以一场之善，登其科目，不尽其才。陟先责旧文，仍令举人自通所工诗笔，先试一日，知其所长，然后依常式考核，片善无遗，美声盈路。（《册府元龟·卷六五一·贡举部·清正》）

这是发生在唐玄宗天宝元年（742 年）的事。按我们现在的说法是，唐代科举考试在选拔人才时还考查应举者的平时作文，这种做法被称为"纳省制度"和"行卷风尚"。宋代程大昌的《演繁露·卷七·唐人行卷》里讲道："唐人举进士，必有行卷，为缄轴，录其所箸文，以献有司。"行卷是唐代应科举考试的人，在考试前把所作诗文写成卷轴，投送朝中显贵。[①] 白居易、李贺、杜牧等都曾向当时的达官显贵和著名学者行过卷，以求得他们的赏识和推荐。高考可以结合考生的平时作文情况，结合过程性评价来给考生一个最终的评分。

---

① 汤德用、裴士京、房列曙等编. 中国考试辞典［Z］. 合肥：黄山书社，1998.140.

后 记

　　1997 年，我们申请了全国教育科学"九五"规划国家教委重点课题"中学生语文水平标准研究"，经过五年多的研究，于 2002 年结题，次年出版了同名专著，并于 2006 年获教育部全国教育科学研究优秀成果二等奖。在课题研究过程中，我们发现了一些问题，比如课题范围较大，语文水平如何确定，标准如何监控，等等；这些问题都有待进一步深入研究，于是我们又合作申报了"高中语文教学质量目标设定与标准监控研究"的课题，并获全国教育科学"十五"规划教育部重点课题立项。

　　课题组经过六年多的研究，生成了一系列有价值的成果，其中有多篇论文在《教育研究》等各级各类专业杂志上发表，本书是该课题的最终研究成果。

　　本书较为系统地阐述了高中语文教学质量目标与标准监控，提出了影响高中语文教学质量及其质量评价的因素，从而为教学质量目标的设定与标准监控提供了现实依据。在此基础上，本书还比较全面深入地分析了语文课程目标和语文教学质量目标的关系，强调语文教学质量目标必须符合高中语文课程改革的要求，与高中语文课程目标相一致，即以课程目标为依据制定科学的教学质量目标，从而确保语文教学质量目标的先进性、科学性和可操作性。除此之外，书中还阐明了语文教学质量标准的四大特点：一维性与多维性、前瞻性与滞后性、层次性与针对性、实践性与指导性，提出了制定高中语文教学质量标准的途径与方法。

　　本书在借鉴通用教学质量标准监控系统的基础上，分析了各层级监控者的类型及其素质要求，分析了语文教学质量标准监控的原则和主要内容，阐明了教学质量标准监控的手段与方法。从课堂评价、阅读、写作、口语四个方面系统分析了高中语文教学质量评价标准，并制定了多个评价量表，介绍了量表使用方法。本书的另一个创新点还在于较系统地研究了语文校本教材质量与使用的能力标准

高中语文教学质量目标设定与标准监控研究

及监控，并从语文校本教材形式科学性标准、语文校本教材使用的能力标准、校本教材使用质量监控三个方面制定了量表。

尽管我们做了充分的准备和艰苦的努力，但由于该课题难度很大，有些问题的研究还不够深入，书中有缺点甚至错误在所难免，敬请专家学者、一线名师及语文爱好者批评指正。

著者

2011 年 11 月 15 日